21世纪高等学校物流管理与物流工程规划教材

国际物流实务

(第2版)

主编 张 清 栾 琨

清华大学出版社
北京交通大学出版社
·北京·

内 容 简 介

本书从国际物流的基本概念和相关知识出发,在介绍国际物流一般知识的基础上,围绕国际物流业务的运作,阐明国际贸易的基础知识以及商检、报关、国际货运代理如何配合国际物流运作等,介绍国际贸易口岸基本知识、国际物流分布状况,详细说明国际货物运输方式、国际物流的租船业务、国际物流仓储包装、出口单证的种类及制作等业务过程。

本书注重国际物流运作的实用性与操作性,适于作实践性较强课程的教材。本书可作为高等院校物流工程、物流管理、交通运输和工商企业管理等专业师生的教材或参考用书,也可作为各类工商企业生产经营管理人员的参考书。

本书封面贴有清华大学出版社防伪标签,无标签者不得销售。
版权所有,侵权必究。侵权举报电话: 010-62782989 13501256678 13801310933

图书在版编目(CIP)数据

国际物流实务/张清,栾琨主编. —2版. 北京:北京交通大学出版社:清华大学出版社,2019.10
(21世纪高等学校物流管理与物流工程规划教材)
ISBN 978-7-5121-3691-5

Ⅰ.①国… Ⅱ.①张… ②栾… Ⅲ.①国际物流-高等学校-教材 Ⅳ.①F259.1

中国版本图书馆 CIP 数据核字(2018)第 185888 号

国际物流实务
GUOJI WULIU SHIWU

策划编辑:	郭东青
责任编辑:	郭东青
出版发行:	清 华 大 学 出 版 社　邮编:100084　电话:010-62776969　http://www.tup.com.cn
	北京交通大学出版社　邮编:100044　电话:010-51686414　http://www.bjtup.com.cn
印　刷　者:	北京时代华都印刷有限公司
经　　　销:	全国新华书店
开　　　本:	185 mm×260 mm　印张:12.75　字数:326千字
版　　　次:	2019年10月第2版　2019年10月第1次印刷
书　　　号:	ISBN 978-7-5121-3691-5/F·1917
印　　　数:	1~2 500册　定价:36.00元

本书如有质量问题,请向北京交通大学出版社质监组反映。对您的意见和批评,我们表示欢迎和感谢。
投诉电话:010-51686043,51686008;传真:010-62225406;E-mail:press@bjtu.edu.cn。

第 2 版前言

《国际物流实务》出版已经几年时间,在此期间,国际物流业务迅猛发展,为了适应新形势的要求,也为了读者及时了解相关的新知识,在广泛收集读者意见和建议的基础上,对原教材进行了修订和补充,编写了《国际物流实务》(第 2 版)。

对国际物流实务的相关业务及理论的研究,可以在世界范围内促进物在不同的国家和地区间的合理流动,通过科学、合理的国际物流业务,使物的流通在跨越国界的过程中,做到流通的方向最合理、流通的时空最恰当、流通的成本最经济、流通的效率最高、流通创造的效益最大,并且由此可以促进世界经济协调发展,增进国家、地区间政治、文化、经济的交流,使国际经济格局得到良性发展。

本书以培养学生的国际物流业务实际操作能力为目标,详细讲解了国际货运代理、国际物流货物运输方式、国际物流的租船业务、国际物流仓储包装、国际物流中的供应链管理、出口单证的种类及制作等多方面的内容,突出了国际物流业务的技术性和实践性。

由于编写时间紧、作者专业水平有限,本书一定有欠缺与不成熟之处,敬请各位读者批评指正。

编 者
2019 年 9 月

前　言

国际物流是一门新兴学科，国际物流的发展日益迅猛，国际物流业务的运作在国际经济发展过程中起着举足轻重的作用。

通过对国际物流的相关业务及理论的研究，可以使物在世界范围内不同的国家和地区间作合理流动，科学、合理的国际物流业务，使物的流通在跨越国界和经济区域的过程中，做到流通方向最合理、流通时空最恰当、流通成本最经济、流通效率最高、流通创造的效益最大，并且由此可以促进世界经济协调发展，改善国家、地区间的政治、文化、经济的交流，使国际经济格局得到良性调整。

本书由张清、栾琨主编，国际物流业务涉及范围广，参与的主体多，业务内容丰富繁杂，影响元素复杂多变，再加上编写时间限制、作者专业水平有限，本书定有欠缺与不成熟之处，敬请各位读者批评指正。

编　者
2011 年 12 月

目 录

第1章 绪论 ··· 1
    开篇案例 ··· 1
    1.1 国际物流概述 ·· 1
        1.1.1 国际物流的概念、作用及特点 ·· 1
        1.1.2 国际物流系统 ·· 3
        1.1.3 国际物流的信息支持系统 ·· 5
        1.1.4 国际物流标准化 ··· 6
    1.2 国际货运代理 ·· 6
        1.2.1 国际货运代理的概念与行业管理 ·· 6
        1.2.2 国际货运代理业务范围与作用 ·· 9
        1.2.3 国际货运代理法律地位的识别 ·· 9
    单元训练 ··· 11

第2章 国际物流运作与货运代理业务 ··· 14
    开篇案例 ··· 14
    2.1 国际物流运作概述 ·· 15
        2.1.1 国际物流运作系统 ·· 15
        2.1.2 国际物流运作的基础设施 ·· 15
        2.1.3 国际物流运作中的主要运输方式 ·· 16
    2.2 国际货运代理与国际贸易 ·· 16
        2.2.1 国际贸易方式与贸易术语 ·· 16
        2.2.2 国际货运代理与国际贸易的关系 ·· 24
    2.3 报关、报检业务 ··· 25
        2.3.1 报关、报检业务概述 ·· 26
        2.3.2 报关、报检一般工作流程 ·· 27
    2.4 国际货运代理与保险 ·· 28
        2.4.1 国际货运代理责任险 ·· 28
        2.4.2 我国海洋货物运输保险条款 ·· 29
        2.4.3 我国陆、空货物运输保险条款 ··· 30
        2.4.4 伦敦保险协会海洋货物运输保险条款 ··· 31
    2.5 国际货运代理配合运作 ··· 31
        2.5.1 国际货运代理在国际物流中的性质和业务范围 ··· 31
        2.5.2 国际货运代理在国际物流中的地位与作用 ··· 31

单元训练 ··· 32

第3章　国际贸易口岸 ··· 34

　　开篇案例 ··· 34
　3.1　口岸概述 ··· 34
　　3.1.1　口岸的概念与分类 ·· 34
　　3.1.2　口岸的地位与作用 ·· 37
　3.2　中国口岸 ··· 38
　　3.2.1　我国主要港口 ·· 38
　　3.2.2　我国主要边境口岸 ·· 41
　　3.2.3　我国主要空港口岸 ·· 43
　3.3　世界主要港口 ·· 45
　　单元训练 ··· 48

第4章　国际物流分布状况 ·· 50

　　开篇案例 ··· 50
　4.1　国际物流的空间背景结构 ·· 50
　　4.1.1　国际物流的产生 ··· 51
　　4.1.2　国际物流的发展 ··· 52
　4.2　国际物流的实现渠道 ·· 53
　　4.2.1　综合运输体系的建立与发展 ·· 53
　　4.2.2　我国综合运输体系发展概况和发展方向 ·· 55
　4.3　世界各地物流发展状况 ··· 56
　　4.3.1　欧洲物流市场的发展 ·· 56
　　4.3.2　亚洲物流市场的发展 ·· 57
　　单元训练 ··· 61

第5章　国际货物运输方式 ·· 63

　　开篇案例 ··· 63
　5.1　国际货物运输概述 ··· 64
　　5.1.1　国际货物运输的性质和特点 ·· 64
　　5.1.2　国际货物运输的主要方式及其选择 ·· 65
　　5.1.3　国际货物运输对象 ·· 66
　　5.1.4　国际货运代理分类 ·· 67
　5.2　国际海洋货物运输 ··· 67
　　5.2.1　国际海洋货物运输的概念、特点及业务种类 ·································· 67
　　5.2.2　国际海洋货物出口运输代理业务程序 ·· 70
　　5.2.3　国际海洋货物进口运输代理业务程序 ·· 72
　5.3　国际陆上货物运输 ··· 73

目 录

5.3.1		国际铁路货物运输	73
5.3.2		国际公路货物运输	75

5.4 国际航空货物运输 77
    5.4.1 国际航空货物运输的概念、特点及业务种类 77
    5.4.2 国际航空货物出口运输代理业务程序 83
    5.4.3 国际航空货物进口运输代理业务程序 86

5.5 国际集装箱货物运输 87
    5.5.1 国际集装箱货物运输概述 87
    5.5.2 国际集装箱货物运输进出口业务程序 88

5.6 国际多式联运 90
    5.6.1 国际多式联运的概念和特点 90
    5.6.2 国际多式联运枢纽与网络点 91
    5.6.3 国际多式联运业务一般业务程序 92

5.7 国际管道运输、展品物流和国际邮政运输 94
    5.7.1 国际管道运输 94
    5.7.2 国际展览与展品物流 96
    5.7.3 国际邮政运输 97

单元训练 99

第6章 国际物流的租船业务 101

开篇案例 101

6.1 租船业务的种类及特征 101
    6.1.1 租船运输的几种经营方式 102
    6.1.2 各种租船方式的性质及特点 102

6.2 租船业务的执行程序 105
    6.2.1 业务磋商 105
    6.2.2 编制、审核、签署租船合同 106

6.3 航次租船 106
    6.3.1 航次租船的定义和种类 106
    6.3.2 航次租船合同的主要内容及注意事宜 107
    6.3.3 航次租船合同的订立与履行 114

6.4 定期租船 116
    6.4.1 定期租船合同的定义和种类 116
    6.4.2 定期租船合同的主要内容和注意事项 116
    6.4.3 定期租船合同的订立与履行 118

单元训练 120

第7章 国际物流仓储包装 122

开篇案例 122

7.1 国际物流仓储包装概述 ··· 123
   7.1.1 仓储的概念和特点 ··· 123
   7.1.2 仓储的地位和作用 ··· 125
   7.1.3 企业仓储活动的类型 ··· 126
7.2 保税仓库与保税区 ··· 130
   7.2.1 保税仓库 ·· 130
   7.2.2 保税区 ·· 133
单元训练 ·· 138

第8章 国际物流中的供应链管理 ·· 141

开篇案例 ·· 141
8.1 供应链 ··· 143
   8.1.1 供应链的概念 ··· 143
   8.1.2 供应链结构 ·· 145
   8.1.3 供应链的特征 ··· 145
   8.1.4 供应链的分类 ··· 146
8.2 供应链管理 ·· 152
   8.2.1 供应链管理的概念 ··· 152
   8.2.2 供应链管理的特点 ··· 153
   8.2.3 供应链管理的作用 ··· 154
   8.2.4 供应链管理的原理 ··· 155
8.3 供应链管理中的牛鞭效应 ··· 159
   8.3.1 "牛鞭效应"产生原因分析 ··· 159
   8.3.2 "牛鞭效应"的危害 ··· 162
   8.3.3 减小"牛鞭效应"的对策 ·· 162
8.4 供应链绩效评价 ·· 164
   8.4.1 供应链绩效评价的作用 ·· 164
   8.4.2 供应链绩效评价的内容 ·· 165
单元训练 ·· 168

第9章 出口单证的种类及制作 ·· 171

开篇案例 ·· 171
9.1 出口单证的种类 ·· 171
   9.1.1 官方单证 ·· 172
   9.1.2 商业单证 ·· 172
   9.1.3 货运单证 ·· 173
9.2 出口单证的制作 ·· 174
   9.2.1 汇票 ·· 174
   9.2.2 商业发票 ·· 175

9.2.3　装箱单·· 177
　　　9.2.4　保险单或保险凭证··· 177
　　　9.2.5　海运提单·· 178
　　　9.2.6　原产地证书··· 181
　单元训练·· 184
附件A　代理报关委托书·· 186
附件B　代理报检委托书·· 187
附件C　国际货物托运书·· 188
附件D　商业发票··· 190
附件E　装箱单··· 191
附件F　出口货物报关单·· 192

参考文献··· 193

第 1 章

绪 论

 开篇案例

国际货运代理从业职业简介

小王大学物流专业毕业后一直想找一份与物流专业相关的工作,通过一轮轮严格的面试,最后他进入一家国际货运代理企业工作,进入公司后的岗位从海运出口操作助理、进口操作助理、内贸运输操作、商检报检员、外勤人员、客户服务专员一直做到海运进口主要操作员,在不断的轮岗实践中,由于经常和客户、海关、商检人员、货站场地、船代公司、银行、外汇管理局、经贸委、车队以及国外代理公司打交道,他对国际物流基础知识有了更深层次的掌握,拥有了很强的业务实践能力,具备了很强的沟通协调能力。他对不同类型货物的进口和出口业务环节中所涉及的运输、保险、报检、报关、退税等操作环节都了如指掌,成了单位的业务精英。由于具备国际物流与货运代理专业知识和实践技能,在工作3年后,他成了公司的业务主管,薪金待遇有了大幅提高。

从引例可见,当前企业对于国际物流人才的需求更加多元化,要求其不但要掌握国际物流及货运代理基础知识,还要有相关的业务技能以及良好的沟通和协调能力。

1.1 国际物流概述

1.1.1 国际物流的概念、作用及特点

1. 国际物流的概念

随着国内企业参与国际商务活动的日益增多,企业在商品和劳务方面同国外的交易也将越来越频繁。而国际商务和国内商务在运作规律和运行规则方面是有所不同的,它包含了进出口业务,交通运输服务,银行和金融、保险业务,租赁和咨询及结算等各项商务活动。这

些商务活动是跨越不同国家进行的,在时间和空间上存在着距离,所以物流的范围扩大了,物流的内容扩展了。

国际物流（international logistics,IL）是指不同国家之间的物流,其狭义的理解是当供应和需求分别处在不同的地区和国家时,为了克服供需时间上和空间上的矛盾而发生的商品物质实体在不同国家之间跨越国境的流动。国际物流伴随着国际贸易的发展而产生和发展,并成为国际贸易的重要物质基础,各国之间的贸易最终必须通过国际物流来实现,此外,各国之间的邮政物流、展品物流、军火物流等也构成了国际物流的重要内容。国际物流是国内物流的跨国延伸和扩展。

2. 国际物流的作用

国际物流最大的特点是物流跨越国界,物流活动是在不同国家之间进行的,所以国际物流的存在与发展可以促进世界范围内物的合理流动,可以使国际物资或商品的流动路线最佳、流通成本最低、服务最优、效益最高,同时由于国际化信息系统的支持和广大的世界各地域范围的物资交流,国际物流可以通过物流的合理组织促进世界经济的发展,改善国际的友好交往,并由此推进国际政治、经济格局的良性发展,从而促进整个人类的物质文化和精神文化朝着和平、稳定和更加文明的方向发展。

化妆品配送物流

背景与情境：美国有一家专门销售化妆品的公司,它有 5 000 家专卖店,分布在 60 个国家,每年销售化妆品约 500 万件。其总部在美国,所有的工作都是通过 100 家代理商完成。若某一专卖店发现某一款化妆品需要补货,立即通知所指定的某一代理商,该代理商立即将此信息通知美国总部,总部再把这一信息反馈给配送中心,配送中心便根据专卖店的需求在一定的时间内进行打包、组配、送货。整个物流过程可在一周内完成。

问题：该化妆品公司为什么能如此之快地进行配送？

分析提示：国际物流的作用与发展。

3. 国际物流的特点

（1）国际物流环境的差异性。不同的国家和地区适用的法律法规不同,操作规程和技术标准不同,地理、气候等自然环境不同,风俗习惯等人文环境不同,经济和科技发展及各自消费水平不同。这些具有显著差异的物流环境使得国际物流系统的建立必须同时适应不同的法律法规、人文环境、习俗、语言、科技发展程度及相关的设施。

（2）国际物流系统范围的广泛性。国际物流系统不仅具有物流本身复杂的功能要素、系统与外界的沟通因素,而且要面对不同国家、不同地区错综复杂的、不断变化的各种因素。国际物流系统范围的广泛性使得相关的现代化技术的开发与使用显得尤为重要,现代化系统技术可以尽可能降低物流过程的复杂性,减少其风险性,从而使国际物流尽可能提高速度,增加效益,并推动其发展。

（3）国际物流信息化要求具有先进性。国际物流所面对的市场变化多、稳定性小,所以对信息的提供、收集与管理具有更高的要求，必须要有国际化信息系统的支持，建立技术先进的国际化信息系统成为发展现代国际物流的关键所在。

（4）国际物流标准化要求具有统一性。要使各国之间物流互相接轨，并畅通起来，有一个必需的条件是标准统一。在国际流通体系中，应当谋求国际基础标准、安全标准、卫生标准、环保标准及贸易标准的进一步统一，并在此基础上制定、推行统一的运输、包装、配送、装卸、储存等技术标准，从而提高国际物流标准化水平。

1.1.2 国际物流系统

1. 国际物流系统的组成

国际物流系统由商品的包装、储存、运输、检验、外贸加工和其前后的整理、再包装及国际配送等子系统构成。国际物流通过其中的储存和运输实现其自身的时空效应。

1）国际货物运输

国际货物运输是国际物流系统的核心，通过国际货物运输实现商品由发货方到收货方的转移，创造了商品的空间价值。国际货物运输是国内货物运输的延伸和扩展，同时又是衔接出口国货物运输和进口国货物运输的桥梁与纽带。相对于国内货物运输来说，国际货物运输具有路线长、环节多、涉及面广、手续繁杂、风险性大、时间性强、内外运两段性和联合运输等特点。现代物流业的迅速发展与运输业的技术革命紧密相关，特别是集装箱技术的推广应用给国际物流业的发展带来了一场深刻的革命，极大地提高了国际物流系统的效率。

2）外贸商品储存

外贸商品流通是一个由分散到集中，再由集中到分散的流通过程。外贸商品储存保管克服了外贸商品使用价值在时间上的差异，创造了商品的时间价值。外贸商品的储存地点可以是生产厂成品库，也可能在流通仓库或国际转运站点，而在港口、站场储存的时间则取决于港口装运系统与国际运输作业的有机衔接。由于商品在储存进程中有可能降低其使用价值，而且需要消耗管理资源，因此必须尽量缩短储存时间，加快周转速度。

3）进出口商品装卸与搬运

在物流系统中，装卸搬运主要指垂直运输和短距离运输，其主要作用是衔接物流其他各环节的作业。货物的装船、卸船，商品进库、出库及在库内的搬、倒、清点、查库、转运转装等都是装卸与搬运的重要内容。提高装卸搬运的作业质量和作业效率，可以有效地减少物流各环节之间的摩擦，提高物流系统的效率，降低物流成本。

4）进出口商品的流通加工与检验

商品在流通过程中的加工与检验，不仅可以促进商品销售，提高物流效率和资源利用率，而且还能通过加工过程保证并提高进出口商品的质量，扩大出口。

流通加工既包括分装、配装、拣选、刷唛等出口贸易商品服务，也包括套裁、拉拔、组装、服装烫熨等生产性外延加工。这些加工不仅能最大限度地满足客户的多元化需求，还能增加外汇收益。

进出口商品的检验是指对卖方交付商品的品质和数量进行鉴定，以确定商品的品质、数量和包装是否与合同所规定一致的过程。我国商检机构的主要任务是：对重要进出口商品进行法定检验,对一般进出口商品实施监督管理和鉴定。对外贸易中的商品检验,主要是对进出口商品的品质、规格、数量及包装等实施检验,对某些商品进行检验以确定其是否符合安全、卫生的要求;对动植物及其产品实施病虫害检疫;对进出口商品的残损状况和装运某些商品的运输工具等亦需进行检验。

5) 商品包装

在国际物流系统中,商品包装的主要作用是保护商品、便利流通、促进销售。商品的商标与包装不仅反映了企业的经营水平与风格,也是一个国家综合科技文化水平的直接反映。在对出口商品包装进行设计及具体包装作业中,应对包装、储存、装卸搬运、运输等物流各环节进行系统分析,全面规划,实现现代国际物流系统所要求的"包、储、运一体化",从而提高整个物流系统的效率。

2. 国际物流系统模式

国际物流系统的一般模式包括:系统的输入部分、系统的输出部分及将系统的输入转换成输出的转换部分。在系统运行过程中或一个系统循环周期结束时,有外界信息反馈回来,以完善原系统,提供改进信息,使下一次的系统运行有所改进,如此循环往复,使系统逐渐达到有序的良性循环。国际物流系统遵循一般系统模式的原理,构成自己独特的物流系统模式。

国际物流系统输入部分的内容有:备货——货源落实;到证——接到买方开来的信用证;到船——买方派来船舶;编制出口货物运输计划;其他物流信息。

输出部分的内容有:商品实体从卖方经由运输过程送达买方手中;交齐各项出口单证;结算、收汇;提供各种物流服务;经济活动分析及理赔、索赔。

国际物流系统的转换部分包括:商品出口前的加工整理;包装、标签;储存;运输(国内、国际段);商品进港、装船;制单、交单;报关、报验,以及现代管理方法、手段和现代物流设施的介入。

除了上述三项主要功能外,还经常有物流系统外部不可控因素的干扰,使物流系统运行偏离原计划内容。这些不可控因素可能是国际的、国内的、政治的、经济的、技术上的和政策法令、风俗习惯等,是很难预计控制的。它对物流系统的影响很大,物流系统遇到这种情况,如果马上能提出改进意见,变换策略,那么,这样的物流系统具有较强的生命力。如1956—1967年苏伊士运河封闭,直接影响国际货物的外运,这是事先不可能预见的,是受到物流系统外部政治因素严重干扰的结果。当时日本的对外贸易商品运输,正是因此而受到严重威胁,如果将货物绕道好望角或巴拿马运河运往欧洲,则航线增加、时间过长、经济效益太差。为此,日本试行利用北美横贯大陆的铁路线运输,取得良好的效果,大陆桥运输因此得名。这说明当时日本的国际物流系统,面对外部干扰因素,采取了积极措施,使系统具有新的生命力。

"智慧物流"引领行业风向

智慧物流是以物流互联网和物流大数据为依托,通过协同共享创新模式和人工智能先进技术,重塑产业分工,再造产业结构,转变产业发展方式的新生态。随着物流业与互联网深化融合，我国智慧物流出现一些新特点：政策环境持续改善、物流互联网逐步形成、物流大数据得到应用、物流云服务强化保障、协同共享助推模式创新、人工智能正在起步。

1.1.3 国际物流的信息支持系统

1. 国际物流中的信息流

信息是人们对客观世界的反映，也是人们对客观事物决策的依据。信息流是国际物流的重要组成要素，为国际物流的正常运转及科学预测、决策提供了不可缺少的重要依据。国际物流信息是国际物流活动的反映，也是组织调控国际物流活动的依据。因此，世界各国日益加强对国际物流系统中信息流的管理，将提高信息流技术水平，作为降低国际物流成本，提高国际物流服务水平和质量，提高国际物流效益和运行可靠度的发展战略。

2. 国际物流信息的特征

（1）国际物流中的物流信息分布广、数量大、品种多，其信息流覆盖面超过国家间的地理边界，不仅涉及国际物流内部各层次、各方位、各环节，也与相关的各国经济政策、自然环境、发展战略等外部条件密切相关。

（2）国际物流中的信息流时效性很强。由于国际物流涉及范围十分广泛，不同于国内物流局限于国境内那样容易控制，所以其信息流时效性很强。过晚或者过早到来的不合时机的信息都容易造成国际物流成本的加大。因此，根据国际物流实体的研究对象，对其运输、存储、配送、搬运、生产、销售各环节，及时、准确地提供国际物流信息是十分重要的。

（3）国际物流中的信息流有双向反馈作用。在极其复杂的、漫长的、广泛的国际物流运输过程中，如果没有信息流，国际物流系统将只会成为一个单向的难以调控的半封闭式的系统，而信息流的双向反馈作用，可以使国际物流系统易于控制、协调，使其合理、高效地运转，充分地调动人力、物力、财力、设备及资源，以达到最大限度地降低国际物流总成本，提高经济效益的目的。

（4）国际物流中的信息流具有动态追踪特性。由于国际物流是国际的物品运动的过程，不仅要研究国际物流系统内部的相互联系，还要研究横跨各国地域的整体物流的合理化，取得各有关国之间的协助与配合，这就要时刻把握国际物流的脉搏，跟踪处理。信息流的动态跟踪作用解决了这一问题，以国际海洋货物运输为例，当物品的载体——国际货船离港的次日，信息流便分别向发运国和到货国通知货物海运保险申请书并制作运费报告，当货物运送完毕时，信息流按港口类别的集装箱海运日程及时报告行踪，并预报到港地点、时间及各种服务，如发生其他障碍的问题，信息流立刻发出警告信息。这种动态跟踪的信息流，不仅可以随时掌握国际物流的行踪，而且可以达到将损失减少到最小，获取效益最大的目标。

3. 国际物流信息的作用

（1）反馈与控制作用。要加强对国际物流的控制，必然存在着信息的反馈，反馈就是控制系统把信息输送出去又把其作用的结果返送回来，并把调整后的决策指令信息再输出，从而起到控制作用，以达到预期目的。

（2）支持保障作用。国际物流是一个复杂的超越国界的大系统。信息流为大系统的正常运转，提供支持和保障作用。其主要表现有二。①信息是国际物流活动的基础和保障，假如没有信息，国际物流这样一个多环节、多层次、多因素的各子系统相互制约的复杂大系统将无法正常运作。②信息是国际物流系统经营决策的保障和支持。

(3) 具有资源性作用。信息在国际物流系统中可以视为一种重要资源，它可以替代库存、储存和经营资金。从某种意义上讲，国际物流活动可以认为是物品资源在国际市场上的分配和竞争，进行这种活动的基本条件就是要掌握相关的各种信息，以利用现有物品资源取得最大效益。然而，在实际操作中，很多不确定因素往往会导致预测和决策带有很大的风险性，这时，信息的资源替代作用十分明显，它可以替代库存物品、投资和经营资金。这就要求我们根据信息，及时进行利弊权衡，以适应不断变化的动态的国际物流形势，减少风险、增加效益，这就是信息具有资源性作用的表现。

1.1.4 国际物流标准化

国际物流涉及不同国家、不同地区、不同行业的众多企业，如果每个企业、每个国家都用自己的标准进行贸易活动，必然导致各个企业之间无法顺利沟通，贸易无法衔接，从而无法实现国际物流，因此，为实现国际物流的通用化、国际化、效率化，必须建立一个国际物流的标准化体系。

国际物流标准化是以国际物流为一个大系统，制定系统内部设施、机械设备、专用工具等各个分系统的技术标准；制定系统内各分领域如包装、装卸、运输等方面的工作标准；以系统为出发点，研究各分系统与分领域中技术标准与工作标准的配合性，按配合性要求，统一整个目标物流系统的标准；研究整个国际物流系统与相关其他系统的配合性，进一步谋求国际物流系统的标准统一。

国际物流系统标准的内容包括：基础编码标准；物流基础模数尺寸标准；物流建筑基础模数尺寸；集装模数尺寸；物流专业名词标准；物流单据、票证的标准；标志、图示和识别标准；专业计量单位标准。物流分系统的标准的内容包括：运输车船标准；作业车辆标准；传输机具标准；仓库技术标准；包装、托盘、集装箱标准；货架储罐标准等。

教学互动 1-1

互动问题：(1) 国际物流发展经历了哪几个阶段？
(2) 每个发展阶段有什么特点？

要求：(1) 教师不直接提供上述问题的答案，引导学生结合本节教学内容就这些问题进行独立思考、自由发表见解，组织课堂讨论。
(2) 教师把握好讨论节奏，对学生提出的典型见解进行点评。

1.2 国际货运代理

1.2.1 国际货运代理的概念与行业管理

1. 国际货运代理的概念

"货运代理"一词，国际上虽没有公认的、统一的定义，但一些权威机构和工具书及一些"标准交易条件"中都有一定的解释。

联合国亚太经合组织对此的解释是：货运代理代表其客户取得运输，而本人并不起承运人的作用。货运代理在不同国家有不同的名称：关税行代理人、清关代理人、关税经营人、海运与发运代理人等。

国际货运代理协会联合会对"货运代理"下的定义是：货运代理是根据客户的指示，并为客户的利益而揽取货物运输的人，其本人并不是承运人。货运代理也可以依这些条件，从事与运送合同有关的活动，如储存（也含寄存）、报关、验收、收款。

从传统意义上讲，货运代理通常充当代理的角色。它们替发货人或货主安排货物的运输，付运费、保险费、包装费、海关税等，然后收取费用（通常是整个费用的一个百分比），所有的成本开支由（或将由）客户承担。但近几年来，货运代理有时已经充当了合同的当事人，并且以货运代理人的名义来安排属于发货人或委托人的货物运输。尤其当货运代理执行多式联运合同时，作为货运代理的"标准交易条件"就不再适应了，它的契约义务受它所签发的多式联运提单条款的制约，此时货运代理已成为无船承运人，也将像承运人一样作为多式联运经营人，承担所负责运输货物的全部责任。

1995年6月29日国务院批准的《中华人民共和国国际货物运输代理业管理规定》第2条规定：国际货运代理业，是指接受进出口货物收货人、发货人的委托，以委托人的名义或者以自己的名义，为委托人办理国际货物运输及相关业务并收取服务报酬的行业。

国际货运代理瞒骗索赔案

背景与情境：我国A贸易公司委托同一城市的B货运代理公司办理一批从我国C港运至韩国D港的危险品货物。A贸易公司向B货运代理公司提供了正确的货物名称和危险品货物的性质，B货运代理公司将此前发起公司的House B/L发给A公司。随后，B货运代理公司以托运人的身份向船公司办理该批货物的订舱和出运手续。为了节省运费，同时因为B货运代理公司已投保责任险，于是B货运代理公司向船公司谎报货物的名称，亦未告知船公司该批货物为危险品货物。船公司按通常货物处理并将其装载于船舱内，结果在海上运输途中，因为货物的危险性质导致火灾，造成船舶受损，该批货物全部灭失并给其他货主造成巨大损失。

问题：（1）A贸易公司、B货运代理公司和船公司在这次事故中的责任如何？
（2）承运人是否应对其他货主的损失承担赔偿责任，为什么？
（3）责任保险人是否承担责任，为什么？

分析提示：（1）A贸易公司和船公司无责任。B货运代理公司负全责。
（2）承运人无须对其他货主的损失承担赔偿责任。
（3）责任保险人不承担责任。

2. 国际货运代理行业组织与管理

1）国际货运代理行业组织

国际货运代理行业组织是非政府组织，世界上最具行业代表性的国际货运代理行业组织是国际货运代理协会联合会。我国的中国国际货运代理协会是全国性的行业组织。

图1-1 国际货运代理协会联合会会徽

(1) 国际货运代理协会联合会（FIATA）。国际货运代理协会联合会于1926年5月31日在奥地利维也纳成立，总部设在瑞士苏黎世，会徽如图1-1所示，其目的是保障和提高国际货运代理在全球的利益。该联合会是世界范围内运输领域最大的非政府和非营利性组织，具有广泛的国际影响，其成员包括世界各国的国际货运代理行业，拥有76个一般会员，1 751个联系会员，遍布124个国家和地区，包括3 500个国际货运代理公司，拥有800名雇员。该联合会的宗旨是保障和提高国际货运代理在全球的利益。该联合会的工作目标是团结全世界的货运代理行业；以顾问或专家身份参加国际性组织，处理运输业务，代表、促进和保护运输业的利益；通过发布信息，分发出版物等方式，使贸易界、工业界和公众熟悉货运代理人提供的服务；提高制定和推广统一货运代理单据、标准交易的条件，改进和提高货运代理的服务质量，协助货运代理人进行职业培训，处理责任保险问题，提供电子商务工具。

(2) 中国国际货运代理协会（CIFA）。2000年9月6日，中国国际货运代理协会在北京正式成立，2000年11月1日在民政部获准登记。中国国际货运代理协会是国际货运代理协会联合会的国家级会员，是经国家主管部门批准从事国际货运代理业务、在我国境内注册的国际货运代理企业，以及从事与国际货运代理业务有关的单位、团体、个人自愿结成的非营利性的具有法人资格的全国性行业组织。

业务链接1-1

2018年9月第十五届中外货代物流企业洽谈会在上海召开

由中国国际货运代理协会（CIFA）和世界货物运输联盟（WCA）主办的以"一对一洽谈"为特色的第十五届中外货代物流企业洽谈会，于2018年9月18日在上海召开。2018年世界经济整体向好，"一带一路"、"自由贸易港"、"海上丝绸之路"等一系政策陆续出台后，中国的海外贸易基础设施建设在近几年实现了跨越性的完善，这一系列的推动，让中国以极快的速度拉近了和全球各个国家和地区的距离，合作共赢让我们在经济发展上有了更多的契机。此次洽谈会满足我国货代物流企业以"一对一业务洽谈"的方式，在全球100多个国家的同行中任选所最需要的商务信息，挑选所心仪的合作伙伴拓展业务，进行洽谈、交易，助力解决企业高成本建立海外代理网络的难题。

2）我国国际货运代理行业管理

在我国仅对全部由国内投资主体投资设立的国际货运代理企业及其分支机构实行先登记注册后备案的制度，对于外商投资的国际货运国际代理企业的设立仍然实行审批制度。国内投资主体投资设立的国际货运代理企业及其分支机构,不论是在取消审批以前经商务部批准成立的,还是在取消审批以后直接向工商行政管理机关注册成立的,都应当向商务部门办理备案手续。

1.2.2 国际货运代理业务范围与作用

1. 我国国际货运代理企业业务范围

货运代理的业务范围通常为接受客户的委托,完成货物运输的某一个环节或与此有关的各个环节的任务。国际货运代理的服务对象包括:进出口货物收发货人,海关、检验检疫等国家管理部门,班轮公司、航空公司、汽车公司、铁路公司等实际承运人,仓库、港口、机场等储存、装卸单位等。每一个国际货运代理企业的具体业务经营范围,最终应以工商行政管理机关颁发的企业法人营业执照列明的经营范围为准。

我国的国际货运代理企业可以作为代理人或者当事人从事下列全部或部分经营活动,包括:①揽货、订舱、托运、仓储、包装;②货物的监装、监卸、集装箱拆箱、分拨、中转及相关的短途运输服务;③报关、报检和保险;④缮制签发有关单证、交付运费、结算及交付杂费;⑤国际快递(不含私人信件);⑥国际多式联运、集运;⑦国际展品、私人物品及过境货物的运输代理;⑧第三方国际物流服务、无船承运业务;⑨咨询及其他国际货运代理业务等。

同步思考 1-1

随着国际物流的发展,国际贸易得到突飞猛进的发展,那么国际物流与国际货运代理有什么关系?对国际贸易的发展有什么意义?请运用所学的国际物流与货运代理知识进行回答。

理解要点:国际货运代理企业一般有两种情况:一种是国际货运代理企业没有自己的运输硬件,比如说自己的运输工具、物流中心、仓库等,只是从中代理,接到货物贸易订单后找国际物流公司合作;一种是国际货运代理企业拥有自己的运输硬件,在接到货后利用自己的运输工具把货物运到客户指定的地方去。国际物流公司可以用自己的硬软件服务独立地把货物运到客户指定的地方去。国际物流公司和国际货运代理企业的合作,能促进国际贸易的发展,使国际贸易合同得到履行。

2. 国际货运代理的作用

国际货运代理在货物运输服务方面发挥的作用有:组织与协调作用、专业服务作用、共同控制作用、咨询服务作用、降低成本作用和资金融通作用。

1.2.3 国际货运代理法律地位的识别

国际货运代理法律地位及其相应的权利和义务由有关国家法律体系的类型所决定。目前,在我国尚未制定专门的国际货运代理法律的情况下,涉及国际货运代理的纠纷通常适用《中华人民共和国民法通则》有关代理的规定,涉及国际货运代理为承运人或多式联运经营人或仓储保管人时,则适用我国《中华人民共和国合同法》、《中华人民共和国海商法》、《中华人民共和国海事诉讼特别程序法》等有关法律的规定。按一般法律概念来理解国际货运代理的基本法律性质是比较容易的,这一代理关系是由委托人和国际货运代理两方组成的,因为代理关系必须由一方提出委托,经另一方接受才算正式成立。这种关系一经确定后,委托方与国际货运代理之间的关系则成为委托与被委托的关系，有关双方的责任、义务则应根据双方订立的代理协议或代理合同确定。在办理业务过程中，国际货运代理作为委托方的代表对委托方负责，但国际货运代理所从事的业务活动仅限于授权范围内。从目前国际货运代理所承办业务的做法看，对委托方所委托的业务，有的是由国际货运代理自己承办，也有的以中间人的身份为委托方与第三方促成交易，事实上，这种国际货运代理业已成为经纪人。对于国际货运代理不同的法律地位，要根据具体业务来区分，根据所属国法律来认定。具体可以通过以下几种方法认定。

1. 收入取得的方式

（1）如果国际货运代理从托运人那里得到的是佣金，或者从承运人那里得到的是经纪人佣金，则被视为代理人。

国际货运代理作为被代理人的代理时，在授权范围内，以被代理人的名义从事代理行为，所产生的法律后果由被代理人承担。如货物发生灭失或残损，国际货运代理不承担责任，除非其本人有过失。如国际货运代理在货物文件或数据上出现过错，造成损失，则要承担相应的法律责任，受害人有权通过法院向国际货运代理请求赔偿。国际货运代理在一定条件下受到免责条款的保护，具体归纳为以下七点：①客户的疏忽或过失所致；②客户或其代理人在搬运、装卸、仓储和其他处理中所致；③货物的自然特性或潜在缺陷所致；④货物的包装不牢固、缺乏或不当包装所致；⑤货物的标志或地址的错误或不清楚、不完整所致；⑥货物的内容申报不清楚或不完整所致；⑦不可抗力所致。

（2）如果国际货运代理从不同的运费费率差价中获取利润，则被视为当事人。

2. 提单签发的方式

国际货运代理在签发自己的提单，并且在合同中没有明确说明其仅为代理身份的情况下，通常会被视为承运人，承担当事人的责任。

3. 经营运作的方式

国际货运代理如果以自己的名义签订运输合同，并通过向托运人收取一笔纯粹的运费，转而向其他承运人支付较之收取的运费略低的运费，从中赚取差价；或者国际货运代理将几个委托人的货物合并装入一个集装箱，从事拼箱、混装服务，赚取利润，则国际货运代理对于委托人来说，其身份为当事人，其承担承运人的责任。

4. 习惯做法与司法认定

习惯做法是指国际货运代理有时是作为托运人的代理人行事，为了尽快替委托人订妥舱位，国际货运代理通常以自己的名义与承运人订立合同，承担当事人的责任。也就是说，国际货运代理只要以其自己的名义行事，即使本身没有过失，也会因其当事人的身份而承担责任，同时享有向过失方进行追偿的权利。

在我国的司法实践中，法院审理国际货运代理纠纷，确定其法律地位及责任时，往往会考虑下列因素：国际货运代理是以被代理人的名义行事，还是以自己的名义行事；国际货运代理在办理货物运输时，所使用的运输工具或货物储存仓库是否属于自己所有；国际货运代理所签发单证的性质、该单证以谁的名义签发及是否签发过多式联运提单或无船承运人提单；国际货运代理是按一定比例收取代理手续费，还是从收取的包干费中赚取运费差价；国际货运代理所办理的货物是否在其实际掌管之下；国际货运代理是否在被代理人授权范围内从事活动，如有越权行为，是否被追认；国际货运代理在安排货物运输过程中及办理其他业务中本身有无过失；国际货运代理与托运人的运输合同中有无明确规定其应承担的责任条款及保证条款；国际货运代理实际扮演的是代理人还是当事人的角色。从这些因素判断其身份和所需要承担的责任。

归纳上述情况，国际货运代理的身份一般为以下五种：代理人身份、仓储经营者身份、无船承运人身份、多式联运经营人身份以及第三方物流经营人身份。有些国际货运代理从事的业务范围较广泛，法律关系比较复杂，对于国际货运代理法律地位的确认，不能简单化，应该根据具体情况进行分析。

国际货运代理法律地位的识别

背景与情境： 我国货主A公司（简称A公司）委托B货运代理公司（简称B公司）办理一批服装货物海运出口业务，从青岛港到日本神户港。B公司接受委托后，出具自己的House B/L给货主。A公司凭此到银行结汇，并将提单转让给日本D贸易公司（简称D公司）。B公司又以自己的名义向C海运公司（简称C公司）订舱。货物装船后，C公司签发海运提单给B公司，B/L上注明运费预付，收发货人均为B公司。实际上C公司并没有收到运费。货物在运输途中由于船员积载不当，造成服装沾污受损。C公司向B公司索取运费，遭拒绝，理由是运费应当由A公司支付，B公司仅是A公司的代理人，且A公司并没有支付运费给B公司。A公司向B公司索赔货物损失，遭拒绝，理由是其没有诉权。D公司向B公司索赔货物损失，同样遭到拒绝，理由是货物的损失是由C公司过失造成的，理应由C公司承担责任。

问题：（1）本案中B公司相对于A公司而言是何种身份？如何确定？
（2）B公司是否应负支付C公司运费的义务，理由何在？
（3）A公司是否有权向B公司索赔货物损失，理由何在？
（4）D公司是否有权向B公司索赔货物损失，理由何在？
（5）D公司是否有权向C公司索赔货物损失，理由何在？

分析提示：（1）B公司为无船承运人（承运人）。
（2）B公司应负支付运费的义务。
（3）A公司无权向B公司索赔货物损失。
（4）D公司有权向B公司索赔货物损失。
（5）D公司有权向C公司索赔货物损失。

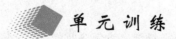

理论题

▲ 简答题

1）什么是国际物流？国际物流有哪些特点？

2) 什么是国际物流标准化?
3) 简述国际货运代理的业务范围。

▲ 讨论题

1) 如果你是外贸企业负责人,如何选择国际货运代理?
2) 第三方物流企业拓展业务的方向是什么?

实务题

▲ 规则复习

1) 简述国际货运代理从事传统业务的责任。
2) 国际货运代理企业的主要义务有哪些?
3) 国际货运代理企业作为仓储保管人时享有哪些权利?

▲ 业务解析

我国 A 贸易公司委托同一城市的 B 国际货运代理公司办理一批从我国 C 港运至韩国 D 港的危险品货物,A 贸易公司向 B 货运代理公司提供了正确的货物名称和危险品性质,B 货运代理公司将此前签发的 House B/L 发给 A 公司。随后,B 货运代理公司以托运人的身份向船公司办理该批货物的订舱和出运手续。请问 B 货运代理公司对于 A 贸易公司来说是什么身份? 对于船公司来说是什么身份?

案例题

▲ 案例分析

国际货运代理擅自扣留提单案例分析

背景与情境: A 公司委托 B 货运代理公司出运一批货物,自上海到新加坡。B 货运代理公司代表 A 公司向船公司订舱后取得提单,船公司要求 B 货运代理公司暂时扣留提单,直到 A 公司把过去拖欠船公司的运费付清以后再放单。由于 B 货运代理公司扣留提单造成 A 公司无法结汇产生了巨额损失,A 公司遂向某海事法院起诉 B 货运代理公司违反代理义务擅自扣留提单,要求其赔偿损失。

问题: 1) B 货运代理公司在本案例中是什么身份?
2) 对于 A 公司的索赔 B 货运代理公司是否有责任?
3) 本案例中船公司的做法是否得当? 为什么?
4) 国际货运代理公司作为货主的代理人应该承担哪些义务?
5) 结合上述案例的分析,请总结实务中国际货运代理法律地位的识别方法。

分析要求:

1) 形成性要求

学生分析案例提出问题,分别拟订《案例分析提纲》;小组讨论,形成小组《案例分析报告》;班级交流、相互点评并修订小组《案例分析报告》;在校园网的本课程平台上展出经过修订并附有教师点评的各组《案例分析报告》,供学生借鉴。

2) 成果性要求

课业要求:以经班级交流和教师点评的《案例分析报告》为最终成果。

▲ 善恶研判

国际货运代理是否存在代理过错案例分析

背景与情境： 安运国际货运代理有限公司委托顺达国际货运代理有限公司代理出口一票机器部件。该票货物的实际托运人为新鑫贸易公司。顺达国际货运代理有限公司接受委托后向船公司订舱，安运国际货运代理有限公司自行负责装箱、报关以及将货物运送至港区。因安运国际货运代理有限公司向船公司提交的提单确认件中的货物数据与安运国际货运代理有限公司报关的数据不一致，该票货物未能在当日上船。后经安运国际货运代理有限公司委托，顺达国际货运代理有限公司再次为该票货物订舱。货物于30日后出运并成功交付。安运国际货运代理有限公司向顺达国际货运代理有限公司支付全部货运代理费用以及滞箱费。安运国际货运代理有限公司曾与新鑫贸易公司签订赔偿协议，写明：因货物延迟运输，收货人向新鑫贸易公司进行索赔，交期延误索赔金额为1万美元。现经友好协商，安运国际货运代理有限公司同意新鑫贸易公司拒付运费7 400美元作为赔偿。安运国际货运代理有限公司经过调查得知，目的港收货人向新鑫贸易公司索赔的原因既包括货物逾期交付，也包括质量问题；由于新鑫贸易公司装运货物短少，导致安运国际货运代理有限公司提供给船公司的提单确认数据与进港报关货物数据不一致。

安运国际货运代理有限公司认为，与顺达国际货运代理有限公司之间的委托关系依法成立，因顺达国际货运代理有限公司疏忽致使货物未能在第一次订舱后出运，且未将货物未按时出运的情况及时告知安运国际货运代理有限公司，以致安运国际货运代理有限公司直至目的港收货人催促时方得知货物仍滞留港区，又再次向其委托订舱才在30日后出运货物，导致安运国际货运代理有限公司向新鑫贸易公司进行赔偿，因此顺达国际货运代理有限公司应向安运国际货运代理有限公司承担代理过错的赔偿责任。

顺达国际货运代理有限公司认为，货物未能在首次订舱后出运的原因是安运国际货运代理有限公司向船公司确认出运的货物数据与实际报关进港的货物数据不一致，过错在安运国际货运代理有限公司。顺达国际货运代理有限公司在获知货物未能出运的消息后马上通知了安运国际货运代理有限公司，并为安运国际货运代理有限公司另行安排了出运船次。安运国际货运代理有限公司同为货运代理企业，也可自行查询获知货物未能出运的信息。因此顺达国际货运代理有限公司履行了自己的合同义务，且不存在过错，不应承担赔偿责任。

资料来源　佚名. 代理过错的证明责任与证明标准［EB/OL］. ［2013 - 08 - 30］. http://shhsfy.gov.cn/hsinfoplat/platformData/infoplat/pub/hsfyintel_32/docs/201308/d_278003.html. 引文经节选、整理与改编.

问题： 1) 本案例中是否存在道德伦理问题？

2) 试对上述案例进行分析，对当事企业做出善恶研判。

3) 通过网上或查阅书籍等途径得到法律或者理论依据支持你的善恶研判观点。

第 2 章

国际物流运作与货运代理业务

 开篇案例

锦程国际物流集团业务运作

锦程国际物流集团创立于1990年6月,注册资金为3亿元人民币,是中国最大的国际物流企业之一。本着"先做资源整合,再做产业整合"的发展战略,锦程国际物流集团以独特的经营理念和不懈的创新精神,在国内主要口岸城市、内陆城市及海外设有近300家分支机构及集团成员企业,与数十家国内外大型船公司和航空公司建立了战略合作关系,与海外300余家国际物流企业保持着长期稳定的业务合作关系,形成了覆盖全球的物流服务网络。

凭借多年物流行业经验、丰富的行业资源和全球的实体物流服务网络,锦程国际物流集团在行业内率先推出了资源整合、电子商务和集中采购的商业模式,降低了客户的物流成本,提升了锦程的服务质量,促进了集团的快速发展。为更好实现这一商业模式,锦程国际物流集团设立了锦程国际物流服务有限公司、锦程国际物流在线服务有限公司和锦程物流网络技术有限公司等下属企业,提升了锦程国际物流集团的核心竞争力。

锦程国际物流服务有限公司通过分布在大连、天津、青岛、上海、宁波、厦门、广州、深圳、杭州、北京、哈尔滨、南京、长沙、武汉、重庆、西安、石家庄、苏州等沿海重要口岸及内陆物流节点城市的区域物流服务公司,为客户提供网络化和本地化相结合的专业物流服务,降低了物流成本,提升了客户企业的市场竞争力。锦程国际物流在线服务有限公司致力于开展专业在线物流服务,依托锦程物流全球服务中心——行业内最大规模24小时呼叫中心和物流服务网站,通过资源整合,进行集中采购,实现在线受理、在线成交、在线结算和在线维护,为客户提供全面的物流解决方案和在线物流服务。

锦程物流网络技术有限公司投资建设了全球最大的网上物流交易市场——"锦程物流网"(www.jctrans.com),搭建了中国物流行业排名第一的电子商务平台,是中国物流行业最大的网络传媒。锦程物流全球服务中心已经成为汇聚全球物流提供商资源、贸易商资源以及行

业相关资源的最大的行业资源集中地,拥有近千万的企业用户,在全世界拥有来自200个国家的数百万物流提供商和行业相关者,每天均有几十万家的物流供需企业发布供应、运价、招标、代理等重要信息。锦程物流全球服务中心已经发展成为集信息查询、物流交易、金融结算于一身的物流行业综合服务平台。

资料来源　佚名.关于锦程[EB/OL].[2014-03-27].http://www.ejctrans.com/jctrans/about.shtml.引文经节选、整理与改编.

从引例可见,锦程国际物流集团未来战略发展的总目标,是依托全球实体服务网点和在线服务电子商务信息平台,整合客户资源进行集中采购,为客户提供在线即时、低成本、全方位的"一站式"综合物流服务,成为在全球最具实力和竞争力的现代综合物流服务商之一。

2.1　国际物流运作概述

2.1.1　国际物流运作系统

国际物流是跨国进行的物流活动,包括在起运地的发货和报关、国际运输、到达目的地的报关和送货等。图2-1简单描述了一个国际物流运作系统。国际运输被称为国际物流的动脉和核心所在。

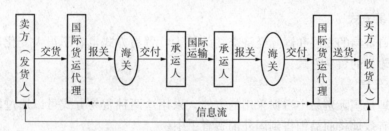

图2-1　国际物流运作系统

1. 国际物流中的通关手续

通关手续又称为报关手续,是指出口商或进口商向海关申报出口或进口,接受海关的监督与检查,履行海关规定的手续。办完通关手续,经海关同意,货物方可通关放行。通关手续通常包括申报、查验、征税和放行四个基本环节。

2. 国际物流系统运作的主要环节

国际运输是国际物流系统的动脉子系统,国际物流与国内物流相比,特征和功能都有显著的差异,在国际物流系统中,国际运输所起的作用和所占的地位远非国内运输在国内物流中的作用和地位可比。国际物流系统是由一系列相互影响、相互制约的环节构成的一个有机整体,有其明确的系统目标,并受到外界环境的影响和制约。

2.1.2　国际物流运作的基础设施

国际物流运作要求有高效的基础设施支持,以使货物畅通、迅速、安全、完好无损地到达目的地。基础设施应包括海运服务、港口、内陆清关仓库/集装箱货运站、铁路运输、公路运输和内河运输。

2.1.3 国际物流运作中的主要运输方式

国际物流的复杂性使得国际物流运作中通常需要多种运输方式的联合运作，但由于海洋运输一直占据着国际贸易中的主要地位，因此，海洋运输仍是其中最重要的组成部分。在实际中，联合运输的方式取决于贸易运输线、转运地、被运商品的性质及不同经济性和安全性的运输方式的可用性。一般的联合运输方式有海上—航空、航空—公路、铁路—公路—内河、海上—铁路—内河、微型陆桥、陆桥、驮背运输和海铁运输。

2.2 国际货运代理与国际贸易

国际贸易实务研究的对象是国家间有形商品交换的具体运作过程，包括实际业务过程所经历的环节、操作方法和技能，以及应遵循的法律和惯例等行为规范。国际贸易实务涉及的范围比较广泛，包括法律法规、国际惯例、国际结算、市场营销、国际运输、国际保险等方面。它的主要内容有贸易术语、贸易方式、商品编码类别、合同及其履行等，本节就从这四个方面介绍国际贸易实务的基础知识。

2.2.1 国际贸易方式与贸易术语

1. 国际贸易方式

随着进出口贸易的发展和国际经济交往的扩大，贸易方式也有了很大变化，下面介绍几种在我国采用较多的贸易方式。

1）包销和代理

包销和代理是国际贸易中习惯采用的方式，采用这两种贸易方式可以通过国外的经销商和代理商及时有效地将商品销售到国外消费者手中。

（1）包销。包销（exclusive sales）是指出口商通过协议把自己的某种或某类商品在某个地区和期限内的经营权单独给予国外某个商人（包销商）的做法。

在包销方式下，双方需要订立包销协议，以确定出口人与包销商之间的权利与义务。包销协议一般包括下列内容：包销协议的名称、签约日期与地点、包销协议双方的关系、包销商品的范围、包销期限、包销地区、包销的数量或金额、作价办法及其他规定，如对广告宣传、市场报道和商标保护等方面的规定。

包销协议从实质上说，完全是一个买卖合同，因为国外经销商是用自己的名义买货，包销商自负盈亏。但如果出口商不适当地运用包销方式，也可能使出口的经营活动受到约束，存在因为包而不销而导致出口受阻的风险；包销商能力过强时，也可能利用垄断地位，操纵价格、控制市场。因此，为了防止包销商垄断市场或经营不力，应在包销协议中规定中止条款或索赔条款。

（2）代理。代理（agency）是指代理人按照委托人的授权，代表委托人同第三者订立合同或从事其他经济活动的法律行为。由此而产生的权利与义务直接对委托人发生效力。

代理协议是确定委托人与代理人之间权利与义务的法律文件。协议中要明确双方的全称、地址、法律地位、业务种类以及注册的日期和地点等，同时还要明确双方的法律关系、授权范围和代理人的职权范围等；指定代理的商品、地区和期限；代理佣金条款；非竞争性条款。

代理人只能在委托人的授权范围内代表委托人从事商业活动；代理人不得以自己的名义与第三者签订合同；代理人只负责介绍生意，招揽订单，并不承担履行合同的责任；代理人在交易中赚取的报酬即为佣金。

 案例分析

国际货运代理瞒报受罚案

背景与情境：A货运代理企业向B航空公司申请托运一批普通货物，承载该货物的飞机在抵达目的地时货舱突然起火，经查由A货运代理企业托运的货物并非普通货物，而是属于易燃的危险品。中国航空运输协会认为A货运代理企业未对其托运的货物按照操作规程验货、分类，导致将危险品谎报为普通货物交运航空公司，严重影响了飞行安全，性质十分严重，决定注销其二类货运代理资质，并请各航空公司终止与该公司合作，不承运其揽收的货物。

问题：A货运代理公司错误在哪里？中国航空运输协会对其处罚是否得当？

分析提示：A货运代理公司应该按货物实际性质进行申报；得当。

2）寄售

寄售（consignment）是一种委托代售的贸易方式。它是指委托人（货主、寄售人）先将货物运往国外寄售地，委托代售人（受托人）按照寄售协议规定的条件，代替货主进行销售的一种贸易方式。在货物售出后，由代售人向货主结算货款。

寄售协议是委托人与代售人为明确双方的权利、义务和有关寄售的条件签订的协议。寄售协议的内容一般包括：明确委托人和代售人之间的委托关系、寄售区域和寄售商品、寄售商品的价格条款、佣金条款、双方当事人的义务。

寄售双方是一种委托关系，而不是买卖关系。代售人只能根据委托人的指示处置货物，货物的所有权在寄售地出售之前仍属委托人。委托人先将货物运至目的地市场，然后经代售人在寄售地向当地买主销售。因此，它是典型的凭实物进行买卖的现货交易。代售商不承担代售货物的一切费用和风险，仅赚取佣金。

 案例分析

寄售货物选择失误受损案

背景与情境：某工厂生产一批服装，在国内滞销。后经业务人员联系，在马来西亚找到了一个代售商以寄售的方式向该国出口该批服装。货到马来西亚后，由于不符合市场的需求，积压1年仍未售出。该工厂不得已又运回该批货物，并且支付给代售人相关费用，造成很大的经济损失。

问题：该工厂选择寄售贸易方式是否得当？

分析提示：寄售方式选择不当，应该选择适销对路产品。

3）招标与投标

招标与投标作为一种传统的贸易方式，多数用于国家政府机关、国有企业或事业单位采购物资、器材或设备。

招标（invitation to tender）是指招标人（买方或发包方）在规定时间、地点，发布招标公告，提出准备购进商品或拟建工程的条件或要求，邀请投标人（卖方或承包人）参加投标的行为。

投标（submission of tender）是指投标人（卖方或承包人）应招标人的邀请，根据招标公告规定的条件，在招标规定的时间内向招标人递盘的行为。

招标与投标实际上是一种贸易方式的两个方面。目前，国际上采用的招标方式大体可分为竞争性招标、谈判招标和两段招标。

（1）竞争性招标。这是一种通过多数投标人投标，从中选择对招标人最为有利的投标人，并达成交易的方式。它有两种做法。其一是公开招标，即招标人在国内外主要媒体上刊登招标广告，凡对该项招标内容有兴趣的人都有均等的机会进行投标。其二是选择性招标，即有限竞争性招标，招标人不在报刊上刊登广告，而是有选择地邀请投标人参加投标，通过资格预审后，再由他们进行投标。

（2）谈判招标。这是一种非公开的、非竞争性的招标，招标人仅物色几家客商直接进行合同谈判，谈判成功，交易即达成。

（3）两段招标。这是一种将公开招标和选择招标结合运用的招标方式，即先用公开招标方式，再用选择性招标方式，将招标分两阶段进行。

招标与投标业务的基本程序包括招标前的准备工作、投标、开标、评标、决标及中标签约等几个环节。

4）拍卖

拍卖（auction）是由专营拍卖业务的拍卖行接受货主的委托，在一定的地点和时间，按照一定的章程和规则，以公开叫价竞购的方法，最后由拍卖人把货物卖给出价最高的买主的一种现货交易方式。通过拍卖进行交易的商品大都是一些品质不易标准化的，或是难以久存的，或是习惯上采用拍卖方式进行出售的商品，如艺术品、烟叶、木材、羊毛、毛皮、水果等。

拍卖的种类有增价拍卖、减价拍卖和密封递价等。增价拍卖也称买方叫价拍卖，这是最常用的一种拍卖方式。拍卖时，由拍卖人宣布预定的最低起点价，再由竞买人竞相加价，直到无人加价时，拍卖人便击打木槌，把商品卖给出价最高的买主。减价拍卖又称荷兰式拍卖。这种方法先由拍卖人喊出最高价格，然后逐渐减低叫价，直到有某一竞买者认为价格已经低到可以接受，表示买进为止。密封递价拍卖又称招标式拍卖。采用这种方法时，先由拍卖人公布每批商品的具体情况和拍卖条件等，然后由各买方在规定时间内将自己的出价密封递交拍卖人，再由拍卖人开封，将商品卖给其中出价最高的买主。

 业务链接 2-1

爱因斯坦两张手写便条拍卖180万美元

2017年10月24日，爱因斯坦两张手写便条拍卖以180万美元高价成交。1921年获得诺贝尔奖的物理学家爱因斯坦在1922年赴日并在东京的帝国饭店逗留期间,给来送信的日本邮递员充当小费的两张手写便条在耶路撒冷拍卖,加上手续费分别以156万美元和24万美元成交。以156万美元成交的便条是一张帝国饭店的便签纸,纸上写着"安静而有节制的生活比始终在不安困扰下追求成功带来更多的喜悦"。另一张便条上写着"有志者事竟成"。

资料来源　佚名. 爱因斯坦两张手写便条拍卖以180万美元高价成交 [EB/OL].[2017-10-25]. http://news.youth.cn/gj/201710/t20171025_10917954.htm. 引文经节选、整理与改编.

5) 期货交易

期货交易（futures trading）是一种在期货市场或称商品交易所,按照严格的程序和规则,通过公开喊价的方式买进或卖出某种商品期货合同的交易。

期货交易有两种不同性质的种类:一种是纯投机活动,纯投机活动在商业习惯上被称为"买空卖空",它是投机者根据自己对市场前景的判断而进行的赌博性投机活动。所谓"买空",又称"多头",是指投机者估计价格要涨,买进期货,一旦期货实际价格上涨再卖出期货,从中赚取差价。所谓"卖空",又称"空头",是指投机者估计价格要跌,卖出期货,在实际行情下跌时再补进期货,从中赚取差价。

另一种是套期保值。套期保值又称为"海琴"（hedging）。套期保值分为卖期保值和买期保值两种。卖期保值（selling hedging）是指经营者买进一批日后交货的实物,为了避免在以后交货时因该项商品的价格下跌而遭受损失,可在交易所预售于同一时期交货的同样数量的期货合同,这样,即使将来货价下跌,已经买进的实物在价格上受到亏损,但他可以从期货合同交易所获得的盈利中来进行补偿。由于从事保值者处于卖方地位,所以称之为"卖期保值"。买期保值（buying hedging）与卖期保值相反,是指经营者卖出一笔日后交货的实物,为了避免在以后交货时因该项商品的价格上涨而遭受损失,可在交易所内买进同一时期交货的同样数量的期货合同。这样,如果将来货物价格上涨,他也同样可以从期货交易的盈利中补偿实物交易的损失。由于从事保值者是处于买方地位,所以称之为"买期保值"。

国际市场上"套期保值"操作方法

背景与情境:某谷物公司在7月上旬以每蒲式耳（蒲式耳即 bushel,1bushel＝36.3666升）3.60美元的价格购进一批小麦,共5万蒲式耳,并存入仓库待售。该公司估计暂时还找不到买主,为了防止在货物待售期间小麦价格下跌而蒙受损失,该公司便在期货市场上抛出10个合同的小麦期货,价格为每蒲式耳3.65美元,交割月份为10月。其后,小麦价格果然下降,在8月份该公司终于将5万蒲式耳小麦售出,价格为3.55美元/蒲式耳,每蒲式耳损失0.05美元。

问题:该公司应该如何操作才能挽回损失?

分析提示:与此同时,商品交易所小麦期货价格也下降了,该公司应该购进相应数量的合同,用于抵补其在现货交易中的亏损。

国际市场上"买期保值"操作方法

背景与情境：某粮食公司在9月上旬与玉米加工商签订了一份销售合同，出售10万蒲式耳的玉米，12月份交货，价格为2.45美元/蒲式耳。该公司在合同签订时，手头并无现货。为履行合同，该公司必须在12月份之前购入玉米现货。但该公司担心在临近交货期玉米价格会上涨，于是就选择在期货市场上购入玉米期货合同，价格为2.40美元/蒲式耳。到11月底，市场收购玉米价格已涨到了2.58美元/蒲式耳。与此同时，期货价格也上涨至2.53美元/蒲式耳。

问题：该公司应该如何操作才能挽回损失？

分析提示：该公司可用在期货市场出卖之前买进的期货合同获得的盈利补偿实货市场中的亏损。

6) 对销贸易

对销贸易（counter trade）又称互抵贸易、反向贸易，是指贸易双方互为出口方和进口方，以合同形式将货物的出口和进口紧密结合，并以各自的出口来部分或全部抵偿从对方进口的贸易方式。对销贸易的发生和形成经历了漫长的发展过程。

对销贸易主要包括易货贸易、互购和产品回购三种形式。

(1) 易货贸易（barter），从严格的意义上讲，是指贸易双方互换等值货物的贸易方式。其特点有三个：首先是直接的物物交换；其次是既不用货币支付，也不涉及第三者；最后是双方只签订一份合同，把双方交换的货物、货值及时间等约定下来，双方之中的任何一方既是买方，又是卖方。在一般国际贸易中，大多通过对开信用证的方式进行易货。在这种方式下，交易双方签订换货合同，各自出口的商品都按约定的货币计价并通过信用证结算。但先进口一方开出的信用证以对方开出约定的、等值或基本等值的信用证作为生效条件。

(2) 互购（counter purchase），又称平等贸易，在这种方式下，先出口的一方在其售货合同中承诺，用所得的外汇（全部或部分）购买对方国家的产品。至于购买什么产品，价格多少，可以在合同中预先约定，但更多的是待以后另行签约。按照习惯，一方做出的承诺购货的义务，可在取得缔约对方同意的条件下，转让给第三方执行。但原缔约者需对第三方是否履约承担责任。互购实际上是一种现款交易，先进口的一方要先以现汇支付。它不同于一般交易的只是先出口的一方做出购买对方货物的承诺，从而把先后两笔不一定等值的现汇交易结合在一起。从这个做法上看，先出口的一方，不论从资金周转还是后续的谈判地位来讲，都占有比较有利的地位。

(3) 产品回购（products buyback）的做法多出现于设备的交易。由缔约的一方以赊销方式向对方提供机械设备，同时承诺购买一定数量或金额的由该设备制造出来的产品或其他产品。进口设备方用出售产品所得的货款，分期偿还设备的价款和利息。产品回购基本上与我国开展的补偿贸易类似。补偿贸易在西方一般被称为"产品回购"，在日本被称为"产品分成"。

7) 对外加工装配贸易

对外加工装配贸易是我国企业开展来料加工和来件装配业务的总称。它是指由外商提供一定的原材料、零部件、元器件，由承接方按照对方的要求进行加工装配，成品交给对方处置，承接方按约定收取加工费作为报酬的贸易方式。这种贸易方式直接同产品的加工装配相结合，又同利用外资相联系，在国际贸易中相当盛行。在我国的对外贸易中，对外加工装配贸易已成为我国现阶段利用外资、扩大对外贸易的一种简捷的、行之有效的方式。

对外加工装配贸易与进料加工的本质区别。①进料加工业务中，经营企业是以买主的身份与国外签订购买原材料的合同，又以卖主的身份签订成品的出口合同。两个合同体现为两笔交易，两笔交易都体现为以所有权转移为特征的货物买卖，而对外加工装配贸易却纯属以提供劳务为特征的交易。②在进料加工中，原材料的供应者与成品的购买者没有必然的联系，不像加工装配贸易那样，原材料或配件的提供者同时又是成品的购买人。③在进料加工中，经营企业从事进、出口活动，赚取以外汇表示的附加价值。而在加工装配贸易中，经营企业得到的只是劳动力的费用。至于由原料或零部件转化为成品过程中所创造的附加价值，基本上被外商占有。从这个角度看，进料加工的经济效益要大于加工装配。但是在另一方面，进料加工却要承担价格风险和成品的销售风险，而加工装配贸易则不存在这些风险。

2. 国际贸易术语

1) 贸易术语的含义

贸易术语（trade terms）又称价格术语，在我国也称为"价格条件"，它是国际贸易中习惯采用的简明的语言，它一般用三个英文字母的缩写来概括说明买卖双方在货物交接方面的权利、义务及买卖双方有关费用、风险和责任的划分。

2) 国际贸易惯例

国际贸易惯例是指在长期的国际贸易实践中所形成的具有普遍意义的一些习惯性做法与规定。在国际贸易实践中，因各国法律制度、贸易惯例和习惯做法不同，造成贸易双方对各种贸易术语的解释与运用互有差异，从而容易引起贸易纠纷。为了避免这种情况，一些国际组织和商业团体便分别就某些贸易术语做出统一的解释和规定，其中影响较大的有三种：国际法协会制定的 CIF 合同《1932 年华沙—牛津规则》及美国一些商业团体制定的《1941 年美国对外贸易定义修订本》。国际商会制定的《2000 年国际贸易术语解释通则》以及国际商会在 2000 年版本基础上修订的《2010 年国际贸易术语解释通则》。新版于 2011 年 9 月 1 日正式生效，但是根据贸易习惯不同、贸易对象不同，在进行对外贸易的时候要注意选择合适的贸易术语，特别注意该贸易术语适用惯例的版本。接下来主要对《2000 年国际贸易术语解释通则》和《2010 年国际贸易术语解释通则》进行介绍。

业务链接 2-2

《1941 年美国对外贸易定义修订本》与《2000 年国际贸易术语解释通则》中关于 FOB 贸易术语解释的区别

《1941 美国对外贸易定义修订本》把 FOB 笼统地解释为在某处某种运输工具上交货，其适用范围很广，因此，在同美国、加拿大等国的商人按 FOB 订立合同时，除必须标明装运港名称外，还必须在 FOB 后加上"船舶"（Vessel）字样。《1941 年美国对外贸易定义修订本》在风险划分上，不是以装运港船舷为界，而是以船舱为界，即卖方负担货物装到船舱为止所发生的一切丢失与损坏。《1941 年美国对外贸易定义修订本》在费用负担上，规定买方要支付卖方协助提供出口单证的费用以及出口税和因出口而产生的其他费用。

(1)《2000年国际贸易术语解释通则》。

《2000年国际贸易术语解释通则》(International Rules for the Interpretation of Trade Terms, INCOTERMS, 以下简称 INCOTERMS 2000)是国际商会先后多次修订和补充《1936年国际贸易术语解释通则》后形成的,于2000年1月1日起生效。《2000年国际贸易术语解释通则》对13种术语做了解释,按其共同特征归纳为E、F、C、D四组术语,见表2-1。

表2-1 2000年国际贸易术语解释通则

组别	贸易术语缩写	贸易术语英文全文	贸易术语中文解释
E组启运	EXW	ex works	工厂交货
F组 主运费未付	FCA	free carrier	货交承运人
	FAS	free alongside ship	装运港船边交货
	FOB	free on board	装运港船上交货
C组 主运费已付	CFR	cost and freight	成本加运费
	CIF	cost insurance and freight	成本、保险费加运费
	CPT	carriage paid to	运费付至
	CIP	carriage and insurance paid to	运费、保险费付至
D组 抵达术语	DAF	delivered at frontier	边境交货
	DES	delivered ex ship	目的港船上交货
	DEQ	delivered ex quay	目的港码头交货
	DDU	delivered duty unpaid	未完税交货
	DDP	delivered duty paid	完税后交货

《2000年国际贸易术语解释通则》中最常用的有装运港交货的三种贸易术语FOB、CFR和CIF以及向承运人交货的3种贸易术语FCA、CIP和CPT。下面逐一进行介绍。

① FOB (...named port of shipment)。

装运港船上交货(……指定装运港)术语。按照《2000年国际贸易术语解释通则》的解释,卖方必须在合同规定的装运期内,在指定的装运港将货物装上买方指定的船上,并及时通知买方。货物在指定装运港越过船舷,卖方即完成交货义务,自该交货点起,买方必须承担一切费用以及由于货物灭失损坏而引起的一切风险。FOB术语要求买方负责租船订舱,支付运费,在合同规定期内到达装运港接运货物,并将船名和装船日期及时通知卖方以便对方准时备货;卖方负责取得出口报关所需的各种单证,负责办理货物出口报关手续并承担其中的费用,该贸易术语只适用于海运和内河运输。

② CFR (...named port of destination)。

成本加运费(……指定目的港)术语。CFR与FOB的主要区别在于以CFR方式成交应由卖方负责租船订舱并支付运费。按照《2000年国际贸易术语解释通则》的解释,卖方必须支付成本和将货物运至指定目的港的运费。货物在指定装运港越过船舷,卖方即完成交货义务,并从此时起货物的一切灭损风险转移到买方。除非另有约定,卖方应自行承担费用,向买方提交全套正本可转让的单据(如海运提单),同时向买方提供办理保险所必需的信息。CFR在办理进出口手续和交单,提单付款方面,买卖双方的义务和FOB是相同的。该贸易术语只适用于海运和内河运输。

③ CIF（... named port of destination）。

成本、保险费加运费（……指定目的港）术语。卖方在 CIF 术语下除承担与 CFR 术语下相同的义务外，还必须承担为货物办理运输保险并支付保险费的义务。在 FOB 和 CFR 中，由于买方是为自己所承担的运输而办理保险，所以不构成一种义务。卖方在投保时应与信誉良好的保险公司或承保人签订保险合同，按《2000 年国际贸易术语解释通则》的规定，卖方应在货物越过船舷之前办妥货运保险。如买卖双方无明确的约定，卖方可按保险条款中最低责任的险别投保，最低保险金额应为 CIF 价格的 110%，并以合同货币投保。该贸易术语只适用于海运和内河运输。

同步计算 2-1

CIF 贸易术语下投保计算案例

一批出口货物 CFR 价格为 USD 10 000，买方要求卖方代为在中国投保，卖方委托 A 货代公司按 CIF 加一成投保，保险费率为 1‰。（请保留两位小数点）

问题：（1）该批货物的保险金额是多少？

（2）应交纳的保险费是多少？

解：（1）CIF＝10 000÷(1－1‰×110%)＝USD 10 111.22

保险金额：10 111.22×110%＝USD 11 122.34

（2）保险费：11 122.34×1‰＝USD 111.22

④ FCA（... named place）。

货交承运人（……指定地点）术语。承运人是指在运输合同中，承担履行铁路、公路、航空、海洋、内河运输或多式联运义务的责任人。以 FCA 方式成交，卖方在指定地点或位置将已经清关的货物交给买方指定的承运人，即完成交货义务并实现风险转移，如果在卖方所在地交货，应由卖方负责装货，如果在任何其他地方交货，则卖方不负责装货。该贸易术语适用于任何形式的运输，包括多式联运。

⑤ CPT（... named place of destination）。

运费付至（……指定目的地）术语。以此术语成交，当卖方将货物交给买方指定的承运人时，即完成了交货义务，此后货物灭损的风险以及由此而发生的任何额外费用应由买方承担，这里"承运人"与 FCA 术语中的承运人含义相同。CPT 术语要求卖方负责货物出口报关并支付将货物运至指定目的地所需的运费。该贸易术语适用于任何形式的运输。

⑥ CIP（... named place of destination）

运费、保险费付至（……指定目的地）术语。以此术语成交，卖方除了应承担与 CPT 术语相同的义务外，还应负责与保险公司或承保人签订保险合同并支付保险费，订立保险合同的要求与 CIF 术语相同，除非另有约定，否则买方仅担保最低限度的保险。CIP 术语要求卖方负责货物出口报关。该贸易术语适用于任何形式的运输。

（2）《2010 年国际贸易术语解释通则》。

《2010 年国际贸易术语解释通则》（简称《INCOTERMS 2010》），是国际商会根据国际货物贸易的发展对《2000 年国际贸易术语解释通则》的修订，2010 年 9 月 27 日公布，于 2011 年 1 月 1 日开始在全球实施。新通则亦增加大量指导性贸易解释和图示，以及电子交易程序的适用方式。因为国际贸易惯例本身不是法律，对国际贸易当事人不产生必然的强制性约束力。国际贸易惯例在适用的时间效力上并不存在"新法取代旧法"的说法，即《2010 年国际贸易术语解释通则》实施之后并非《2000 年国际贸易术语解释通则》就自动废止，当事人在订立贸易合同时仍然可以选择适用《2000 年国际贸易术语解释通则》甚至《1990 年国际贸易术语解释通则》或者《1941 年美国对外贸易定义修订本》等。

修订后的《2010 年国际贸易术语解释通则》取消了"船舷"的概念，卖方承担货物装上船为止的一切风险，买方承担货物自装运港装上船后的一切风险。在 FAS，FOB，CFR 和 CIF 等术语中加入了货物在运输期间被多次买卖（连环贸易）的责任义务的划分。考虑到对于一些大的区域贸易集团内部贸易的特点，规定《2010 年国际贸易术语解释通则》不仅适用于国际销售合同，也适用于国内销售合同。

《2010 年国际贸易术语解释通则》对 11 个贸易术语进行了解释，分类方法由《2000 年国际贸易术语解释通则》的按照首字母分类变为适合的运输方式。适用于任何单一运输方式或多种运输方式的术语：EXW、FCA、CPT、CIP、DAT、DAP、DDP；适用于海运和内河水运的术语：FAS、FOB、CFR、CIF。

下面介绍《2000 年国际贸易术语解释通则》新增的两个贸易术语。

① DAT（...delivered at terminal）。

目的地或目的港的集散站交货（……指定地点）。其类似于被取代了的 DEQ 术语，卖方必须自行负担费用和风险订立运输合同，按惯常路线和方式在规定日期或期限内，将货物从出口国运到进口国内指定目的地或目的港的终端，卸货之后将货物置于买方处置之下才算完成交货义务。DAT 贸易术语适用于一切运输方式。

② DAP（...delivered at place）。

目的地交货（……指定地点）。其类似于被取代了的 DAF、DES 和 DDU 三个术语，指卖方在指定的目的地交货，只需做好卸货准备，无须卸货即完成交货。术语所指的到达车辆包括船舶，目的地包括港口。卖方应承担将货物运至指定的目的地的一切风险和费用（除进口费用外）。DAP 贸易术语适用于一切运输方式。

教学互动 2-1

互动问题：(1) 国际贸易中各种贸易术语都有哪些优缺点？

(2) 一票完整的国际贸易业务应该包括哪些环节？

要求：(1) 教师不直接提供上述问题的答案，而引导学生结合本节教学内容就这些问题进行独立思考、自由发表见解，组织课堂讨论。

(2) 教师把握好讨论节奏，对学生提出的典型见解进行点评。

2.2.2 国际货运代理与国际贸易的关系

商品在国与国之间的流动和转移，包括围绕该种商品活动所需的包装、跨国运输、交货、仓储、报关、装卸、保险、流通中的加工等一系列的国际物流活动。这些活动必须以进出口商缔结国际货物买卖合同为基础,而国际货物买卖合同的履行又需要国际货运代理的配合和有效运作相支持。

国际货运代理业随着国际贸易的发展而发展,从一开始单一地从事报关、报检业务向更加全方位的服务迈进。同时国际货运代理业的发达也促进国际贸易的发展,在国际贸易不断发展过程中对国际货运代理行业提出了更高的要求。

2.3 报关、报检业务

2018年8月1日起,海关进出口货物整合申报正式实施,整合申报项目主要是对海关原报关单申报项目和检验检疫原报检单申报项目进行梳理,报关报检面向企业端整合形成"四个一",即"一张报关单、一套随附单证、一组参数代码、一个申报系统"。为了促进整合申报的实施,海关发布了:海关总署2018年第28号《关于企业报关报检资质合并有关事项的公告》、海关总署2018年第50号《关于全面取消〈入/出境货物通关单〉有关事项的公告》、海关总署2018年第60号《关于修订〈中华人民共和国海关进出口货物报关单填制规范〉的公告》、海关总署2018年第61号《关于修改进出口货物报关单和进出境货物备案清单格式的公告》、海关总署2018年第67号《关于进出口货物报关单申报电子报文格式的公告》等一系列的公告。

根据海关总署2018年第28号公告,海关对企业报关报检资质进行了优化整合。主要内容如下。

(1) 将检验检疫自理报检企业备案与海关进出口货物收发货人备案,合并为海关进出口货物收发货人备案。企业备案后同时取得报关和报检资质。

(2) 将检验检疫代理报检企业备案与海关报关企业(包括海关特殊监管区域双重身份企业)注册登记或者报关企业分支机构备案,合并为海关报关企业注册登记和报关企业分支机构备案。企业注册登记或者企业分支机构备案后,同时取得报关和报检资质。

(3) 将检验检疫报检人员备案与海关报关人员备案,合并为报关人员备案。报关人员备案后同时取得报关和报检资质。

为顺利实现此次关检融合统一申报,自2018年8月1日起,企业(申报单位和经营单位)需同时具备报关和报检双重资质,才能成功申报新版报关单。为避免企业因资质不齐全可能导致的申报退单问题,单一资质企业需及时到《中国国际贸易单一窗口标准版》补录相关资质。

企业报关报检合并为一张报关单、一套随附单证、一套通关参数。海关进出口货物整合申报,申报项目由229个改为105个。通过优化整合简政便企,进一步降低企业通关成本,优化营商环境。

案例分析

企业如何取得报关、报检资质

背景与情境: 2018年8月,小王成立了一家外贸公司,主营化妆品进出口业务,想申请自理报关、报检业务资质。

问题：应该如何办理备案手续？

分析提示：因为海关总署 2018 年第 28 号公告将检验检疫自理报检企业备案与海关进出口货物收发货人备案，合并为海关进出口货物收发货人备案。企业可以直接向海关进行进出口货物收发货人备案，企业备案后同时取得报关和报检资质。

2.3.1 报关、报检业务概述

1. 报关业务概述

中华人民共和国海关是国家的进出关境监督管理机关。海关依照海关法及相关法律法规监管进出境的运输工具、货物、行李物品、邮递物品和其他物品，征收关税和其他税、费，查缉走私，并编制海关统计和办理其他海关业务。

报关是指进出境运输工具的负责人、货物的收发货人或他们的代理人，在通过海关监管口岸时，依法进行申报并办理有关手续的过程。报关是履行货物进出口手续的必要环节之一。在办理报关业务的时候由于进出口货物的报关手续比较复杂，办理人员需要熟悉法律、税务、外贸、商品等方面的知识，要精通海关法律、法规，掌握办理海关手续的技能，所以我国海关规定进出口货物的报关纳税等海关事务必须由经海关批准的报关员办理。2013 年海关总署发布公告，改革报关从业人员资质资格管理制度，对报关从业人员不再设置门槛和准入条件，自 2014 年起不再组织报关员资格全国统一考试。中国报关协会为落实海关总署简政放权、转变职能的要求，更好地发挥行业协会自律规范的作用，决定从 2014 年起开展报关水平测试工作，为企业选人、用人提供基本依据，同时也为院校培养报关后备人才提供客观标准。

海关按照"由企及人"的管理理念，通过加强对报关单位的管理、指导、督促报关单位加强对其所属报关人员的管理和规范，进而实现企业作为市场主体的自主管理、报关协会作为社会组织的自律管理以及海关作为政府部门的行政管理三者有机结合。

2. 报检业务概述

报检是指进出口货物收发货人（包括生产单位、经营单位、进出口商品的收发货人和接运单位），按国家有关的法规对法定检验检疫的进出境货物，向海关（2018 年 8 月 1 后海关和商检机构合并，统一纳入海关管理）申请办理检验、检疫、鉴定的手续。进出境商品进行报检依照以下法律依据：《中华人民共和国进出口商品检验法》及其实施条例、《中华人民共和国进出境动植物检疫法》及其实施条例、《中华人民共和国国境卫生检疫法》及其实施细则、《中华人民共和国食品安全法》等。

法定须进行检验检疫的进出口商品、进出境动植物及其产品和其他检疫物、装载动植物及其产品和其他检疫物的装载容器和包装物、来自动植物疫区的运输工具、出入境人员、交通工具、运输设备以及可能传播检疫传染病的行李、货物、邮包等都须申请报检。

同步思考 2-1

关检合一给企业带来哪些变化？

理解要点：通关效率更高、通关成本更低、操作更简便、营商环境更好、监管更严密、服务更优化。

2.3.2 报关、报检一般工作流程

按照《海关法》的规定，所有进出境货物都必须办理进出境报关手续。

1. 报关的一般工作流程

1) 一般货物的报关流程

对于一般货物来讲，通过申报、配合查验、纳税、提取或者装运货物就完成了报关手续。申报是运输工具和货物在进境后或出境前，有关当事人根据海关法规定的要求和方式，在规定的期限、地点，采用电子数据报关单和纸质报关单形式，向海关报告实际进出口货物的情况，并接受海关审核的行为。查验是货物通关的法定环节之一，海关对进出口货物的品名、规格、原产地、数量、价格等商品要素是否与报关单所列项目相一致而进行的实际核查。作为海关管理相对人，报关单位要配合海关对进出口货物的查验工作，及时到达查验现场，负责搬移、开拆和重封货物，提供资料和回答海关查验人员的相关询问，协助提取货样等。进出口货物收发货人在完成申报，配合查验（或者海关做出不予查验的决定）后，应准备办理缴纳税款事宜。口岸地海关对符合放行条件的进出口货物，在进口货物提运单或提货单上加盖放行章，在出口货物的装货凭证上加盖放行章。进出口货物收发货人或其代理人凭签章的进口提货凭证或出口装货凭证办理相关提货或装货手续。进出口货物的存放场所部门凭海关签章的进口提货凭证放货，凭海关签章的出口装货凭证办理出口装运。至此，一般进出口货物的进出口手续全部办理完毕，海关予以结关。

2) 特殊货物的报关流程

我国海关法规定的特殊货物的通关程序适用于保税货物、暂时进出境货物、特定减免税货物等海关监管货物的通关。办理上述货物的进出口报关手续与一般进出口货物报关手续不同，除了进出境阶段外海关在管理上增加了前期备案和后期核销阶段。

案例分析

特定减免税货物报关

背景与情境： 国内一生产企业因技术改造需进口一套设备（一般机电产品）被批准立项。该企业委托外贸公司 B 对外签约及办理海关手续。设备进口 3 个月后发现这套设备中有一台机器不符合合同规定的质量要求，即发函给供应商。供应商答应替补一台。

问题： 作为 B 公司的报关员，为了使这项技术改造顺利完成，应当做些什么工作？假如质量不符的机器不退运出口，又该办些什么手续？

分析提示：（1）办理技术改造设备免税手续；（2）设备报关进口；（3）商检、索赔、报关；（4）假如原质量不好的机器不退运，则有两种选择。①由海关按机器的实际情况估价征税，并提供这台机器的机电登记证明，替补机器进口时原机器征税的报关单将作为法定免税的依据。②放弃，由海关变卖上交国库。要写放弃申请报告。海关接受放弃后会给收据。此收据将作为替补机器进口法定免税的依据。

2. 报检的一般工作流程

根据海关总署 2018 年第 50 号《关于全面取消〈入/出境货物通关单〉有关事项的公告》

进出境货物已经全面取消了出入境货物通关单的发放，涉及法检的货物或者被抽中检验的进出口货物办理报检业务时要注意以下内容。

（1）涉及法定检验检疫要求的进口商品申报时，在报关单随附单证栏中不再填写原通关单代码和编号。企业可以通过"单一窗口"（包括通过"互联网＋海关"进入"单一窗口"）报关报检合一界面向海关一次申报。如需使用"单一窗口"单独报关、报检界面或者报关报检企业客户端申报的，企业应当在报关单随附单证栏中填写报检电子回执上的检验检疫编号，并填写代码"A"。

（2）涉及法定检验检疫要求的出口商品申报时，企业不需在报关单随附单证栏中填写原通关单代码和编号，应当填写报检电子回执上的企业报检电子底账数据号，并填写代码"B"。

（3）对于特殊情况下，仍需检验检疫纸质证明文件的，按以下方式处理。

① 对入境动植物及其产品，在运输途中需提供运递证明的，出具纸质《入境货物调离通知单》。

② 对出口集中申报等特殊货物，或者因计算机、系统等故障问题，根据需要出具纸质《出境货物检验检疫工作联系单》。

③ 海关统一发送一次放行指令，海关监管作业场所经营单位凭海关放行指令为企业办理货物提离手续。

2.4 国际货运代理与保险

国际贸易合同中一般对买卖的商品订立保险条款，对于买卖双方都是一种责任的规避，如果运输过程中发生了承保范围内的风险，就能从保险公司得到赔偿。国际货运代理企业作为国际贸易货物从卖方到买方转移中不可缺少的一个角色，承担着大量的业务操作任务，也承担着较大的风险，国际货运代理责任保险不仅具有国际货运代理业所投保险种的特色，也是国际货运代理业健康发展的保障。

2.4.1 国际货运代理责任险

1. 国际货运代理责任险的产生

在国际货运代理业务实践中，客户的一个错误的指示、一个错误的地址都会给国际货运代理带来非常严重的后果和经济损失。国际货运代理责任保险通常是为了弥补国际货物运输的风险，而这种风险不仅源于运输本身，而且源于完成运输的许多中间环节，诸多的中间环节一般都是由国际货运代理替当事人履行的，所以国际货运代理需要投保自己的责任保险。

2. 国际货运代理责任险的内容

（1）错误与遗漏。如选择运输路线有误；选择承运人有误；保留向船方、港方、国内储运部门、承运单位及有关部门追偿权的遗漏。

（2）仓库保管中的疏忽。在港口或外地中转库监卸、监装和储存保管工作中代运的疏忽过失。

（3）货损货差责任不清。在与港口储运部门或内地收货单位各方接交货物时，数量短少、残损责任不清，最后由国际货运代理承担的责任。

(4) 延迟或未授权发货。遇到部分货物未发运、港口提货不及时等情况时，货运代理需要承担的责任。

3. 国际货运代理责任险的除外责任

国际货运代理责任险不能承保国际货运代理面临的所有风险，其除外责任条款主要有：在承保期间以外发生的危险或事故；索赔时间超过承保条例或法律规定的时效；保险合同或保险公司条例中所规定的除外条款及不在承保范围内的国际货运代理的损失；违法行为造成的后果；蓄意或故意行为；战争、入侵、外敌、敌对行为、内战、反叛、革命、起义、军事或武装侵占、罢工、停业、暴动、骚乱、戒严和没收、充公、征购等产生的任何后果，以及为执行任何政府、公众或地方权威的指令而造成的任何损失或损害；由核燃料或核燃料爆炸所致核废料产生之离子辐射或放射性污染所导致、引起或可归因于此的任何财产灭失、摧毁、毁坏或损失及费用，不论直接或间接，还是作为其后果损失；超出保险合同关于赔偿限额规定的部分；事先未征求保险公司的意见，擅自赔付对方等情况。这些都有可能无法从保险公司得到赔偿，或得不到全部赔偿。

2.4.2 我国海洋货物运输保险条款

1. 我国海洋货物运输保险的基本险

我国海洋货物运输保险的基本险有三个：平安险（free from particular average，FPA）、水渍险（with particular average，WPA 或 WA）、一切险（all risks）。

1）平安险

平安险的责任范围主要包括：①被保险货物在运输途中由于恶劣气候、雷电、海啸、地震、洪水等自然灾害造成的整批货物的全部损失或推定全损；②由于运输工具遭受搁浅、触礁、沉没、互撞、与流冰或其他物体碰撞以及失火、爆炸等意外事故造成货物的全部或部分损失；③在运输工具已经发生搁浅、触礁、沉没、焚毁等意外事故的情况下，货物在此前后又在海上遭受恶劣气候、雷电、海啸等自然灾害所造成的部分损失；④在装卸或转运时由于一件、数件或整件货物落海造成的全部或部分损失；⑤被保险人对遭受承保责任内危险的货物采取抢救、防止或减少货损的措施而支付的合理费用，但以不超过该批被救货物的保险金额为限；⑥运输工具遭遇海难后，在避难港由于卸货所引起的损失以及在中途港、避难港由于卸货、存仓以及运送货物所产生的特别费用；⑦共同海损的牺牲、分摊和救助费用；⑧运输合同中订有"船舶互撞责任"条款，根据该条款规定应由货方偿还船方的损失。

2）水渍险

水渍险的英文意思是"负责单独海损"，其承保的责任范围包括：①平安险所承保的全部责任；②自然灾害所造成的部分损失。

3）一切险

一切险的责任范围主要包括：除平安险和水渍险的各项责任外，本保险还负责被保险货物在运输途中由于外来原因所致的全部或部分损失。其除外责任的规定，即本保险对下列损失不负赔偿责任：①被保险人的故意行为或过失所造成的损失；②属于发货人责任所引起的损失；③在保险责任开始前，被保险货物已存在的品质不良或数量短差所造成的损失；④被保险货物的自然损耗、本质缺陷、特性以及市价跌落、运输迟延所引起的损失或费用；⑤海洋运输货物战争险条款和货物运输罢工险条款规定的责任范围和除外责任。

2. 我国海洋货物运输保险的附加险

我国海洋货物运输保险的附加险分为一般附加险和特殊附加险。

1) 一般附加险

一般附加险包括偷窃提货不着险（theft, pilferage and non-delivery, T. P. N. D）、淡水雨淋险（fresh water & rain damage, F. W. R. D）、短量险（risk of shortage）、混杂、玷污险（risk of intermixture & contamination）、渗漏险（risk of leakage）、碰损、破碎险（risk of clash & breakage）、串味险（risk of odour）、受热、受潮险（damage caused by heating & sweating）、钩损险（hook damage）、包装破裂险（loss or damage caused by breakage of packing）、锈损险（risk of rust）。

2) 特殊附加险

特殊附加险包括战争险（war risk）、罢工险（strikes risk）、交货不到险（failure to deliver risk）、进口关税险（import duty risk）、舱面险（on deck risk）、拒收险（rejection risk）、黄曲霉毒素险（aflatoxin risk）、货物出口到香港（包括九龙）或澳门存仓火险责任扩展条款（fire risk extension clause for storage of cargo at destination Hong Kong, including Kowloon, or Macao）。

3) 保险公司的保险责任的起讫

我国的海洋货物运输保险条款中除了战争险以外的所有险别的保险责任的起讫，均采用国际保险业惯用的"仓至仓条款"（warehouse to warehouse, W/W），即保险公司的保险责任是从被保险货物运离保险单所载明的起运港（地）发货人仓库开始，一直到货物到达保险单所载明的目的港（地）收货人的仓库时为止。货物一进入收货人仓库，保险责任即告终止。但是，当货物从目的港卸离海轮后满 60 天，不论保险货物有没有进入收货人的仓库，保险责任均告终止。

出口货物保险索赔案

背景与情境： 我方按 CIF 马赛条件出口一批冷冻食品，合同规定投保平安险和罢工险。货到目的港后码头工人正在罢工，货物无法卸载，货轮在等舱时因无法补充燃料以致冷冻设备停止运行，待罢工结束，货物已经损失。

问题： 本案例中损失保险公司是否负责赔偿？

分析提示： 保险公司只对因罢工造成的直接损失负责赔偿，本案例不在赔偿范围内。

2.4.3 我国陆、空货物运输保险条款

陆上货物运输保险的基本险别有陆运险（overland transportation risks）和陆运一切险（overland transportation all risks）两种，航空货物运输保险的基本险别有航空运输险（air transportation risks）和航空运输一切险（air transportation all risks）两种，邮包运输保

的基本险别包括邮包险和邮包一切险两种。陆上货物运输险的责任起讫也采用"仓至仓"责任条款。保险人负责被保险货物运离保险单所载明的启运地发货人的仓库或储存处所开始运输时生效，包括正常陆运和有关水上驳运在内，直到该项货物运达保险单所载明的目的地收货人仓库或储存处所，或被保险人用作分配、分派的其他储存处所为止。但如未运抵上述仓库或储存处所，则以被保险货物到达最后卸载的车站满 60 天为止。航空货物运输保险的责任起讫同样适用于"仓至仓"条款。如未进仓，以被保货物在最后卸载地卸离飞机后满 30 天为止。

2.4.4 伦敦保险协会海洋货物运输保险条款

在国际保险市场上，各国保险组织都制定有自己的保险条款。但最为普遍采用的是英国伦敦保险协会所制定的"协会货物条款"（institute cargo clause，ICC）。我国企业按 CIF 或 CIP 条件出口时，一般按"中国保险条款"投保，但如果国外客户要求按"协会货物条款"投保，一般可予接受。现行的伦敦保险协会的海运货物保险条款共有六种险别：①协会货物 A 险条款（ICC-A）；②协会货物 B 险条款（ICC-B）；③协会货物 C 险条款（ICC-C）；④协会战争险条款（货物）(institute war clauses cargo)；⑤协会罢工险条款（货物）(institute strikes clauses cargo)；⑥恶意损害险条款（malicious damage clauses）。

2.5 国际货运代理配合运作

2.5.1 国际货运代理在国际物流中的性质和业务范围

国际货运代理在国际物流中的性质属于中间人，是承接买方与卖方的纽带，也是介于买方与卖方之间的第三方服务性企业，其可以买方或卖方的名义办理业务，也可以自己的名义帮助客户办理进出口相关业务。

国际货运代理在国际物流中的代理内容主要有以下几个方面。

(1) 为委托人办理国际货物运输中每一个环节的业务或全程各个环节的业务，手续简单方便。

(2) 能够把小批量的货物集中为成组货物进行运输。这对货主来说，可以取得优惠运价而节省运杂费用；对于承运人来说，接收货物省时、省事、省钱，而且有比较稳定的货源。

(3) 能够根据委托人托运货物的具体情况，综合考虑运输中的安全性、耗时、运价等各种因素，使用最适合的运输工具和运输方式，选择最佳的运输路线和最优的运输方案，把进出口货物安全、迅速、准确、节省、方便地运往目的地。

(4) 掌握货物的全程运输信息，使用现代化的通信设备随时向委托人报告货物在运输途中的状况。

(5) 就运费、包装、单证、结关、领事要求、金融等方面向企业提供咨询，并就国外市场和在国外市场销售的可能性提出建议。

(6) 不仅组织和协调运输，而且创造开发新运输方式、新运输路线以及制定新的费率。

2.5.2 国际货运代理在国际物流中的地位与作用

国际货运代理是从国际商务和国际运输这两个关系密切的行业里分离出来而独立存在的。

国际货运代理的工作性质决定了从事这项业务的人必须具有国际贸易与国际运输方面的专业知识、丰富的实践经验和卓越的办事能力。他们熟悉各种运输方式、运输工具、运输路线、运输手续和各种不同的社会经济制度、法律法规、习惯做法等，并且精通国际货物运输中各个环节的种种业务，与国内外各有关机构如海关、商检、银行、保险、仓储、包装、各种承运人以及各种代理人等有着广泛的联系和密切的关系，并在世界各地建有客户网和自己的分支机构。他们具有的这些优势使得他们在国际货物运输中起着其他任何人取代不了的作用。国际货运代理是整个国际货物运输的设计师和组织者，也是保证国际物流顺利进行的不可缺少的角色。

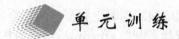

单元训练

理论题

▲ 简答题

1) 什么是国际物流系统？国际物流系统由哪些部分组成？
2) 什么是国际贸易术语？
3) 简述国际货运代理与国际贸易的关系。

▲ 讨论题

1) 如何选择国际贸易术语？
2) 国际货运代理责任险的除外责任有哪些？实务中应该如何判断？

实务题

▲ 规则复习

1)《2000年国际贸易术语解释通则》与《2010年国际贸易术语解释通则》关于贸易术语的分类方法有哪些不同？
2) 国际货运代理从事报关业务的时候需要注意哪些事项？
3) 什么情况下国际货运代理办理货运代理责任险可以获得赔偿？

▲ 业务解析

中国A贸易出口公司与外国B公司以CFR洛杉矶、信用证付款的条件签订出口贸易合同。合同和信用证均规定不准转运。A贸易出口公司在信用证有效期内委托C货运代理公司将货物装上D班轮公司直驶目的港的班轮，并以直达提单办理了议付，国外开证行也凭议付行的直达提单予以付款。在运输途中，D班轮公司为接载其他货物，擅自将A贸易出口公司托运的货物卸下，换装其他船舶运往目的港。由于中途延误，货物抵达目的港的时间比正常直达船的抵达时间晚了20天，造成货物变质损坏。为此，B公司向A贸易出口公司提出索赔，理由是A贸易出口公司提交的是直达提单，而实际则是转船运输，是一种欺诈行为，应当给予赔偿。A贸易出口公司为此咨询C货运代理公司。假如你是C货运代理公司，请回答A贸易出口公司是否应承担赔偿责任？理由何在？B公司可否向D班轮公司索赔？

案例题

▲ 案例分析

国际货运代理责任划分案例分析

背景与情境：发货人将 500 包书委托伦敦一经营联运业务的货运代理，货物自伦敦运抵曼谷。该批货物被装入一集装箱，且为货运代理自行装箱，然后委托某船公司承运。承运人接管货物后签发了清洁提单。货物运抵目的港曼谷时，铅封完好，但箱内 100 包书却不见了。发货人向货运代理起诉，诉其短交货物。

问题：
1) 此种索赔是否属货运代理责任险范围？
2) 结合上述案例分析，请思考货运代理对短交货物是否应负赔偿责任？

分析要求：同第 1 章本题型的"分析要求"。

▲ 善恶研判

报关企业在进口货物申报中的责任分析

背景与情境：A 进出口贸易公司（以下简称 A 公司）在收到外商通过航空信方式寄来的 6 台机电设备发票、装箱单和通过因特网发送的 3 台机电设备发票的电子邮件后，委托 B 国际货运代理公司（以下简称 B 公司）以一般贸易方式办理报关事宜，B 公司以一般贸易方式向某海关申报进口机电设备 3 台，申报价格为每台 15.4 万美元。A 公司的业务员在向 B 公司移交报关单据时未仔细核对，只将 3 台机电设备发票的电子邮件、6 台机电设备的装箱单及到货通知提供给 B 公司驻厂客服人员；而 B 公司驻厂客服人员认为报关时不需要装箱单，只将收到的 3 台机电设备的发票及到货通知传真给 B 公司报关员。B 公司的报关员收到上述发票和到货通知后，向货运公司调取了 6 台机电设备的随货发票和记录机电设备编号、发票号码和运单后，也未认真核对从货运公司调取单证与 A 公司提供资料有关内容是否一致，便直接以 3 台机电设备的数量向某海关办理申报进口手续，致使申报内容不符合进口货物的实际情况。海关经查验发现当事人实际进口机电设备 6 台，少报多进 3 台，涉嫌漏缴税款人民币 40 万元。

资料来源　佚名．进出口货物申报不实 报关企业是否应承担法律责任［EB/OL］．[2007-05-22]. http://www.customs.gov.cn/publish/portal0/tab398/info66254.html. 引文经节选、整理与改编

问题：1) 本案例中当事企业是否违反了职业道德？作为报关企业是否应该承担漏报责任？
2) 试对上述案例做出你对当事企业的善恶研判。
3) 海关对上述漏税企业以及报关企业应该如何处理？

第 3 章

国际贸易口岸

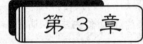
开篇案例

自由贸易港——新加坡港介绍

自由贸易港是设在国家与地区境内、海关管理关卡之外的,允许境外货物、资金自由进出的港口区。对进出港区的全部或大部分货物免征关税,并且准许在自由港内,开展货物自由储存、展览、拆散、改装、重新包装、整理、加工和制造等业务活动。其中排名世界集装箱港口中转量第一的新加坡港,就实施自由贸易港政策,吸引大量集装箱前去中转,奠定其世界集装箱中心枢纽的地位。

新加坡港位于新加坡的南部沿海,西临马六甲海峡(Straits of Malacca)的东南侧,南临新加坡海峡的北侧,是亚太地区最大的转口港,也是世界最大的集装箱港口之一。该港扼太平洋及印度洋之间的航运要道,战略地位十分重要。它自 13 世纪开始便是国际贸易港口,目前已发展成为国际著名的转口港。

资料来源　百度百科. https://baike.baidu.com/item. 引文经节选、整理与局部改编.

从引例可见,自由贸易港的设立为涉外贸易活动和国际物流运作提供了很大的便利,企业也享受到很多优惠政策,国际货物贸易业态出现了很多新的形式,口岸的开放对于经贸发展具有重要意义。

3.1　口岸概述

3.1.1　口岸的概念与分类

口岸是由国家指定对外经贸、政治、外交、科技、文化、旅游和移民等往来,并供往来人员、货物和交通工具出入国(边)境的港口、机场、车站和通道。因此,口岸是国家指定对外往来的门户。

随着社会经济的发展,口岸已不仅是指设在沿海的港口,国家在开展国际联运、国际航空、国际邮包邮件交换业务的内陆腹地和其他有外贸、边贸活动的地方也设置了口岸。在我国,口岸已由沿海逐步向沿边、沿江和内地城市发展。因此,在我国口岸除了对外开放的沿海港口之外,还包括国际航线上的飞机场,国境线上对外开放的山口,国际铁路、国际公路上对外开放的火车站、汽车站,国界河流和内河上对外开放的水运港口。

同步思考 3-1

口岸与海关的区别是什么?

理解要点:口岸是由国家指定的进行对外经贸、政治、外交、科技、文化、旅游和移民等往来,并供往来人员、货物和交通工具出入国(边)境的港口、机场、车站和通道。因此,口岸是国家指定对外往来的门户。海关是国家在沿海、边境或内陆口岸设立的执行进出口监督管理的国家行政机构。它根据国家法令,对进出国境的货物、邮递物品、旅客行李、货币、金银、证券和运输工具等执行监管检查、征收关税、编制海关统计并查禁走私等任务。口岸不是针对具体事物的部门或机构,也不是事业单位。口岸管理部门有海关、商检、税务、外汇管理局等,口岸服务部门有银行、港务局、场站等,进出口企业、货代、报关行等属于口岸应用单位。地方政府设有口岸办予以协调口岸管理事宜。

依据不同的分类标准,口岸可以分为不同的类别,下面按批准权限和运输方式两种标志进行分类。

1. 按批准开放的权限分类

按批准开放的权限,口岸可分为以下几种。

1)一类口岸

一类口岸指由国务院批准开放的口岸,包括由中央管理的口岸和由省、自治区、直辖市管理的部分口岸。中国对外开放一类口岸地区一览表如表3-1所示。

表3-1 中国对外开放一类口岸地区一览表

地区	空港	陆地	港口
北京	北京		
天津	天津		天津,塘沽
河北	石家庄		秦皇岛,唐山
山西	太原		
内蒙	呼和浩特,海拉尔	二连浩特,满洲里	
辽宁	沈阳,大连	丹东	营口,锦州,大连,丹东
吉林	长春	集安,珲春,图门	大安
黑龙江	哈尔滨,佳木斯,齐齐哈尔,牡丹江	逊克,抚远,密山,漠河,绥芬河	哈尔滨,佳木斯

续表

地区	空港	陆地	港口
上海	上海		上海
江苏	南京		连云港，南通，镇江，张家港，南京，扬州，江阴，常熟
浙江	杭州，宁波，温州		宁波，镇海，舟山，温州
安徽	合肥，黄山		芜湖，铜陵
福建	福州，武夷山，厦门		福州，厦门，漳州，泉洲，莆田
江西	南昌		九江
山东	济南，青岛，烟台		青岛，威海，烟台
河南	郑州，洛阳		
湖北	武汉		汉口，黄石
湖南	长沙		岳阳
广东	广州，深圳，湛江，梅州	广州，皇岗，佛山，文锦渡，罗湖，沙头角，笋岗，拱北，常平，端州，三水	广州，黄浦，惠州，茂名，南海，番禹，潮州，汕头，深圳蛇口，湛江，肇庆，中山
广西	南宁，桂林，北海	友谊关，凭祥，东兴，水口	北海，防城，福州，钦州
海南	海口，三亚		海口，三亚
重庆	重庆		
四川	成都		
贵州	贵阳		
云南	昆明，西双版纳	畹町，瑞丽	恩茅，景洪
西藏	拉萨	聂拉木，普兰，吉隆，日屋，亚东	
陕西	西安		
甘肃	兰州		
新疆	乌鲁木齐，喀什	巴克图，阿拉山口，红其拉甫，霍而果斯，红山嘴，老爷庙	

（资料来源：中国对外开放一类口岸地区一览表．http://www.chinaports.org，2008/2/16。）

符合下列三种情况的属于一类口岸：对外国籍船舶、飞机、车辆等交通工具开放的海、陆、空客货口岸；允许外国籍船舶进出我国领海内的海面交货点；只允许我国籍船舶、飞机、车辆出入国境的海、陆、空客货口岸。

2）二类口岸

二类口岸指由省级人民政府批准开放并管理的口岸。

符合下列三种情况的属于二类口岸：①依靠其他口岸派人前往办理出入境检查检验手续的国轮外贸运输装卸点、起运点、交货点；②同毗邻国家地方政府之间进行小额边境贸易和人员往来的口岸；③只限边境居民通行的出入境口岸。

> 业务链接 3-1

一类、二类口岸开放报批程序

一类口岸由有关部局或港口、码头、车站、机场和通道所在地的省级人民政府会商大军区后，报请国务院批准，同时抄送国务院口岸领导小组、总参谋部和有关主管部门。二类口岸由口岸所在地的人民政府征得当地大军区和海军的同意，并会商口岸检查检验等有关单位后，报请省级人民政府批准。批文同时送国务院口岸领导小组和有关主管部门备案。

2. 按出入国境的交通运输方式分类

（1）港口口岸，指国家在江河湖海沿岸开设的供人员和货物出入国境及船舶往来停靠的通道。港口口岸包括海港港口口岸和内河港口口岸。内河港是建造在河流（包括运河）、湖泊和水库内的港口，为内河船舶及其客货运输服务。

（2）陆地口岸，指国家在陆地上开设的供人员和货物出入国境及陆上交通运输工具停站的通道。陆地口岸包括国（边）境及国家批准内地直接办理对外进出口经济贸易业务往来和人员入境的铁路口岸和公路口岸。

（3）空港口岸，指国家在开辟有国际航线的机场上开设的供人员和货物出入国境及航空器起降的通道。

3.1.2 口岸的地位与作用

1. 口岸是国家主权的象征

口岸权是国家主权。口岸权包括口岸开放权、口岸关闭权、口岸管理权，其中口岸管理权包括口岸行政权、关税自主权、检查权、检验权等，这些都是国家主权的一部分。

2. 口岸是对外开放的门户

对外开放表现为政府间或民间在政治、经济、军事、文化、资源保护、制止国际犯罪、世界和平等领域的广泛交流与合作，而这种国际的交流与合作是通过口岸得以实现的，因此，口岸是对外开放的门户。

3. 口岸是国际货物运输的枢纽

口岸是国际往来的门户，是对外贸易货物、进出境人员及其行李物品、邮件包裹进出的通道。因此，口岸的设置必须充分发挥交通基础设施的作用，与交通运输发展规划配套，口岸作为国际物流系统中的重要关口，是国际货物运输的枢纽。

> 教学互动 3-1

互动问题：（1）什么是国际陆港？
（2）中国开发内陆港有哪些意义？
要求：（1）教师不直接提供上述问题的答案，而是引导学生结合本节教学内容就这些问题进行独立思考、自由发表见解，组织课堂讨论。

（2）教师把握好讨论节奏，对学生提出的典型见解进行点评。

3.2 中国口岸

3.2.1 我国主要港口

港口是指位于江、河、湖、海沿岸，具有一定设施和条件，供船舶进行作业及在恶劣气象条件下的靠泊、旅客上下、货物装卸、生活物料供应等作业的地方。它的范围包括水域和陆域两部分。

1. 港口的分类

1）港口按地理位置划分

（1）河港：指沿江、河、湖泊、水库分布的港口，如南京港、武汉港等。

（2）水库港：建于大型水库沿岸的港口。水库港受风浪影响较大，常建于有天然掩护的地区。水位受工农业用水和河道流量调节等的影响，变化较大。

（3）湖港：位于湖泊沿岸或江河入湖口处的港口。一般水位落差不大，水面比较平稳，水域宽阔，水深较大，是内河、湖泊运输和湖上各种活动的基地。

（4）河口港：指位于江、河入海处受潮汐影响的港口，如丹东港、营口港、福州港、广州港、上海港等；在我国，一般把河口港划入海港的范畴。

（5）海港：指沿海岸线（包括岛屿海岸线）分布的港口，如大连港、秦皇岛港、青岛港等。

2）港口按服务对象划分

（1）商港。指专门从事客货业务的港口，所以也称为公共港，以一般商船和客货运输为服务对象，具有停靠船舶、上下客货、供应燃（物）料和修理船舶等所需要的各种设施和条件，是水陆运输的枢纽。如我国的上海港、大连港、天津港、广州港和湛江港等均属此类。

（2）工业港。工业港是指为临近江、河、湖、海的大型工矿企业直接运输原材料及输出制成品而设置的港口。如大连地区的甘井子大化码头。

（3）散货港。散货港是指专门装卸大宗矿石、煤炭、粮食和砂石料等散货的港口。其中专门装卸煤炭的专业港称煤港。这类港口一般都配置大型专门装卸设备，效率高，成本低。

（4）油港。油港是指专门装卸原油或成品油的港口。一般由以下几部分组成：①靠、系船设备；②水上或水下输油管线和输油臂；③油库、泵房和管线系统；④加温设备；⑤消防设备；⑥污水处理场地和设施，等等。秦皇岛油港，是我国第一座管道式运输原油港，是华北地区最大的原油、成品油及液体化工产品中转集散地。

（5）渔业港。渔业港是指专门从事渔业的港口，为渔船停泊、鱼货装卸、鱼货保鲜、冷藏加工、修补渔网和渔船生产生活物资提供补给的港口，我国的渔港一般只用于渔船的停泊、装运物资等，而现代化的渔港应具备各种鱼类的加工设备。

（6）军港。军港是指为军事目的而修建的港口。供舰艇停泊并取得补给，是海军基地的组成部分。通常有停泊、补给等设备和各种防御设施。

（7）避风港。避风港是指专为船舶、木筏等在海洋、大潮、江河中航行、作业遇到突发性风暴时避风用的港口。

3）港口按装卸货物的种类划分

按装卸货物的种类划分，可分为有综合性港口和专业性港口两类。综合性港口指装卸多种货物的港口，专业性港口指装卸某一货类的港口，如石油港、矿石港、煤港等。一般说来，由于专业性港口采用专门设备，其装卸效率和能力比综合性港口高，在货物流向稳定，数量大、货类不变的情况下，多考虑建设专业性港口。

4）按运输货物贸易方式划分

按运输货物贸易方式划分，可分为对外开放港口和非对外开放港口等。

5）按运输功能划分

按运输功能划分，可分为客运港、货运港、综合港等。

2. 我国的主要港口

1）上海港

上海港位于中国大陆海岸线中部，长江与东海交汇处。上海港地处长三角水网地带，水路交通十分发达。沿海北距大连港558海里，南距香港港823海里，长江西溯重庆2 399 km。上海港所在地，属亚热带海洋性季风气候。受冬、夏季风交替影响，四季变化分明。港口的直接腹地主要是长江三角洲地区，包括上海、江苏南部和浙江北部。长江三角洲地区包括上海、南京、镇江、常州、无锡、苏州、南通、扬州、泰州、盐城、淮安、杭州、宁波、嘉兴、湖州、绍兴、舟山等城市。上海港是我国沿海的主要枢纽港，是我国对外开放，参与国际经济大循环的重要口岸。

2）天津港

天津港地处渤海湾西端，位于海河下游及其入海口处，是环渤海中与华北、西北等内陆地区距离最短的港口，是首都北京的海上门户，也是亚欧大陆桥最短的东端起点。天津港是中国最早开展国际集装箱运输业务的港口。天津港是中国最大的人工港，天津港是在淤泥质浅滩上人工挖海建港、吹填造陆建成的。随着港口治理泥沙回淤技术的发展，人工港在深水化建设上的优势逐渐显现，为天津港跻身世界深水港行列奠定了基础。随着我国经济由南向北的梯次发展，天津港在北方地区的地位和作用日益突出。天津港处在欧亚大陆桥的桥头堡地位，距离日本、韩国的海上运距最短，距中亚、西亚的陆地距离最短，是蒙古、哈萨克斯坦等临近内陆国家的出海口，是连接东北亚与中西亚的纽带。根据市场的需求，天津港已形成了以集装箱、原油及制品、矿石、煤炭为"四大支柱"，以钢材、粮食等为"一群重点"的货源结构，是环渤海地区规模最大的综合性港口。天津港是我国最大的焦炭出口港，第二大铁矿石进口港，中国北方的集装箱干线港，并已跻身全国油品大港行列。

3）广州港

广州港地处珠江入海口和我国外向型经济最活跃的珠江三角洲地区中心地带，濒临南海，毗邻香港和澳门，东江、西江、北江在此汇流入海。通过珠江三角洲水网，广州港与珠江三角各大城市及与香港、澳门相通，由西江联系我国西南地区，经伶仃洋出海航道与我国沿海及世界诸港相联。广州港港区分布在广州、东莞、中山、珠海等城市的珠江沿岸或水域，从珠江口进港，依次为虎门港区、新沙港区、黄埔港区和广州内港港区。广州港国际海运通达80多个国家和地区的300多个港口，并与国内100多个港口通航，是中国华南地区最大的对外贸易口岸。

4）苏州港

苏州港地处我国南北海运大通道和长江黄金水道的交汇处，对外交通十分便捷。苏州港由张家港港区、常熟港区和太仓港区三个港区组成。张家港、常熟和太仓三个港区陆路距上海市区分别为169 km、80 km和50 km，距苏州市区分别为106 km、60 km和75 km。综合交通系统发达，境内有沪宁铁路、沪宁高速、沿江高速和苏昆太高速公路贯穿东西，312国道、204国道和318国道和锡太一级公路在此交汇；京杭大运河、苏嘉杭高速公路和苏通长江大桥连接南北，水陆交通四通八达，横卧北侧的长江更是通江达海的重要水运干道。苏州港是国家沿海主要港口、国家对外开放一类口岸。苏州港地理位置优越，2002年，港口整合后，加快了发展步伐，改变原先三港各自独立发展的状况，以"苏州港"统一对外，大力推介，打造品牌，扩大影响力和吸引力。各港区发挥各自优势，错位发展，取得了明显的集聚效应。苏州港是上海国际航运中心集装箱枢纽港重要组成部分，是江苏省最重要的集装箱干线港之一，是长江三角洲对外开放的重要依托，是长江中上游地区和西部大开发的重要平台，是集江海河联运、内外贸货物运输、装卸与仓储多功能的综合性港口。

5）青岛港

青岛港由青岛老港区、黄岛油港区、前湾新港区三大港区组成。拥有码头15座，泊位72个。其中，可停靠5万t级船舶的泊位有6个，可停靠10万t级船舶的泊位有6个，可停靠30万t级船舶的泊位有2个。主要从事集装箱、煤炭、原油、铁矿、粮食等进出口货物的装卸服务和国际国内客运服务。青岛港与世界上130多个国家和地区的450多个港口有贸易往来。

6）大连港

大连港位居西北太平洋的中枢，是转运远东、南亚、北美、欧洲货物最便捷的港口。大连港地处辽东半岛南端的大连湾内，港阔水深，冬季不冻，万吨货轮畅通无阻。大连港是哈大线的终点，以东北三省为经济腹地，是东北的门户，也是东北地区最重要的综合性外贸口岸，是仅次于上海港、秦皇岛港的中国第三大海港。从大窑湾至老虎滩近百千米的海岸线上，平均每4 km就有一座港口，是中国港口密度最高的"黄金海岸"。

7）秦皇岛港

秦皇岛港位于渤海之滨，是我国北方的一座天然良港。主要货种有煤炭、石油、粮食、化肥、矿石等。秦皇岛港以能源输出闻名于世，主要将来自祖国内陆山西、陕西、内蒙古、宁夏、河北等地的煤炭输往华东、华南等地及美洲、欧洲、亚洲等国家和地区，年输出煤炭占全国煤炭输出总量的50%以上，是我国北煤南运的主要通道。全港目前拥有全国最大的自动化煤炭装卸码头和设备，是较为先进的原油、杂货与集装箱码头。

8）营口港

营口港由营口港区、鲅鱼圈港区共同组成。营口港的集装箱航线已覆盖沿海主要港口，营口港已同50多个国家和地区的140多个港口建立了航运业务关系。装卸的主要货种有：集装箱、汽车、粮食、钢材、矿石、煤炭、原油、成品油、液体化工品、化肥、木材、非矿、机械设备、水果、蔬菜等。其中，内贸集装箱、进口矿石、进口化肥、出口钢材、出口非矿的装卸量均为东北各港之首。

9）日照港

日照港位于中国海岸线中部，东临黄海，北与青岛港、南与连云港毗邻，隔海与日本、韩国、朝鲜相望。港区湾阔水深,陆域宽广,气候温和,不冻不淤,适合建设包括20~30万 t级大型深水码头在内的各类专业性深水泊位100余个,为中国名副其实的天然深水良港。

10) 唐山港

唐山港位于河北省唐山市东南、滦河口以南乐亭县王滩乡。西北距唐山95 km,东北距秦皇岛105 km,西距天津180 km。港口后方交通便利,京山、京秦、大秦三大铁路干线横贯唐山市,并有唐遵、汉张、卑水、遵潘4条铁路相辅,新建的坨(子头)王(滩)铁路线,自京山线坨子头接轨至港区,长75.66 km。津榆、唐秦、京唐等主要公路干线,把唐山和东北、华北广大地区连成一体,境内乡村道路成网,四通八达。唐山港分为曹妃甸港区、京唐港区和丰南港区,形成分工合作、协调互动、三港齐飞的总体发展格局。

3.2.2 我国主要边境口岸

边境口岸是指边境上设有过境关卡或开展贸易的地点。下面介绍我国10个主要边境口岸。

1. 漠河口岸——我国最北端的口岸

漠河口岸是我国最北端的一个口岸,因其所处的地理位置在我国的最北端,因此被誉为"神州北极"。漠河口岸紧靠黑龙江边,与俄罗斯的阿穆尔州的加林达和赤塔州两个州隔江相望,边境线长245 km。黑龙江水量充沛,是可以停泊千吨级的自然码头,水路运输可以直接进入俄罗斯石喀河抵达赤塔州等港口。

2. 抚远口岸——我国最东端的口岸

在我国版图的最东端,有一个两江交汇的点,这个点就是我国地理教科书上注明的四个端点之一的最东端点——抚远县,也是我国见到太阳最早的地方。这里有闻名中外的黑龙江和乌苏里江两江交汇的抚远口岸,与俄罗斯远东第一大城市哈巴洛夫斯克隔江相望,是我国通过江海联运进入太平洋走向世界的最近的口岸。

3. 绥芬河口岸——东北亚区域经济合作百年口岸

绥芬河口岸位于黑龙江省的东南部,东西北与东宁县毗邻,与俄罗斯滨海边疆区的波格拉尼奇内区接壤,有26 km的国境线,辖区仅有460 km^2,是祖国东北的重要门户。20世纪初,由中俄两国共同修建的中东铁路于1903年建成通车,从此奠定了绥芬河地区交通、通信和通商的基础,从那时起绥芬河就成了一个国际的通商口岸。

同步思考 3-2

为什么我国从俄罗斯格罗迭科沃进口货物必须在绥芬河站换装才能进行运送?

理解要点:

绥芬河口岸是黑龙江省东南部的一座陆路口岸。与它相邻的俄罗斯格罗迭科沃车站距俄中国境线为20.6 km,由于两国铁轨轨距不同,对外贸易货物需要在国境车站——绥芬河站换装才能进行运送。

4. 阿拉山口岸——我国东联西出西来东去大通道

阿拉山口岸位于我国西北部,地处新疆博尔塔拉蒙古自治州博乐市境内的东北角,与哈萨克斯坦塔尔迪库尔干州的多斯特克口岸毗邻。阿拉山口因地处阿拉套山和巴尔鲁克山犄角（楔形）地带而得名。自中国与哈萨克斯坦的铁路完成对接，一条最重要最便捷的铁路线将亚洲大陆东端和欧洲大陆西端连接，新的亚欧大陆桥全线贯通，阿拉山口一跃成为中国向西开放的重要门户和桥头堡。

5. 东兴口岸——中国与东盟唯一海陆相连的口岸

东兴口岸位于我国西南陆地边境线与大陆海岸线的汇合处，在中越边境的最东端，东南濒临北部湾，北面背靠十万大山，中越北仑河大桥将中国东兴和越南芒街两市连成一体，是中国与东盟唯一海陆相连的口岸。东兴市区与越南芒街市相隔一条数十米的北仑河，距离越南广宁省会下龙市 180 km，距离越南首都河内 308 km，距离广西首府南宁 178 km，距离防城港市 39 km。市内的竹山港、潭吉港、京岛港可与中国和越南各大港口通航。

6. 罗湖口岸——我国最大的旅检口岸

罗湖口岸位于深圳罗湖商业中心南侧，与香港新界一河之隔，是我国最早对外开放的陆路口岸之一，一衣带水的罗湖桥见证了深港两地人员交流、来往的历史，也见证了香港的百年沧桑。

7. 文锦渡口岸——供港鲜活商品重要口岸

文锦渡口岸位于深圳市区的东南面，东距沙头角 12 km，西距罗湖口岸 3 km，与香港一河之隔，有东西两座公路桥相连，是内地目前比较大的公路客、货运综合性口岸。文锦渡口岸与香港上水隔河相望，是我国最早对外开放的客货运口岸，因自身独特的地理位置优势，发展成为密切香港与内地经贸联系，稳定和丰富香港市场供给的重要纽带，是内地供港鲜活商品的主要通道，80%以上的供港新鲜蔬菜、水果、活畜禽、小食品等每天从这里源源不断运往香港，香港市民 85% 的生活淡水也途经这个口岸流入香港。

8. 拱北口岸——澳门与内地联系最主要口岸

拱北口岸位于珠海市东南部，毗邻澳门，陆路与澳门相连，属国家一类口岸，是澳门与内地联系的最主要口岸。日均出入境客流量约 20 万人次，为我国第二大陆路客运口岸。每天还有大量活禽畜、蔬菜等鲜活商品经拱北口岸供应澳门市场。

9. 凭祥口岸——中国通往东南亚最大最便捷陆路通道

凭祥市地处祖国边陲，西南两面与越南凉山省交界，边境线长 97 km，市区距离越南凉山省首府 32 km，距离越南首都 176 km，与广西首府南宁距离 160 km，湘桂铁路和 322 国道贯穿市区，境内有凭祥火车站、友谊关等国家一级口岸和平而关等地方口岸，是中国通往东南亚最大最便捷的陆路通道。

中越边贸出口口岸选择

背景与情境：沈阳某贸易公司与越南凉山市某家公司签订一份出口纺织品的贸易合同，合同约定采用铁路运输方式，请安排适合的运输路线和选择合适的出口口岸。

问题：(1) 如何选择该笔贸易的出口口岸？合适的出口口岸是什么？
(2) 在出口口岸如何办理货物交接？

分析提示：选择出口口岸要选择离目的地较近、运输较经济的方案。合适的出口口岸是凭祥。越南铁路主要是米轨（1 000 毫米轨距），连接我国铁路凭祥的一段铁路，为准轨和米轨的混合轨，我国铁路同越南铁路间经由凭祥的联运货车可以相互过轨，货物和车辆的交接暂在凭祥站办理。

10. 皇岗口岸——全国最大的综合性公路及最大汽车口岸

深圳皇岗口岸于 1989 年 12 月开通，与香港落马洲口岸隔河相对，西临广深高速公路起点，是联系深港的重要口岸。口岸区域占地面积约 101 万 m^2，其中口岸监管区 65.3 万 m^2，生活区 6.8 万 m^2，商业区 29.5 万 m^2。口岸设有货车出入境检查通道 40 条，小汽车、大型客车出入境检查通道 12 条及旅客出入境通道 48 条。

3.2.3 我国主要空港口岸

1. 北京首都国际机场

北京首都国际机场（Beijing capital international airport）是目前中国最繁忙的民用机场，同时也是中国国际航空公司的基地机场。

2. 香港国际机场

香港国际机场（HongKong international airport）是香港唯一运作的民航机场，于 1998 年 7 月 6 日正式启用。

香港国际机场是国泰航空、港龙航空、香港航空、香港快运航空、华民航空及甘泉航空的基地机场，二号客运大楼、机场行政大楼、新商用航空中心飞机库等多项重要设施于 2007 年启用；海天客运大楼的永久化工程及第二间机场酒店——香港天际万豪酒店等则在 2008 年完工。为满足日益增加的航空交通需求，香港国际机场正不断增添新设施及建筑；随着多项扩展计划完成，香港国际机场正发展成亚洲的客货运枢纽。

3. 上海浦东国际机场

上海浦东国际机场（Shanghai Pudong international airport）是中国（包括港、澳、台）三大国际机场之一，与北京首都国际机场、香港国际机场并称中国三大国际航空港。上海浦东国际机场位于上海浦东长江入海口南岸的滨海地带，距虹桥机场约 52 km。

4. 广州白云国际机场

广州白云国际机场（Guangzhou Baiyun international airport）是中国第三大城市——广州的门户，是国内三大航空枢纽机场之一，于 2004 年 8 月 5 日正式启用，地处广州市白云区人和镇和花都区新华街道、花山镇、花东镇交界处，距广州市中心海珠广场的直线距离约 28 km。该机场目前为中国南方航空、海南航空、深圳航空、联邦快递的枢纽机场及中国国际航空的重点机场。

5. 上海虹桥国际机场

上海虹桥国际机场（Shanghai Hongqiao international airport）位于上海市西郊，距市中心仅 13 km，多年来，虹桥机场一直是上海空港的代名词。

6. 深圳宝安国际机场

深圳宝安国际机场（Shenzhen Bao'an international airport）是一个具有海、陆、空联运的现代化航空港，是中国五大机场之一，是世界百强机场之一，1991年正式通航，1993年成为国际机场。深圳宝安国际机场作为中国大陆第五大航空港，目前开通107条国际国内航线，可到达80余个国内国际城市和地区，是中国珠江三角洲地区重要的空运基地之一。

7. 成都双流国际机场

成都双流国际机场（Chengdu Shuangliu international airport）位于四川省成都市双流县北部，距离成都市中心16 km，由成都机场高速与成都市建成区相通。成都双流国际机场是中国中西部最繁忙的民用枢纽机场、西南地区的航空枢纽和重要客货集散地，是前往拉萨贡嘎国际机场的最大中转机场，也是前往昌都邦达机场和林芝米林机场的唯一中转机场。

8. 昆明长水国际机场

昆明长水国际机场（Kunming Changshui international airport）是中国面向东南亚、南亚和连接欧亚的继北京、上海和广州之后的第四大国家门户枢纽机场，这也让昆明长水国际机场成为中国西部地区唯一的国家门户枢纽机场。航站楼单体建筑面积内地第一，机场总建筑面积仅次于北京首都国际机场、上海浦东国际机场和香港国际机场，居全国第四。

9. 西安咸阳国际机场

西安咸阳国际机场（Xi'an Xianyang international airport）位于中国内陆中心，是中国西北地区最大的空中交通枢纽，中国第五大机场，同时也是中国东方航空集团西北公司、海南航空集团长安公司、南方航空集团西安公司、幸福航空的基地机场。

10. 杭州萧山国际机场

杭州萧山国际机场（Hangzhou Xiaoshan international airport）是经国务院、中央军委批准设立的大型现代化国际机场，为绍兴、杭州共用机场，国内重要干线、口岸机场，是重要的旅游城市机场和国际定期航班机场。

业务链接 3-2

我国主要空港口岸 IATA 代码

空港名称	IATA 代码
北京首都国际机场（Beijing capital international airport）	PEK
香港国际机场（HongKong international airport）	HKG
上海浦东国际机场（Shanghai Pudong international airport）	PVG
广州白云国际机场（Guangzhou Baiyun international airport）	CAN
上海虹桥国际机场（Shanghai Hongqiao international airport）	SHA
深圳宝安国际机场（Shenzhen Bao'an international airport）	SZX
成都双流国际机场（Chengdu Shuangliu international airport）	CTU

空港名称	IATA 代码
昆明长水国际机场(Kunming Changshui international airport)	KMG
西安咸阳国际机场(Xi'an Xianyang international airport)	XIY
杭州萧山国际机场(Hangzhou Xiaoshan international airport)	HGH

3.3 世界主要港口

1. 鹿特丹港

荷兰的鹿特丹港（Rotterdam）是世界第一大港。鹿特丹在荷兰并非第一大城市，但它保持的港口年吞吐量超过 5 亿 t 的记录却使它当之无愧地居世界第一大港的地位。

鹿特丹港之所以成为世界第一大港，主要有以下三个原因：一是它紧临经济发达的西欧国家，特别是德国的兴起为鹿特丹港提供了天然的经济腹地；二是归因于欧盟。欧盟的建立减少了国家与国家之间的屏障，密切了国际的往来，促进了鹿特丹港的发展；三是荷兰本国工业的迅速崛起，本身也促进了鹿特丹港的发展。20 世纪 90 年代，鹿特丹实施了新的扩能计划，开始建造 10 万～15 万 t 级的集装箱码头。

业务链接 3-3

为什么鹿特丹港能成为世界第一大港口

鹿特丹位于莱茵河、马斯河及斯凯尔特河所形成的"金三角洲"，并且隔海与英伦三岛互相眺望。鹿特丹不仅是通往世界各地的国际海港，而且也是内河航运的枢纽。并且莱茵河还与运河及其他河流接通，它是欧洲航运河中最繁忙的一条国际化河流，仅一条莱茵河，就等同于 20～30 条铁路的运输量。且鹿特丹具有海港以及河港的共同特点，所以被称为"欧洲的门户"。20 世纪 50 年代，欧洲经济共同体的建立及西欧各国的经济发展，使鹿特丹港成为大多数进出口货物的集散中心，于是促使鹿特丹发展成为一个十分现代化的港口。鹿特丹属于世界最大的石油现货市场，它也是世界上有色金属储运中心及欧洲粮食贸易中心，而且每年出入港口的远洋轮船大约 3.5 万艘、内河船舶大约 30 万艘，而且平均 6 分钟就会有一艘海轮进出港区。平均年吞吐货物总量大约 3 亿 t，为上海港总吞吐量的 2.5 倍。港口与货场、仓库、车站、飞机场及银行、保险公司和加工厂连在一起，效率相当高，运转相当快，绝对没有等泊位、等货场的事发生。港务局专用的铁路线竟超过 400 km，直接通向各个码头。而且有规模相当大的造船厂、修船厂、炼油厂、金属加工厂、食品加工厂等，进港货物有半数就地加工成半成品，然后转口运送出去，这样可大大减少运输量。鹿特丹是欧洲汽车市场的集散地。许多汽车用卡车、火车、轮船或内河驳船运到码头以后，再从这里转运到法国、奥地利、意大利及英国和北欧各国。

2. 汉堡港

汉堡港（Hamburg）位于德国北部易北（Elbe）河下游的右岸，距北海入海口 110 km，濒临黑尔戈兰（Helgdander）湾内，是一个河海兼用的开敞式潮汐港。其航道水深 16 m，10万 t 级船舶可长驱直入。汉堡港是德国第一大港，集装箱量为欧洲第二，世界第九。

汉堡港的十大集装箱贸易伙伴依次为：中国、新加坡、芬兰、瑞典、日本、俄罗斯、美国、韩国和巴西等。汉堡港一直是维系中德贸易关系的核心，也是中国经济迅速发展最重要的集装箱运输枢纽，超过 50% 的中德贸易商品是通过汉堡港装卸的。2006 年在汉堡港装卸的 890 万 TEU 中，有 260 万 TEU 来自中国。汉堡港每周有 32 条定期集装箱班轮航线发往中国，是欧洲前往中国航线最多的港口。全港分为七大港区，40 个海港池，共有 700 余个泊位，是世界泊位最多的商港，其中水深 10～14 m 的深水海泊位 330 多个，河船泊位 200 多个。港口面积 100 km^2，可同时停泊和装卸超过 250 艘大型海轮，有 300 多条国际海运航线与世界各主要港口联系，每年约有 18 500 艘船只停靠，其中定期航线船只 18 700 艘，港口设施先进，管理现代化，被称为是"德国通向世界的门户"和"欧洲转运最快的港口"。

同步思考 3-3

我国 A 贸易公司和德国 B 贸易公司签订了一份出口合同，合同中关于装运港和目的港的规定如下：装运港为上海，目的港为德国主要港口。试问该规定方法是否得当？为什么？

理解要点： 该规定不准确，因为德国有法兰克福、汉堡、基尔、卢贝克等多个主要港口，在卸货过程中容易因为规定不清楚导致不必要的误会和损失。

3. 安特卫普港

安特卫普港（Antwerp）是比利时最大的海港，欧洲第三大港，地处斯海尔德河下游，距河口 68～89 km。安特卫普港以港区工业高度集中而著称。港口腹地广阔，除本国外，还包括法国北部、马尔萨斯和洛林、卢森堡、德国萨尔州、莱茵-美茵河流域、鲁尔河流域及荷兰的一部分。现有港区主要分布在斯海尔德河右岸，码头泊位半数以上布置在挖入式港池中，港池间用运河相沟通并设船闸与斯海尔德河隔开，以免受北海潮汐影响。

4. 马赛港

马赛港（Marseille）位于法国南部地中海利翁湾（gulf of Lion）东岸，背山面海，港深水阔，既无泥沙淤塞，又不为潮汐涨落所限，是地中海沿岸的天然良港，欧洲第三大港，同时也是世界大客运港之一。马赛港有优良的导航设备，进港船在 320 km 处即可通过无线电导航设备安全航行。

职业道德与企业伦理 3-1

任选卸货港提单下误卸货物纠纷案

背景与情境： 国内 A 公司以 CIF 价格出口一套大型机械设备到法国，但在合同订立时，尚未确定卸货港口在马赛还是波尔多，于是在卸货港条款的规定上采用了选港的方式，选择马赛或者波尔多。卖方在装运期内租船订舱，并由承运人签发了任选卸货港，提单的目的港栏目写的是马赛/波尔多，一个位于法国南部，另外一个位于法国西南部，载货船舶先到马赛然后到达波尔多，在载货船舶预计到达马赛港口的 60 h 前，我方收到国外买方信息，货物卸货地点为马赛，我方立即通知了船舶代理人，由于船舶代理人延误，致使载货船舶在马赛准备重新起航时才收到我方的选港信息，不得不在波尔多卸下我方货物，我方后来安排把货物从波尔多运到马赛产生了多余的运费。

问题：本案例中，我方可否就损失进行索赔？

分析提示：可以。任选卸货港提单是在提单目的港一栏内有两个以上港口可选择卸货的提单。这种提单的选卸港须在船舶本航次规定挂港范围内，而且在船舶到达第一个选卸港 48 h 之前通知船舶代理人。否则承运人可在第一个选卸港或任意一个选卸港卸货。运费按选卸港中最高费率计收。

5. 伦敦港

伦敦港（London）是英国首都最大的港口，位于英格兰南部，泰晤士河（River Thames）下游，距河口 88 km。伦敦港 18 世纪即发展成为世界大港之一，19 世纪成为世界航运中心，是一个世界性大港，港区设备完善，与世界各主要港口都有船舶往来。

6. 神户港

神户港（Kobe）位于日本南部兵库（Hyogo）县芦屋川河口西岸，濒临大阪湾西北侧，是日本第一大集装箱港。自古以来神户就是日本的重要交通枢纽，公路铁路及航空皆十分现代化，它既是主要的国际贸易中心，又是日本最大的工业中心之一。该港的特点是填海建造的人工岛，如港岛及罗卡岛等有桥梁可与大陆连接。

7. 横滨港

横滨港（Yokohama）位于日本东南部神奈川（Kanagawa）县东部沿海，濒临东京湾的西侧，北与川崎（Kawasaki）港相连，为日本第二大贸易港，也是世界亿吨大港和十大集装箱港口之一。该港的西、南、北三面丘陵环绕，受强风影响很少，是日本天然良港之一。

8. 新加波港

新加波港（Singapore）位于马来半岛南端的新加坡岛南岸，港口接近赤道，很少受台风袭击，潮差小，是世界海空交通枢纽和著名的自由港，货物可以免税进出，它是世界三大炼油中心之一。

新加坡港主要进出口货物为石油、机械设备、电子电器、化肥、水泥、谷物、糖、橡胶、面粉、化工产品、矿砂、工业原料、食品、木材、椰袖、椰干、棕榈果、水果及杂货等。为了建设亚洲最大的集装箱码头，新加坡港务当局正在丹戎巴葛码头对面的勿拉尼（BRANI）岛上新建第二大集装箱码头，建成后将拥有 5 个干线泊位和 4 个支线泊位，码头面积达 80 万 m^2，可堆放 1.5 万 TEU，预计全部完工后，集装箱年吞吐能力可达 1 300 万 TEU，能够保持新加坡港在海上货运方面的竞争力。

9. 纽约港

纽约港（New York）位于纽约州东南部哈德逊河口东岸，濒临大西洋，是美国最大的交通枢纽。纽约港腹地广大，公路网、铁路网、内河航道网和航空运输网四通八达。

10. 新奥尔良港

新奥尔良港（New Orleans）是仅次于纽约港的美国第二大港。新奥尔良港地处密西西比河的咽喉地带，腹地深广，是美国重要的河海、海陆联运中心。

11. 巴尔的摩港

巴尔的摩港（Baltimore）位于美国东北沿海马里兰（Maryland）州中部的帕塔普斯克（Patapsco）河口，濒临切萨皮克（Chesapeake）湾的西北侧，是美国大西洋海岸的主要港口之一。

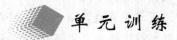

□ 理论题

▲ 简答题

1) 什么是口岸？口岸和海关有什么区别？
2) 什么是一类口岸？说出十个我国对外开放的一类口岸。
3) 简述我国主要边境口岸有哪几条主要线路。

▲ 讨论题

1) 进行边境口岸运输方案设计需要注意哪些事项？
2) 物流操作中选择国外港口作业需要注意哪些事项？

□ 实务题

▲ 规则复习

1) 中朝边境口岸有哪些？
2) 现阶段和越南做什么边贸比较好？
3) 我国最东端和最北端的口岸分别是什么？

▲ 业务解析

大连某贸易公司与朝鲜平壤某家公司达成一份食品出口的贸易合同，合同约定采用铁路运输方式，请安排适合的运输路线并选择合适的出口口岸。

□ 案例题

▲ 案例分析

转运港口规定笼统索赔案

背景与情境：中国内地 A 公司从香港 B 公司进口一套德国设备，合同价格条件为 CFR 广西梧州，装运港是德国汉堡，装运期为开出信用证后 90 d 内，提单通知人是卸货港的外运公司。合同签订后，A 公司于 2016 年 7 月 25 日开出信用证，2016 年 10 月 18 日香港 B 公司发来装船通知，2016 年 11 月上旬 B 公司将全套议付单据寄交开证行，A 公司业务员经审核未发现不符并议付了货款。船运从汉堡到广西梧州包括在香港转船正常时间应在 45～50 d。

2016 年 12 月上旬，A 公司屡次查询梧州外运公司都无货物消息，公司怀疑 B 公司倒签提单，随即电询 B 公司，B 公司答复确已如期装船。

2016 年 12 月下旬，A 公司仍未见货物，再次电告 B 公司要求联系其德国发货方协助查询货物下落。B 公司回电说德国正处圣诞节假期，德方无人上班，无法联络。A 公司无奈只好等待。

2017年1月上旬，圣诞假期结束，B公司来电，称货物早已在2016年12月初运抵广州黄埔港，请速派人前往黄埔办理报关提货手续。此时货物海关滞报已超40 d，待A公司办好所有报关提货手续已是2017年1月底，发生的滞箱费、仓储费、海关滞报金、差旅费及其他相关费用达十几万元。

问题： 1) A公司在本案例中有哪些失误？

2) 单纯从贸易术语角度选择哪个贸易术语能避免上述失误发生？

3) 本案中发生的损失费用可否向德国发货人或者B公司提出索赔？为什么？

4) 结合上述案例分析，请思考在签订进口合同时目的港口的规定与选择应该注意哪些事项。

分析要求： 同第1章本题型的"分析要求"。

▲ 善恶研判

货损责任不清索赔案

背景与情境： 2017年10月30日长兴轮船公司的A货轮，承运货主托运的10 000坛榨菜抵达目的港。港埠公司卸货作业完毕后，发现榨菜坛破损达2 000坛，其中原残500坛，船残、工残1 500坛。卸货公司并未就船残、工残进行划分。事后调查造成这批榨菜坛破损原因，一是货主发运的榨菜坛子规格不一，包装陈旧，没有按承运人要求备足2%的空坛以备破损后换装，以致部分破坛混入装舱内，造成其他好坛包装霉烂，并且收货人同意发货人在运单上作"无空坛换装，破损自负"和"破损自负"的批注。二是港埠公司的装卸工人未能谨慎卸船和转运，理货人员见有批注而疏于督促以减少破损率。三是承运船舶的积载与交接有不当之处。根据销售、处理榨菜的市场价格，平均每坛榨菜的正常售价与应处理的榨菜价格的差价损失为20元，货主的榨菜损失合计人民币40 000元。

收货人认为：港埠公司野蛮卸货作业，造成我方榨菜坛破损2 000坛，港方应赔偿我方经济损失。港埠认为：货主发运的榨菜包装质量不符合国家标准，因而造成榨菜坛破损，港口卸货作业操作工艺得当，拒绝赔偿损失。轮船公司认为：货主的榨菜包装不良，其损失应由其自行承担。

问题： 1) 本案例托运人是否存在责任？港埠卸货公司在卸货过程中操作是否得当？

2) 试对上述问题做出你的善恶研判。

3) 对上述案例中当事人的责任进行分析。

第 4 章

国际物流分布状况

 开篇案例

创新 DHL 多式联运解决方案

国际市场上首屈一指的海陆空全球货运服务提供商 DHL 进一步推展其凭借"一带一路"而构建的业务架构,宣布推出多项崭新服务。"一带一路"是中国拓展全球商贸活动的倡议,一旦全面启动,将可盘活全球一半的贸易量。借助发展"一带一路"所建设的基础设施,DHL 新推日本—德国、成都—伊斯坦布尔、越南—中国—欧洲三条运输线路,可在 14~22 d 内完成付运。中国已经在建设"一带一路"基础架构方面投入了超过 750 亿美元(675 亿欧元),全力推动区域合作及贸易往来。为了全面配合"一带一路"倡议的开展,DHL 在中国多个城市提供定期的铁路货运服务,并与其遍布东南亚的公路运输方案以及来自日本等北亚地区的海运服务相连接。

资料来源 佚名. 创新 DHL 多式联运解决方案 借"一带一路"东风 助力各行各业更快把产品推进市场 [EB/OL]. [2016-09-02]. http://www.cn.dhl.com/. 引文经节选、整理与局部改编.

从引例可见,国际市场上首屈一指的海陆空货运服务提供商 DHL 全球货运进一步推展其凭借"一带一路"而构建的业务架构,宣布推出各项崭新服务,将大幅提升国际物流效率。

4.1 国际物流的空间背景结构

国际物流的发展是在世界各国、各地区对物流有了较为深刻认识的基础上逐步发展起来的一种世界范围内的物资横向联系。

4.1.1 国际物流的产生

国际物流的实质是根据国际分工的原则,依照国际惯例,利用国际化的物流网络、物流设施和物流技术,实现货物在国际的流动与交换,以促进区域经济的发展与世界资源的优化配置。国际物流的总目标是为国际贸易和跨国经营提供服务,即选择最佳的方式与路径,以最低的费用和最小的风险,保质、保量、按时地将货物从某国的供方运到另一国的需方。

食品物流配送案例

背景与情境: 英国有一家专门经营食品的公司,它有 4 000 家专卖店,分布在 40 多个国家,每年销售的食品通过国际物流送达约 4 000 万件。遍布在 40 多个国家的专卖店通过代理商反馈货物调剂信息,通过配送中心完成货物的交付,提供完整的物流服务。

问题: 本案例说明什么问题?

分析提示: 国际物流对贸易发展起到促进作用。

第二次世界大战以后,国际的经济交往越来越频繁和活跃,尤其在 20 世纪 70 年代的石油危机以后,原有的只满足运送必要货物的运输观念已不能适应新的要求,系统物流就是在这个时期进入国际领域的。

业务链接 4-1

联邦快递简介

联邦快递(FedEx)是一家国际性速递集团,提供隔夜快递、地面快递、重型货物运送、文件复印及物流服务,总部设于美国田纳西州,隶属于美国联邦快递集团(FedEx Corp)。2017 年 6 月 6 日,《2017 年 BrandZ 最具价值全球品牌 100 强》公布,联邦快递名列第 51 位。2017 年《财富》美国 500 强排行榜中,联邦快递排名第 58 位。

自 20 世纪 70 年代中期,我国首次引入"物流"一词以来,物流业在中国已有了较大的发展。最早接受"物流"概念的是两个领域,一个是机械工业系统,另一个是物资流通部门。在我国多年的企业物流实践中,许多大中型企业在生产流程、物料搬运、库存控制、定置管理、物流系统化等方面都取得了十分可喜的成果。物流观念不足、物流管理水平落后、缺乏技术支撑、专业人才短缺一度成为我国物流发展的瓶颈。

业务链接 4-2

中国物流业简介

中国物流业的发展历史悠久,舟、车、常平仓、广惠仓、驿站等运输和仓储要素齐全,更开辟了丝绸之路、京杭大运河等著名商贸交流之路,为现代化物流的诞生奠定了基础。但古代物流仅是单一环节的管理，我国真正意义上的运仓配一体的标准化现代物流模式起步于20世纪90年代。邓小平的南巡讲话进一步深化了改革开放，给我国物流业发展带来蓬勃活力。加上90年代末东南亚金融危机的爆发，使得我们对物流业发展的重要性有了切身体会，开始由理论转向实战，探索实际的运行操作。进入21世纪，政策环境利好，运力网络大规模覆盖、信息平台建设迅速推进，我国物流业进入了飞速发展的成长期，也即意味着，机遇与挑战并存将是贯穿这一时期的鲜明主题。

资料来源　佚名.2017年中国物流科技行业研究报告［EB/OL］.［2017-10-25］. http：//b2b.toocle.com/detail—6420847.html.引文经节选、整理与改编。

一国经济的发展，离不开国际贸易的发展，国际物流为国际贸易的发展提供必要条件，而国际贸易的发展又促进国际物流的国际化和现代化，与此同时，国际贸易对国际物流的服务质量、服务效率、安全因素、经济因素提出了新的要求，所以国际物流的发展势必对中国经济起到巨大的推动作用。

同步思考 4-1

综合物流中心建设，是一种将铁路、公路、水路、航空货站集约在一起的大型的、功能更加综合化的物流中心。这是一种国家级的物流中心，它能使不同运输工具实现有效衔接，减少了货物搬运次数，降低了货损货差，提高了物流的效率，缩短了物流的时间，是理想的物流中心。根据所学知识思考我国在物流中心建设上存在的问题。

理解要点：(1) 在物流观念上；(2) 在物流体制上；(3) 在物流效率上；(4) 在物流层次上；(5) 在物流规模上。

4.1.2　国际物流的发展

第一阶段： 20世纪50年代至80年代初。这一阶段物流设施和物流技术得到了极大的发展，建立了配送中心，广泛运用电子计算机进行管理，出现了立体无人仓库，一些国家建立了该国的物流标准化体系等。物流系统的改善促进了国际贸易的发展，物流活动已经超出了一国范围，但物流国际化的趋势还没有得到人们的重视。

第二阶段： 20世纪80年代初至90年代初。随着经济技术的发展和国际经济往来的日益扩大，物流国际化趋势开始成为世界性的共同问题。因此，必须强调改善国际性物流管理，降低产品成本，并且要改善服务，扩大销售，在激烈的国际竞争中获得胜利。例如，这一时期的日本正处于成熟的经济发展期，以贸易立国，要实现与其对外贸易相适应的物流国际化，于是采取了建立物流信息网络、加强物流全面质量管理等一系列措施，提高了物流国际化的效率。这一阶段物流国际化的趋势局限在美国、日本和欧洲一些发达国家。

第三阶段： 20世纪90年代初至今。这一阶段国际物流的概念和重要性已为各国政府和外贸部门所普遍接受。贸易伙伴遍布全球，必然要求物流国际化，即物流设施国际化、物流技术国际化、物流服务国际化、货物运输国际化、包装国际化和流通加工国际化等。世界各国广泛开展国际物流的理论和实践方面的大胆探索。

当前我国物流业正处于重要的战略转型期，当前互联网经济深刻影响着我们的生活和工作，以"互联网+"为驱动的新技术、新业态、新模式，已经成为社会经济发展的新引擎。

"互联网＋高效运输"的运输组织方式,提升了运输的运作效率。"互联网＋智能仓储"在快递、电商、冷链、医药等细分领域快速发展,使得现代仓储管理将更加精准、高效、智能,带动行业高端化转型升级。"互联网＋便捷配送"实现系统的互联共享。"互联网＋智慧物流"利用智慧物流大数据分析,促进快递市场的组织优化和效率提升,引领智慧物流发展趋势。"互联网＋供应链一体化"向供应链上下游延伸,通过数据协同实现更大范围的供应链协同,重构供应链协作关系。在"互联网＋"背景下物流行业的发展势必登上一个新的台阶。

同步思考 4-2

我国"互联网＋物流"仍处于发展的起步阶段,在一些领域取得了积极进展,引领物流领域产业互联网＋的发展道路,涌现出一些新的物流模式和名词,"互联网＋高效运输""互联网＋智能仓储""互联网＋便捷配送""互联网＋智慧物流""互联网＋供应链一体化"。请思考"互联网＋高效运输"模式具体包括哪些内容?

资料来源　何黎明:中国物流业处于战略转型期迎来重大机遇[EB/OL].[2016-11-17].http：//news.cctv.com/2016/11/17/ARTIaO9TJlib6i4kob ZVJ5Mn 161117.shtml.引文经节选、整理与改编。

理解要点:"互联网＋高效运输"通过搭建互联网平台,实现货运供需信息的在线对接和实时共享,将分散的货运市场有效整合起来,改进了运输的组织方式,提升了运输的运作效率。

4.2　国际物流的实现渠道

4.2.1　综合运输体系的建立与发展

现代运输业是由铁路、公路、水路、航空和管道五种主要运输方式组成的。每一种运输方式有其特定的运输线路和运输工具,形成了各自的技术运营特点、经济性能和合理使用范围。

1. 综合运输体系的建立

综合运输体系,也叫作综合的交通运输体系,是相对于单一的运输体系而言的,是指各种运输方式在社会化的运输范围内和统一的运输过程中,按其技术经济特点组成分工协作、有机结合、连接贯通、布局合理的交通运输综合体。

综合运输体系是在五种运输方式的基础上组建起来的。随着经济和社会的发展,科学技术的进步,运输过程由单一方式向多样化发展,运输工具由简陋向现代化发展,而人流和物流的全过程往往要使用多种运输工具才能实现,因此,运输生产本身就要求把多种运输方式组织起来,形成统一的运输过程。所以,综合运输体系是运输生产力发展到一定阶段的产物。

综合运输体系是各种运输方式通过运输过程本身的要求联系起来的。这就是各种运输方式在分工的基础上,有一种协作配合、优势互补的要求,即在运输生产过程中有机结合,在各个运输环节上连接贯通,以及各种交通运输网和其他运输手段合理布局。

如果没有这种内在的要求,或者这种内在的要求受到限制,也就不可能建立和完善综合运输体系。从运输业发展的历史和现状看,各种运输方式一方面在运输生产过程中存在着协作配合、优势互补的要求,另一方面,在运输市场和技术发展上又相互竞争。这两种要求交织在一起,使完善综合运输体系成为一个长期的由低级向高级发展的过程。

综合运输体系大致由四个系统所组成。一是具有一定技术装备的综合运输网及其结合部系统;二是综合运输生产系统,即各种运输方式的联合运输系统;三是综合运输组织、管理和协调系统;四是信息支撑系统,要实现物流渠道畅通,离不开信息的支撑。这四个方面构成了综合运输体系生产能力的主要因素。

业务链接 4-3

"一带一路"国际合作高峰论坛成果简介

2017年5月14日至15日,中国在北京主办"一带一路"国际合作高峰论坛。这是各方共商、共建"一带一路",共享互利合作成果的国际盛会,也是加强国际合作,对接彼此发展战略的重要合作平台。高峰论坛期间及前夕,各国政府、地方、企业等达成一系列合作共识、重要举措及务实成果,中方对其中具有代表性的一些成果进行了梳理和汇总,形成高峰论坛成果清单。清单主要涵盖政策沟通、设施联通、贸易畅通、资金融通、民心相通五大类,共76大项,270多项具体成果。

资料来源 "一带一路"国际合作高峰论坛."一带一路"国际合作高峰论坛成果清单(全文)[EB/OL].[2017-5-16].http://www.beltandroadforum.org/n100/2017/0516/c24-422.html.

2. 综合运输体系的发展及意义

根据建国以来特别是我国改革开放以来的经验,确定发展综合运输体系作为我国交通运输业发展的重要方针,这是符合我国实际的,是具有现实和深远意义的。

(1) 发展综合运输体系是当代运输业发展的新趋势、新方向。
(2) 发展综合运输体系是我国运输业发展的新模式。
(3) 发展综合运输体系是增强有效运输生产力,缓解我国交通运输紧张状况的途径之一。
(4) 发展综合运输体系是发展运输业,提高经济效益的重要方法。

同步思考 4-3

京津冀"四纵四横一环"综合运输大通道

京津冀网格状交通的主骨架已经明确,即构建"四纵四横一环"综合运输通道,以形成快速、便捷、高效、安全、大容量、低成本的互联互通综合交通网络。

"四纵":由东向西依次是沿海通道、京沪通道、京九通道、京承—京广通道。
"四横":由北向南是秦承张通道、京秦—京张通道、津保通道、石沧通道。
"一环":即首都地区环线高速通道。

资料来源 佚名.京津冀"四纵四横一环"综合运输大通道布局图曝[EB/OL].

[2015-07-02]. http://district.ce.cn/newarea/roll/201507/02/t20150702_5825127.shtml.

理解要点：发展综合运输体系，就能使各种运输方式扬其所长，避其所短，既可扩大运输能力，又能提高经济效益，方便人民生活。

4.2.2 我国综合运输体系发展概况和发展方向

1. 我国综合运输体系发展概况

我国对综合运输的研究开始于20世纪50年代，60年代开始推进铁路、水运的联合运输，促进了不同运输方式之间的紧密衔接。80年代中期提出的调整运输结构、促进各种运输方式的合理分工，以及后来国家把加快综合运输体系建设作为调整和改造交通运输产业结构的基本方针，并在政府规划中加以体现，对促进各种运输方式优势互补、协调发展等产生了重要作用。

在我国经历了大规模的交通运输基础设施建设，特别是高速公路大发展后，我国运输格局发生了巨大变化，公路运输在综合运输体系的地位得到根本改变，我国区域性的运输结构得到改善，运输从制约经济发展到适应和引导经济发展。公路运输的发展促进了运输结构的加快调整。近几年来我国交通运输业有了很大发展，综合运输体系的建立已经具有一定的规模。

2. 我国综合运输体系势在必行

从人民群众的需求看，发展综合运输体系是满足人民群众日益增长的物质和文化需求的必然趋势。从各地的实践看，发展综合运输体系是适应地方经济社会发展的必然趋势。近年来，北京、上海、重庆、深圳等城市和江苏等省都在进行发展综合运输体系的探索和实践，为我国发展综合运输体系积累了很多成功的经验。总之，从国内外交通运输发展规律和现实情况看，我国发展综合运输体系势在必行。

3. 我国综合运输体系发展方向

综合运输体系是一个庞大的系统工程，要在我国逐步建成具有中国特色的综合运输体系，并使之不断完善和提高，必须从我国国情出发，处理好国民经济大系统与运输系统的关系、综合运输总系统与各种运输方式子系统的关系。各种运输方式内部（交通运输）及其他部门研究成果表明，我国综合运输体系的发展要点如下。

(1) 要搞好各种运输方式的综合发展和协作，在大范围内建设综合运输网，因地制宜地发展相应的运输方式，发挥城市交通在综合交通运输网中的枢纽作用，大力发展各种运输方式的联合运输。

(2) 在可预见的将来，铁路仍将是中、长距离客、货运输中的主力。要加快铁路的技术改造和新线建设，特别是以运煤为主的干线建设，近期内要加快既有线路的改造和扩建。要发挥铁路在中、长距离大宗货物运输中的优势，对短途客货运输，以及运量大的成品油运输应逐步由其他运输方式分担。但当前，铁路仍要为此做出不懈的努力。

(3) 充分发挥公路运输机动灵活、送达快、门到门运输的优势，发挥公路运输在短途客、货运输中的主力作用；随着公路状况的改善，汽车技术的进步和大型车的增加，公路运输将逐步成为高档工农业产品运输及中距离客运的重要力量。要加速公路，尤其是干线公路的技术改造，应使公路建设有一个较大的发展。

（4）沿海和内河运输是大宗和散装货物运输的主要方式之一。要加强内河航道建设，以及沿海和内河港口的改造和建设，发展沿海和长江等主要内河运输，实现干支直达运输和江海联运。

（5）航空运输建设周期短，效益高，速度快，大、中城市间长距离客运，应该通过航空运输实现。对边远地区、高档外贸和急需物资的运输，航空运输也有其特别的优势。

（6）除发展原油和天然气管道运输外，在成品油集中的流向上，要建设成品油管道，积极慎重地发展输煤管道。

几种交通工具优势比较分析

背景与情境：飞机、火车和汽车，是常用的三种交通工具。飞机在 800 km 之内优势不明显，铁路和公路的竞争是在 200～500 km，例如从北京到天津，铁路和公路竞争很激烈。如果超过 500 km，铁路比公路有明显优势。从沈阳到广州，一般的乘客都会选择乘坐火车。

问题：那么几种运输方式之间是不是就是简单的竞争关系，还是可以形成一种运输体系呢？

分析提示：不同运输方式之间既有竞争，也有协作，不同运输方式间的良好协作是建立完整运输链条，提高运输效率的重要保障。中国需要建立和发展能够发挥不同运输方式特点的综合交通运输体系。

4.3 世界各地物流发展状况

4.3.1 欧洲物流市场的发展

欧洲在物流产业上具有明显的特色。科技进步，尤其是 IT 技术的发展及相关产业的合并联盟，促进了欧洲物流业的快速发展。连接生产与消费的供应链在空间距离上正在变得越来越长，但时间却大大缩短了，使得市场的需求有利于那些拥有丰富资源和专长并且能够提供多样化服务的大型经营商，从而使传统的零散、分割的经营方式被打破，取而代之的是新兴的不同运输方式之间的组合。如当今出现的能提供各种运输方式和具有跟踪与仓储能力的大型公司，并且，这种公司将极有可能在物流行业中占主导地位。

从结构上看，欧洲物流市场主要分为三个部分：第三方物流、空运和海运货代、卡车货运网络（包括拼车与整车运输）。随着国际贸易的快速增长及企业为了专注于其核心业务而将其他业务外包，对第三方物流服务的需求与日俱增，第三方物流因此成为发展最快的行业之一。

首先，物流增长因地而异。第三方物流在欧洲、亚洲与美国都有发展，但速度各不相同。英国增长速度在 5%～10%；欧洲大陆的增长速度在 10%～20%；美国的增长速度接近 20%；亚洲的市场最不成熟，增长速度千差万别。规模大的经营者增长速度快，与小规模经营者相比，它们能够赢得更多的外包合同数量和有利的价格。另外，外包越来越多地为人所接受，大型公司将更多的业务外包给它们已有的物流服务提供商。

其次，物流增长因行业而不同。以英国为例，由于市场越来越成熟，合同物流占到 40%左右，零售物流增长相对缓慢。在工业物流里，外包合同率很低，因此有较大的增长空间，估计在 20%以上。

确定欧洲物流市场的"龙头"企业是相当复杂的，因为物流还没有统一而明确的定义，来自于不同背景从事物流服务的公司千差万别，但都宣称能提供物流服务。另外，确定第三方物流的净收入也不容易，需要反映出为购买运输成本所花费的各种资金。一般而言，物流业务实行外包，取决于两个因素，一是通过外包可以真正达到企业降低成本的目的，特别是在市场还没发展成熟的欧洲、亚洲和北美；二是国际贸易的强劲增长态势要求物流服务业跟上发展。然而，物流及配送市场都在不断发生变化，并且其他一些因素也开始发挥作用，如供应链全球化、适时性生产、电子商务等。以往的物流都是一国或某一地区内的物流公司在本国市场范围内向需求者提供服务，而国际公司主要是通过雇用分布在不同区域的当地物流公司来完成业务。结果物流市场被零散分割，众多小型的地方物流公司将在国内市场展开激烈的竞争。

20 世纪 80 年代，英国首先提出了地区整合观念，因为国际化的大型公司越来越多地愿意寻求可以向周围辐射的单一地区配送中心。这种配送中心具备双重作用：减少仓库建设和人力成本，增加存货透明度，加强物流的流程控制。这种趋势在欧洲特别具有典型性，因为大型国际集团准备建立一个单一的欧洲配送中心（EDC）。在欧洲现有的 955 个配送中心中，56%集中在荷兰，另有 12%分布在比利时。如此分布，是因为比利时、荷兰、卢森堡三国位于欧洲的中心地带，通往欧洲各地非常方便。

教学互动 4-1

互动问题：(1) 经济全球化情况下欧盟地区的物流业发展的特点有哪些？
(2) 政府对物流发展的促进作用是如何体现的？
要求：(1) 教师不直接提供上述问题的答案，而引导学生结合本节教学内容就这些问题进行独立思考、自由发表见解，组织课堂讨论。
(2) 教师把握好讨论节奏，对学生提出的典型见解进行点评。
(3) 学生课后上网查阅相关资料后进行课堂互动讨论。

对物流业来说，地区配送中心的建立有利于它的发展。由于与以往相比，新型的物流能更广泛地覆盖整个地区，地区配送操作一体化也得以实现，所以合同数量会增加。这种趋势无疑将有利于全球性的物流供应商的发展，比如 TNT、EXEL 和 TIBBETT&BRITTEN。这些公司支付的费用仅仅相当于小型国内物流公司的费用，但业务却能遍及整个欧洲。物流业下一步发展将是覆盖全球，因为生产型公司更多的是着眼于海外制造，物流需求也随之变得更为复杂，货物将在国际穿梭而时间限制更加严格。本地化的物流公司不得不打破地区界限，向区域化的物流公司转化，以适应国际供应链发展的需要。供应链的全球化将导致越来越多的跨国公司减少物流供应商的数量，并对业务流程进行整合。

4.3.2 亚洲物流市场的发展

日本物流业列于亚洲物流市场的榜首位置，日本物流业不仅专业化和自动化水平发展十分迅速，而且对物流信息的处理手段也非常先进，大多数物流企业都通过计算机信息管理系统来处理和控制物流信息，为客户提供全方位的物流信息服务。

1. 日本的物流市场发展

日本物流业的发展已有较长的历史，在世界居领先水平，日本自1956年从美国全面引进现代物流管理概念后，日本政府通过宏观政策引导大力推进物流现代化建设，把物流业的高速发展与提高国家经济活力相关活动联系起来。主要措施有以下几个方面。

（1）完善物流基础设施建设。在全国范围内展开基础设施建设，包括高速公路网、新干线铁路运输网、沿海港湾设施、航空枢纽港、流通聚集地各种基础设施建设，建设综合运输体系，为日本扩大物流市场做好基础硬件准备。

（2）提高生产物流管理水平。"零库存"管理，准时制生产管理（Just－in－time）等新的物流管理方式不断推出，增加物流管理系统，实践应用各种物联网系统、物流配车系统及物流软件，使物流管理手段与工业化生产达到完美结合。

（3）确立航运的主导地位。由于地理位置的特点，日本海运业务一直被国家作为重要发展战略，政府通过调整部分物流发展战略，积极推进高附加值物流，把物流信息、技术与航运结合起来，在物流国际化、标准化等方面取得很大成就。

2. 中国物流市场发展

物流业在中国的发展经历了几个阶段，从建国初期到20世纪80年代初改革开放前的计划经济阶段、从改革开放到20世纪90年代中期有计划的商品经济阶段、从提出建立社会主义市场经济体制至今的现代物流管理阶段。"十一五"特别是国务院印发《物流业调整和振兴规划》以来，我国物流业保持较快增长，服务能力显著提升，基础设施条件和政策环境明显改善，现代产业体系初步形成，物流业已成为国民经济的重要组成部分。

物流业是融合运输业、仓储业、货代业和信息业等行业的复合型服务业，是支撑国民经济发展的基础性、战略性产业，涉及领域广、部门多、吸纳就业人数多。物流行业接下来将围绕产业转型升级和建设生态文明的总体要求，以市场为导向，以企业为主体，以服务经济社会发展为主线，以改革创新为动力，以先进技术和信息化为支撑，以提高物流运行质量和效益、降低物流成本、减轻资源和环境压力为目的，按照整合、提升、发展、创新的基本思路，积极营造有利于物流业发展的政策环境，培育物流龙头企业，提升物流标准化、信息化、智能化、集约化服务水平，努力构建和完善高效生态节能的现代化物流服务体系，促进经济持续健康发展。到2020年基本建立布局合理、信息畅通、技术先进、便捷高效、绿色环保、安全有序、管理规范的现代物流体系。

目前快递业服务质量堪忧

背景与情境：某航空公司一航班在大连一机场落地时所载货物燃烧。经查，事故是由一包禁运货物自燃所致，该包裹实际托运人是A快递公司。在接下来的检查中，还发现了B快递公司未按照规定托运的禁运物品。鉴于此，中国航空运输协会对两家违规快递公司进行了严厉的惩罚。还有一些快递企业从业人员出卖客户信息，给客户造成了很大的损失。

对于电子商务的发展而言，物流服务质量和效率是关键。电子商务也带动了中国物流业的发展，作为物流业的关键组成部分，快递公司的发展最为明显。据统计，中国快递业的70%快件来源于电子商务。然而这种和谐发展并不长久，在快递服务过程中多次出现客户信息泄露和野蛮装卸的情况导致客户和电商企业对快递业失去了信心。

问题：（1）快递公司瞒报禁运货物、出卖客户信息暴露了什么问题？

（2）电子商务企业如何解决物流服务问题？

分析提示：（1）暴露了快递业行业管理不规范，从业人员素质不高，业务操作不规范等问题。

（2）电子商务企业可以建立自己的物流服务体系。

相对于发达国家的物流产业而言，中国的物流产业尚处于起步发展阶段，其发展的主要特征有以下几个方面。

（1）企业物流仍然是全社会物流活动的重点，专业化物流服务需求已初露端倪。随着买方市场的形成，企业对物流领域中存在的"第三利润源"开始有了比较深刻的认识，优化企业内部物流管理，降低物流成本成为目前多数国内企业最为强烈的愿望和要求。专业化的物流服务需求已经出现且发展势头极为迅速。其一是跨国公司在中国从事生产经营活动、销售分拨活动以及采购活动过程中，对高效率、专业化物流服务的巨大需求，是带动我国物流产业发展的一个十分重要的市场基础。其二是国内优势企业对专业化物流服务的需求。目前，我国一批颇具竞争实力的优势企业，例如海尔集团、青岛啤酒、上海宝钢等，在市场扩张的过程中，在不断优化企业内部物流系统的基础上，已开始尝试和利用专业化物流服务。其三是在一些新兴的经济领域中，如私营企业、快递服务行业以及电子商务领域等，也产生和存在着一定规模的物流服务需求。

（2）专业化物流企业开始涌现，多样化物流服务有一定程度的发展。中国经济中出现了许多物流企业，主要由三个部分构成。一是国际物流企业，如丹麦有利物流公司（Merchandise logistics Co.）等。这些国际物流企业一方面为其原有的客户——跨国公司进入中国市场提供延伸物流服务，如丹麦有利物流公司为马士基船运公司及其货主企业提供物流服务；另一方面，针对中国市场正在生成和发展的专业化物流服务需求提供服务，如UPS、TNT等国际大型物流企业纷纷进入中国的快递市场。二是由传统运输、储运及批发贸易企业转变形成的物流企业。它们依托原有的物流业务基础和在客户、设施、经营网络等方面的优势，通过不断拓展和延伸其物流服务，逐步向现代物流企业转化。例如，中外运所属天津空运公司，在与摩托罗拉（中国）公司的合作中，根据客户市场的发展和物流需求的变化，不断规范、调整和创新企业的物流服务内容，提高服务质量，使物流服务内容从简单空运发展为全程物流服务，服务区域从天津市场扩展至全国，服务规模从最初的几笔货物发展到每月数百吨，成为摩托罗拉（中国）公司最主要的物流服务供应商。三是新兴的专业化物流企业，如广州的宝供物流公司、北京华运通物流公司等。这些企业依靠先进的经营理念、多样化的服务手段、科学的管理模式在竞争中赢得了市场地位，成为我国物流产业发展中一股不容忽视的力量。在物流企业不断涌现并快速发展的同时，多样化的物流服务形式也有了一定程度的发展。一方面是围绕货运代理、商业配送、多式联运、社会化储运服务、流通加工等物流职能和环节的专业化物流服务发展比较迅速。另一方面是系统化物流服务或全程物流服务，即由物流企业为生产、流通企业提供从物流方案设计到全程物流的组织与实施的物流服务正在起步。

 **案例分析**

中外运空运发展股份有限公司为摩托罗拉公司提供第三方物流服务

背景与情境： 摩托罗拉的物流服务要求：①要提供24小时的全天候准时服务；②要求服务速度快；③要求服务的安全系数高，要求对运输的全过程负责；④要求信息反馈快；⑤要求服务项目多。其主要考核内容包括运输周期、信息反馈、单证资料、财务结算、货物安全和客户投诉。

中外运空运发展股份有限公司的主要做法：①制定科学规范的操作流程；②提供24小时的全天候服务；③提供门到门的延伸服务；④提供创新服务；⑤充分发挥中外运的网络优势；⑥对客户实行全程负责制。

资料来源　佚名．中外运空运发展股份有限公司为摩托罗拉公司提供第三方物流服务［EB/OL］．［2010-03-26］．http：//yingyu.100xuexi.com/view/examdata/20100326/FC144A8C-6901-4930-93BB-EE8BDC067F6C.html.

问题： 摩托罗拉公司对第三方物流企业提出的要求说明什么问题？

分析提示： 进出口商在向国际货运代理和第三方物流服务商寻求增值服务的同时，要求物流服务商完全掌握从原材料的采购到制成品的运送整个制造过程的每一个环节，对遍布世界各个出口市场的通关程序了如指掌，要求第三方物流服务商具有应付并处理繁杂事务的能力。

（3）物流基础设施和装备发展初具规模。经过多年发展，目前我国已经在交通运输、仓储设施、信息通信、货物包装与搬运等物流基础设施和装备方面取得了长足的发展，为物流产业的发展奠定了必要的物质基础。在交通运输方面，我国目前已经建成了由铁路运输、公路运输、水路运输、航空运输和管道运输五个部分组成的综合运输体系，在运输线路和场站建设方面以及运输车辆及装备方面有较大的发展。在仓储设施方面，除运输部门的货运枢纽和场站等仓储设施外，我国商业、物资、外贸、粮食、军队等行业中的仓储设施相对集中。

在信息通信方面，目前我国电信网络干线光缆超过30万km，并已基本形成以光缆为主体，以数字微波和卫星通信为辅助手段的大容量数字干线传输网络，包括分组交换数据网（China PAC）、数字数据网（China DDN）、公用计算机互联网（China Net）和公用中继网在内的四大骨干网络，其总容量已达62万个端口，其覆盖范围包括全国地市以上城市和90%的县级市及大部分乡镇，并连通世界主要国际信息网络。这就使EDI、ERP、MRP、GPS等一些围绕物流信息交流、管理和控制的技术得以应用，在一定程度上提高了我国物流信息管理水平，促进物流效率的提高。

在包装与搬运设施方面，现代包装技术和机械化、自动化货物搬运技术在我国已有比较广泛的应用，在一定程度上改善了我国物流活动中的货物运输的散乱状况和人背肩扛的手工搬运方式。目前，我国自主开发和研制的各种包装设备和搬运机械设备分别多达数百种，仅搬运机械设备制造业的年产值就为400亿~500亿元。

（4）物流产业发展正在引起各级政府的高度重视。各地政府极为重视本地区物流产业的发展，不断研究和制订地区物流发展的规划和有关促进政策。

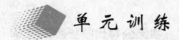 单元训练

□ 理论题

▲ 简答题
1) 何谓综合运输体系？
2) 影响21世纪初中国物流发展的因素是什么？
3) 中国物流与世界物流相比其特点是什么？
4) 简述我国综合运输体系发展概况和发展方向。

▲ 讨论题
1) 国际物流对国际贸易有哪些促进作用？
2) 欧洲物流市场的发展有哪些特点？

□ 实务题

▲ 规则复习
1) 国际物流的产生。
2) 国际物流的实现渠道。
3) 世界物流市场发展状况。

▲ 业务解析

某企业拥有3 t普通卡车50辆，10 t普通卡车30辆，高级无梁仓库20 000 m²，层高14 m，地处上海市闵行地区。闵行地区是上海最早的经济技术开发区，外商投资企业多，邻近沪闵公路和莘松公路，交通便利。

请分析以下四种市场定位中哪一种最适合于该企业：①上海西部地区的国际货运代理；②企业的第三方物流企业；③车辆外包，仓库出租；④省际运输仓储企业。说明理由。

□ 案例题

▲ 案例分析

物流公司承揽业务方案设计

背景与情境：某物流企业首次承揽运输5个集装箱从上海到大连的运输业务，客户要求时间较紧。从上海到大连铁路1 200 km，公路1 500 km，水路1 000 km。该公司自有15辆10 t普通卡车和一个自动化立体仓库，经联系附近一家联运公司虽无集装箱卡车，但有业务操作经验，只是要价比较高。

问题：1) 请设计几种方案，并选择最优方案进行阐述。
2) 结合上述案例分析，请总结进行运输方案设计需要考虑哪些因素。

分析要求：同第1章本题型的"分析要求"。

▲ 善恶研判

物流公司代收货款纠纷案

背景与情境： 货主让物流公司帮忙托运货物并代收货款，在实际操作中有时会有些责任产生。某发货人委托青岛某物流公司进行托运，代理为发货人出具了货运凭证一张，该凭证载明了收货单位、货物件数、代收款项，并注明了注意事项：托运人应如实提供货物的内容、品质和价值，承运人在接受和承运货物时，不对物品进行核对，如出现货物不符时，承运人不负责任。当物流公司将用胶带封存的"货款"带给发货人后，发货人发现是一包报纸。物流公司代理马上联系收货人，收货人电话里承认自己给物流公司的货款是一包报纸，并表示，此事与该物流公司无关，是因为发货人的货物有质量问题才这样做的，目的是让发货人与他联系，让发货人亲自到店面检验一下他发的货物到底有没有质量问题，并在电话里同意给该物流公司出具书面证明。拿到报纸"货款"后，发货人气愤不已，认为是该物流公司没有当面点清货款而造成如此过错，所以把该物流公司及代理人告到了市人民法院，要求物流公司承担损失。

资料来源　佚名．委托物流公司代收货款现金竟变成"报纸"[EB/OL]．[2012—12—13]．http：//www.jiaodong.net/ytzfw/system/2012/12/13/011747335.shtml．引文经节选、整理与改编

问题： 1) 本案例中存在哪些道德伦理问题？

2) 试分析本案例中物流公司是否有责任，应该如何处理？

3) 在实际业务中企业开展货款代收业务需要注意哪些事项，物流企业在操作中是否可以免责？

第 5 章

国际货物运输方式

 开篇案例

国际多式联运货物赔偿案例

我国温州市天爱进出口公司（以下简称天爱公司）与匈牙利布达佩斯 A 贸易公司（以下简称 A 公司）签订一份销售一批童装的售货合同，数量 500 箱，总价为 50 000 美元。2017年 2 月 11 日，天爱公司以托运人身份将该批童装装于一个 40 尺标准箱内，交由香港伟业船务有限公司（以下简称伟业船务）所属"TA"轮承运。伟业船务加封铅，箱号为 SCXU5028957，铅封号为 11021，并签发了号码为 RS－95040 的一式三份正本全程多式联运提单，厦门外轮代理公司以代理身份盖了章。该份清洁记名提单载明：收货地厦门，装货港香港，卸货港布达佩斯，收货人为 A 公司。（提单正面管辖权条款载明：提单项下的纠纷应适用香港法律并由香港法院裁决。提单背面条款载明：应适用海牙规则及海牙维斯比规则处理纠纷。）

2017 年 2 月 23 日，货抵香港后，伟业船务将其转至兴发航运公司（以下称 D 公司）所属"HF"轮承运。D 公司在香港的代理新兴行船务有限公司（SUN－HING SHIPPING CO.LTD）签发了号码为 ZIMUHKG166376 的提单，并加号码为 ZZZ4488593 的箱封。伟业船务收执的提单上载明副本不得流转，并载明装货港香港，目的港科波尔，最后目的地布达佩斯；托运人为伟业船务，收货人为伟业船务签发的正本提单持有人，通知人为 A 公司，并注明该箱从厦门运至布达佩斯，中途经香港。

2017 年 3 月 22 日，D 公司另一代理 R. 福切斯（R.Fuchs）传真 A 公司，告知集装箱预计于 3 月 28 日抵斯洛文尼亚的科波尔港，用铁路运至目的地布达佩斯。布达佩斯有两个堆场，让其择一。A 公司明确选择马哈特为集装箱终点站。2017 年 3 月 29 日，D 公司将集装箱运抵科波尔，博雷蒂（Aollettino）铁路运输公司出具运单，该运单载明箱号、铅封号以及集装箱货物与 D 公司代理新兴行船务有限公司出具给伟业船务的提单内容相同。4 月 12 日，

R. 福切斯依照 A 公司指示，将集装箱经铁路运至目的地布达佩斯马哈特集装箱终点站。4 月 15 日，A 公司向 R. 福切斯提交伟业船务签发的一份正本提单并在背面盖章。6 月 6 日，A 公司提货时打开箱子发现是空的。同日，匈牙利铁路公司布达佩斯港口出具证明，集装箱封铅及门锁在 4 月 15 日箱抵布达佩斯寿洛科沙里路时已被替换。

2017 年 11 月 28 日，A 公司第一次传真 R. 福切斯索赔灭失的货物。2018 年 1 月 2 日，R. 福切斯复函称，已接马哈特集装箱终点站通知货物被盗之事。在此之前，D 公司两家代理 R. 福切斯和香港新兴行船务有限公司来往函电中也明确货物被盗，并函复伟业船务厦门办事处及托运人天爱公司。后虽经 A 公司多次催讨，三方协商未果。

2018 年 1 月 10 日，A 公司向厦门海事法院起诉，称：本公司所买货物由卖方作为托运人装于集装箱后交第一被告伟业船务承运，伟业船务签发了全程多式联运提单。提单上载明接货地厦门，卸货地匈牙利布达佩斯，收货人为 A 公司。伟业船务将货运至香港后，转由第二被告 D 公司承运。D 公司承运至欧洲后由铁路运至匈牙利布达佩斯马哈特集装箱终点站。2017 年 6 月 6 日，我公司作为提单收货人提货时发现箱空无货，故向两被告索赔此货物灭失的损失以及为此而支出的其他合理费用。第一被告伟业船务作为全程多式联运承运人应对全程负责。第二被告 D 公司作为二程承运人应对货物灭失负连带责任。

从引例可见，本案是一起国际货物多式联运合同引发的纠纷。多式联运提单是国际货物多式联运的证明，也是承运人在货物接收地接管货物和在目的地交付货物的凭证。本案中伟业船务签发给 A 公司的提单即为多式联运提单。基于国际航运惯例及我国海商法的规定，本案采用网状责任制。本案查明货物灭失发生在 D 公司运输的区段，但伟业船务作为联运经营人不能免除对全程运输担负的责任，D 公司作为区段承运人亦应对在其运输的区段发生的货物灭失负责。

5.1 国际货物运输概述

5.1.1 国际货物运输的性质和特点

1. 国际货物运输的性质

国际货物运输是指在国家与国家、国家与地区之间的货物运输。国际货物运输的主要对象又是国际贸易商品，可以说，国际货物运输也就是一种国际贸易运输，只不过它用于交换的不是物质形态的商品，而是一种特殊的商品，即货物的位移。简称外贸运输。

2. 国际货物运输的特点

国际货物运输具有以下特点。
(1) 国际货物运输是一项涉外工作，政策性强。
(2) 国际货物运输路线长，环节多。
(3) 国际货物运输涉及面广，情况复杂多变。
(4) 国际货物运输时间性强。
(5) 国际货物运输风险大。

第5章 国际货物运输方式

业务链接 5-1

马士基将征收德班港港口拥堵费

由于2017年10月10日严重的风暴对德班港造成了重大破坏,码头设备和起重机受损严重。因此,德班码头无法处理大量的积压货物造成拥堵。考虑到起重机的维修工作将会持续很长一段时间,预计港口将继续面临挤塞。综上述原因,船只必须等待更长时间才可有泊位,需要进行额外的转运,这会扰乱德班每周的服务。为了维持其服务,必须部署额外的船舶,并附加额外的费用,以减轻预期的延误并撤离空箱(由于港口的容量限制,目前无法撤离)。因此,每周向德班运送船舶服务的成本将大幅增加,并且出乎意料的高。

为了收回这些额外增加的成本的一部分,马士基将在10月27日起征收进出德班港货物的拥堵附加费。附加费仅适用于德班是启运港和目的港(不包括转运货物)的集装箱。

资料来源 佚名. 去往德班港注意啦!马士基将征收德班港口拥堵费[EB/OL]. [2017-10-27]. http://www.jc56.com/. 引文经整理,改编。

5.1.2 国际货物运输的主要方式及其选择

1. 国际货物运输的主要方式

国际货物运输的主要方式如下。
(1) 国际水上货物运输。主要指国际海洋货物运输。
(2) 国际陆上货物运输。它又可分为铁路货物运输和公路货物运输。
(3) 国际航空货物运输。
(4) 国际邮政运输。
(5) 国际集装箱货物运输。
(6) 国际多式联运。
(7) 国际管道运输。

2. 国际货物运输方式的选择

国际物流对国际货物运输方式的选择主要从以下几个方面考虑。
(1) 运输成本。据统计,在外贸的价格中,物流费有时可占出口货价的30%~70%。一般而言,海运成本低于陆运成本,但如果海运有大迂回,则选用大陆桥在运载成本方面有一定的优势。
(2) 运行速度。国际物流速度也很重要,主要有两个原因:一是运距长,所需时日较多,资金占用时间长,加快速度有利于解放占用的资金;二是市场价位,如果速度慢错过了好的价位,会使经济效益下降。
(3) 货物的特点及性质。货物的特点及性质有时对物流方式的选择起决定作用。经常是由于国际物流方式的限制,有些货物无法进入国际物流中而失去了市场时机。
(4) 货物数量。由于国际物流距离长,使大数量货物运输受到了限制。因为国际物流流通距离往往超出了汽车等运输工具的经济里程,大数量货物也不可能选择航空运输,因为航空运输不具备那样大的运输能力,更不用讲价格了。

(5) 物流基础设施条件。由于国家之间发展的不平衡,一个国家中可以选择的物流方式,到另一个国家便不能采用,原因是另一个国家缺乏采用这种方式的必要的基础设施。在选择时,如果不考虑这个问题,就无法形成有效的流通渠道。

 案例分析

鲜花运送运输方式选择

背景与情境: 每逢盛大节日来临之际,人们对鲜花的需求量就会增大,哈尔滨某公司从昆明订购了 500 kg 的鲜花。

问题: 该公司应该选择什么运输方式完成上述货物运输任务?

分析提示: 应该采用航空运输方式。

5.1.3 国际货物运输对象

1. 按照货物装运方式划分

(1) 散装货物(bulk cargo)。散装货物简称散货,是指无标志、无包装、不易计算件数的货物,以散装方式、以重量承运。一般批量较大,种类较少。

(2) 件装货物(part cargo)。件装货物简称件货,是指有标志,包装形式不一,性质各异的货物以件数和重量承运,一般批量较少,票数较多,也称为件杂货。

(3) 成组装货物(unitized cargo)。成组装货物是指用托盘、网络、集装袋和集装箱等将件杂货或散货组成一个大单元进行运输的货物。

2. 按照货物形态划分

(1) 包装货物。为了保证货物在装卸运输中的安全和便利,必须使用一些材料对它们进行适当的包装,这种货物就叫作包装货物。按货物包装的形式和材料,通常可分为箱装货物、桶装货物、袋装货物、捆装货物和其他形态的包装货物。

(2) 裸装货物。不加包装而成件的货物称为裸装货物。如钢材、生铁、有色金属和车辆及一些设备等。它们在运输过程中需要采取防止水湿锈损的安全措施。

(3) 散装货物。散装货物指某些大批量的低值货物,不加任何包装,采取散装方式,以利于使用机械装卸作业,进行大规模运输,把运费降到最低限度,这种货物称为散装货物,包括干质散装货物和液体散装货物。

3. 按照货物重量和体积划分

按照货物的重量和体积的大小来分,可分为重量货物和体积货物两种。如海运货物根据国际上统一的划分标准,凡 1 t 重量的货物,体积小于 1 m³ 的,称为重量货物;凡 1 t 重量的货物,体积大于 1 m³ 的,称为体积货物,也称为轻泡货物。

此外,还可以按照货物价值来分,分为高值货、低值货和贵重货物。还可以按照货物运输工具与载量关系来分,分为整箱货物、拼箱货物和零担货物。

同步思考 5-1

运输包装和销售包装有什么不同

理解要点：销售包装又称内包装，是直接接触商品并随商品进入零售网点和消费者或与用户直接见面的包装。这类包装除必须具有保护商品的功能外，还应具有促销的功能。

运输包装涉及多部门，多作业，以强化输送、保护产品为目的，包装好坏在一定意义上反映了一个国家的综合生产力发展水平。

5.1.4 国际货运代理分类

1. 国际货运代理的产生

国际货物运输的业务范围遍布国内外广大地区，涉及面广，头绪多，而且情况复杂，任何一个运输承运人或货主都不可能亲自处理每一项业务，有些工作需要委托国际货运代理代为办理，为了适应这种需要，在国际货物运输领域里就产生了从事代理业务的国际货运代理。

2. 国际货运代理的种类

按照国际货运代理业务的性质和范围的不同，可将国际货运代理分为租船代理、船务代理、货运代理和咨询代理四大类。

1）租船代理

租船代理（chartering agent）又称租船经纪人（ship broker），它是以船舶为商业活动对象而进行船舶租赁业务的人，它的业务活动是在市场上为租船人（charterer）寻找合适运输船舶或为船东（ship owner）寻找货运对象，它以中间人身份使船租双方达成租赁交易，从中赚取佣金。

2）船务代理

船务代理（shipping agent）是指接受承运人的委托，代表货主办理有关货物报关、交接、仓储、调拨、检验、包装、转运、订船业务的人。

3）货运代理

货运代理（freight agent）是指接受货主的委托，代表货主办理有关货物报关、交接、仓储、调拨、检验、包装、转运、订船业务的人。

4）咨询代理

咨询代理（consulting agent）是指专门从事咨询工作，按委托人的需要，以提供有关咨询情况、情报、资料、信息而收取一定报酬的人。

5.2 国际海洋货物运输

5.2.1 国际海洋货物运输的概念、特点及业务种类

1. 国际海洋货物运输的概念

国际海洋货物运输是指使用船舶或其他运输工具通过海上航道在不同国家和地区的港口

之间运送货物并获取收益的运输方式,以及与这种运输方式相关的辅助性的获取收益的活动的总称。

 业务链接 5-2

威海开通国际海运快件业务

2017年6月,威海口岸开通了国际海运快件业务,成为继青岛后,国内第二个开通国际海运快件业务的城市。海运快件是以水路运输方式,承运进出境快件类货物物品,实现空运速度,海运价格。这条新的国际货运快速通道,将加快威海打造国际海运快件集散中心的步伐。

资料来源 佚名.威海开通国际海运快件业[EB/OL].[2017-10-13].http://www.iqilu.com/html/zt/other/sdggfzjl/xjdnzh/2017/1013/3711094.shtml.

2. 国际海洋货物运输的特点

(1) 通过能力强。
(2) 运量大。
(3) 运费低。
(4) 易受自然条件影响。
(5) 航行速度慢,风险大。

3. 国际海洋货物运输的具体业务种类

1) 班轮运输业务

班轮运输(liner transport)又称定期船运输,是指在固定的航线上和港口间按事先公布的船期表,从事客货运输业务并按事先约定的费率收取运费。

2) 租船运输业务

租船运输(shipping by chartering)又称不定期船(tramp)运输,它没有预订的船期表、航线和港口,船舶是按照租船人和承租人双方签订的租船合同中的条款来进行运输的。

4. 主要海运单证

1) 海运单据——提单

海运提单是按《海牙规则》所订条款证明海洋货物运输合同成立和证明承运人已接收货物或已装船,并保证据以在目的地交付货物的单据。

提单有三个方面的作用。

(1) 可作为货物的收据。对于将货物交给承运人运输的托运人,提单具有货物收据的功能。已签发的提单就表示承运人已按提单所载内容收到了货物。

(2) 可作为证明文件。提单就是运输合同的证明。当承托双方发生纠纷时,就可以提单上载明的条款为据。

(3) 可作为物权凭证。提单的合法持有人可有权在目的港以提单相交换来提取货物,而且提单还可以通过合法的手续相互转让,转让提单就意味着转让物权。

2) 海运单

海运单又称海洋运送单或海洋货运单,是指承运人直接签发给托运人或其代理人表明已收到货物的单据。海运单是一种不可转让的单据,收货人无需在目的港凭该单据作为收货条件。即无须待单据寄到,船主或其代理人即可凭收货人收到的通知或其身份证明向其交货的一种货运单。

3) 托运单

托运单(booking note,B/N)是指由托运人或发货人根据贸易合同和信用证条款内容填制的,向承运人或其代理办理货物托运的单证。

4) 装货单

装货单(shipping order,S/O)是指由托运人按照托运单的内容填写并交船公司或代理人审核签认,据以向码头或船上交货的凭证,所以又称为关单。

5) 装货清单

装货清单(loading list,L/L)是指船公司或代理人根据装货单留底一联记载,将船上全部货物按卸货港和货物的性质归类,依航次靠港顺序排列编号制作的装货汇总单。

6) 载货清单

载货清单(manifest,M/F)是指按卸货港顺序逐票列明全船实际载运货物的明细清单,又称舱单。

7) 载货运费清单

载货运费清单(freight manifest,F/M)是指由船公司在装货港的代理人按照卸货港及提单顺序号逐票列明的载货物应收运费的明细表,又称运费舱单。

装货清单与载货清单是两个很容易混淆的单证,两个单证的区别见表 5-1 说明。

表 5-1 装货清单与载货清单的区别

项目	装货清单(L/L)	载货清单(M/F)
制作依据	托运单(B/N)留底	大副收据/收货单(M/R)、提单(B/L)
内容	待装船货物的汇总	已装船货物的汇总
制作时间	装货前	装船后
作用	理货等业务的单据;为积载计划提供依据	船舶出口报关的单证;出口退税单据之一;卸货港安排卸货单据;卸货港海关放行依据

8) 危险货物清单

危险货物清单(dangerous cargo list)是所有船舶载运危险货物时都必须单独编制的清单。

9) 货物积载图

货物积载图(stowage plan or cargo plan)是以图示形式表示货物在船舱内的装载位置,使每一票货物都能形象具体地显示其在船舶舱室内的位置。

教学互动 5-1

互动问题:(1) 在国际海洋货物运输中主要的装船单证和卸船单证手续如何办理?

(2) 单证的具体流转程序是什么?

要求:(1) 教师不直接提供上述问题的答案,而是引导学生结合本节教学内容就这些问题进行独立思考、自由发表见解,组织课堂讨论。

(2) 教师把握好讨论节奏,对学生提出的典型见解进行点评。

同步思考 5-2

某年 3 月,国内某公司(以下简称甲方)与加拿大某公司(以下简称乙方)签订一份设备引进合同。根据合同,甲方于该年 4 月 30 日开立以乙方为受益人的不可撤销的即期信用证。信用证中要求乙方在交单时,提供全套已装船清洁提单。该年 6 月 12 日,甲方收到开证银行进口信用证付款通知书。甲方业务人员审核议付单据后发现乙方提交的提单存在以下疑点:(1) 提单签署日期早于装船日期;(2) 提单中没有已装船字样。根据以上疑点,甲方断定该提单为备运提单,甲方应该如何避免收不到货物的风险?

理解要点:甲方可以断定该提单为备运提单,应采取以下措施:(1) 向开证行提出单据不符,并拒付货款;(2) 向有关司法机关提出诈骗立案请求;(3) 查询有关船运信息,确定货物是否已装船发运;(4) 向乙方发出书面通知,提出甲方疑义并要求对方做出书面解释。

5.2.2 国际海洋货物出口运输代理业务程序

在以 CIF 条件成交,由卖方安排运输时,具有以下工作程序。

1. 审核信用证中的装运条款

为使出运工作顺利进行,在收到信用证后,必须审核证中有关的装运条款,如装运期、结汇期、装运港、目的港、是否能转运或分批装运及是否指定船公司、船名、船籍和船级等,有的来证要求提供各种证明,如航线证明书、船籍证等,对这些条款和规定,我方应根据我国政策、国际惯例、要求是否合理和是否能办到等来考虑接受或提出修改要求。

2. 备货报验

备货报验就是根据出口成交合同及信用证中有关货物的品种、规格、数量、包装等的规定,按时、按质、按量地准备好应交的出口货物,并做好申请报验和领证工作。

3. 托运订舱

编制出口托运单后,即可向国际货运代理办理委托订舱手续。国际货运代理根据货主的具体要求按航线分类整理后,及时向船公司或其代理订舱。货主也可直接向船公司或其代理订舱。当船公司或其代理签出装货单时,订舱工作即告完成,意味着托运人和承运人之间的运输合同已经缔结。

4. 办理保险

货物订妥舱位后,属卖方保险的,即可办理货物运输险的投保手续。保险金额通常是以发票的 CIF 价加成投保(加成数根据买卖双方约定,如未约定,则一般加 10% 投保)。

5. 货物集港

当船舶到港装货计划确定后,按照港区进货通知并在规定的期限内,由托运人办妥集运手续,将出口货物及时运至港区集中,等待装船,做到批次清、件数清、标志清。

6. 报关、报检

货物集中到港区后，先报检，后报关。如果货物属于法检商品或者合同中约定需要在装运港进行检验，货主需将准备好的货物发票、装箱单等单证交给国际货运代理，进行报检，取得检验证书。把编制好的出口货物报关单连同装货单、发票、装箱单、商检证、外销合同等有关单证向海关申报出口，经海关关员查验合格放行后方可装船。

职业道德与企业伦理 5-1

倒签提单索赔案

背景与情境：我国某出口公司先后与伦敦 B 公司和瑞士 S 公司签订两个出售农产品合同，共计 3 500 长吨，价值 8.275 万英镑。装运期为当年 12 月至次年 1 月。但由于原定的装货船舶出故障，只能改装另一艘外轮，致使货物到 2 月 11 日才装船完毕。在我公司的请求下，外轮代理公司将提单的日期改为 1 月 31 日，货物到达鹿特丹后，买方对装货日期提出异议，要求我公司提供 1 月份装船证明。我公司坚持提单是正常的，无需提供证明。结果买方聘请律师上货船查阅船长的船行日志，证明提单日期是伪造的，买方立即凭律师拍摄的证据，向当地法院控告并由法院发出通知扣留该船。经过 4 个月的协商，我方赔款 2.09 万英镑，买方方肯撤回上诉而结案。

问题：(1) 我公司提供的提单属于什么提单？
(2) 本案例给我们带来什么启示？

分析提示：(1) 倒签提单。
(2) 倒签提单是一种违法行为，一旦被识破，产生的后果是严重的。

7. 装船工作

在装船前，理货员代表船方，收集经海关放行货物的装货单和收货单，经过整理后，按照积载图和舱单，分批接货装船。装船过程中，托运人委托的国际货运代理应有人在现场监装，随时掌握装船进度并处理临时发生的问题。装货完毕，理货组长要与船方大副共同签署收货单，交与托运人。理货员如果发现某批货有缺陷或包装不良，即在收货单上批注，并由大副签署，以确定船货双方的责任。但作为托运人，应尽量争取不在收货单上批注以取得清洁提单。

8. 装船完毕

装船完毕，托运人除了向收货人发出装船通知外，可凭收货单向船公司或其代理换取已装船提单，这时运输工作即告一段落。

9. 制单结汇

将合同或信用证规定的结汇单证备齐后，在合同或信用证规定的议付有效期限内，向银行交单，办理结汇手续。

案例分析

海运运费的计算标准

背景与情境：某出口商以 CFR 成交一批出口货物，货物成交价为 USD 350 000。该出口商委托甲货运代理查问这批货物从装货港到卸货港的海运运费。甲货运代理从乙船公司那里得知运输这批货物按从价运费的方式计收运费，并且"Ad Val."是 0.6%。

问题：（1）假如你是货运代理，请告诉该出口商，运输这批货物所需要支付的海运运费是按照什么标准计算的？

（2）应该支付的运费是多少？

分析提示：（1）按照货物的 FOB 价格支付。

（2）海运运费为 USD 2 087.48。

5.2.3 国际海洋货物进口运输代理业务程序

以下是进口货物国内港口交接、代运的基本程序。

1. 签订委托协议书

委托人和代办人签订"海洋进口货物国内代运委托协议书"作为交接、代运工作中双方责任划分的依据。

2. 寄送货物装船通知及提单

委托人收到国外发货人发出的货物装船通知后，立即转告代办人。同时，国外发货人按贸易合同确定的交货地点向货运目的港的我港口所在地的对外贸易运输公司发送货物装船通知及提单。

3. 送交有关单证

委托人通过结汇银行对外付汇、赎单后，在货物到港之前，按照代办人的要求，将代运依据中所提及的一切有关单证送交目的港的对外贸易运输公司。代办人收到委托人提交的单据、证件，于货物抵港后，按海关、商检、动植物检疫等有关部门的规定，办理进口报关、报验手续。

4. 发出到货通知

在进口货物船舶抵达国内港口联检后 3 日内，代办人港口机构填制"海洋进口货物到货通知书"，寄送给委托人或由委托人指明的收、用货单位。委托人或收、用货单位收到到货通知书后，对该通知书逐项核对，如发现内容有误，用电报通知代办人港口机构纠正。如果属于同一张提单内货物需要分运几个地点，则须告知代办人港口机构，由代办人港口机构根据港口条件酌情受理。

5. 接货

代办人港口机构收到委托人或收、用货部门对到货通知的反馈后，根据委托人的授权代办加保手续和选择运输方式。在货物由港口发运后，另以承运部门的提货通知（运单）或

"发货通知书",通知委托人或收、用货单位据以收货。代运货物到达最终目的地时,收、用货单位与承运部门办理交接,查验铅封是否完好,外观有无异状,件数是否相符,是否发生残、短。如果发现残、短,收、用货单位须及时向承运部门取得商务记录,于货到10日内,交代办人向责任方办理索赔。如果发现国外错装或代办人错发、错运、溢发,收、用货单位须立即采取措施,妥善保管货物,并及时通知代办人。

海洋货物进口索赔业务处理

背景与情境: 日本 H 海运公司于某年 5 月 25 日从日本横滨装运 10 辆汽车到上海,货物装船后,船公司签发了没有批注的清洁提单,提单号为 YS-018,船名为"GUANGSU",航次 0422。该船于 6 月 2 日靠上海港 A 作业区五号泊位。在卸货时,发现其中 5 辆汽车外表损坏,理货公司制作货物残损单,船公司签字确认。收货人上海 B 汽车进出口公司提货时发现车辆受损。后来上海 B 汽车进出口公司对车辆进行修理,费用为 RMB 20 000,有修理发票。收货人欲向船公司索赔,但对索赔等事宜不熟悉。

问题: 根据本案例实际情况写一封索赔函,应该包括哪些内容?

分析提示: ①索赔人的名称;②船名、抵达卸货港日期、装船港及接货地点名称;③货物名称、提单号码等有关情况;④残损情况、数量,并附理货公司残损报告;⑤索赔日期、索赔金额、索赔理由。

5.3 国际陆上货物运输

5.3.1 国际铁路货物运输

1. 国际铁路货物运输的概念与特点

国际铁路货物运输是指经由地上、地下及高架铁路线实现货物从一地到另一地的位移。与其他运输方式相比较,铁路运输具有以下显著特点。

(1) 运输量较大,安全可靠。
(2) 运输速度快。
(3) 运输成本较低。
(4) 运输具有较高的连续性和准确性,受气候条件的影响较小。
(5) 环境污染和噪声较小。
(6) 安全性好,事故率低。
(7) 占地面积小。

2. 国际铁路货物运输的分类

国际铁路货物运输又可分为以下几类。
(1) 冷冻货物的运输。它是指以备有特殊制冷设备的车厢经由铁路运输冷冻货物,如易腐败的食品等。

（2）大量液体或气体的运输。它是指以特制的罐车经由铁路运输大宗的液体或气体，这种罐车亦可配装制冷设备。

（3）集装箱货物运输。它是指为方便运输而将单件或单包货物集中装于特制的集装箱内经由铁路运输的方式。

（4）邮包运输。

（5）其他货物运输。

3. 国际铁路货物联运

1）国际铁路货物联运的性质和特点

国际铁路货物联运是指在两个或两个以上国家铁路运输中，使用一份运送单据，并以连带责任办理货物的全程运送，在由一国铁路向另一国铁路移交货物时，无须发、收货人参加。国际铁路货物联运具有以下特点。

（1）简化手续，方便收、发货人。

（2）便于在国际贸易中充分利用铁路运输的优势。

（3）可及早结汇。

（4）促进铁路沿线外向型经济及铁路运输企业的发展。

2）国际铁路货物联运出口货物运输

国际铁路货物联运出口货物运输的组织工作，主要包括计划的编制、货物的托运、承运车、运送和交付。货物的托运与承运的过程即为承运方（铁路）与托运方（发货人）缔结运输合同的过程。托运是发货人向铁路提出委托运输的行为；承运则是铁路接受发货人所提出的货物运输的委托的行为。发货人按车站指定日期将货物搬入车站或指定货位，经车站根据运单的记载事项查核实货，确认符合国际联运的有关规定后即予以接收。在发货人付清一切应付运送费用后，车站在所提交的运单上加盖车站的日期戳。运单在加盖车站日期戳后，即标志承托双方以运单为凭证的运输合同开始生效，参加联运国铁路对货物负有从始运地运送至运单上指定的目的地的一切责任。

3）国际铁路货物联运进口货物运输

国际铁路货物联运进口货物运输的组织工作。

（1）进口合同资料工作。合同资料是国境站核放货物的重要依据，也是向各有关部门报关、报险的凭证。各进出口公司在对外合同签字以后，要及时将一份合同中文抄本寄给货物进口口岸的分支机构。对于由外运公司分支机构接收的分拨小额订货，必须在抄寄合同的同时，按合同内容填写货物分类表。合同资料包括合同的中文抄本和它的附件、补充书、协议书、变更申请书、更改书和有关确认函电等。

（2）进口货物的现场核放工作。进口货物的交接首先是票据的交接，发货人将进口货物票据与中方交接后，收货人主动到中方铁路办公处索取我方公司所代理单位的进口货物票据。然后抄制进口货物明细单，查验合同所附带有关进口货物的材料是否齐全。接着按海关要求填报进口货物报关单，并连同合同及有关证明批件向海关申报放行货物。

（3）进口货物的交货。联运进口货物到达到站后，铁路根据运单或随附运单的进口货物通知单所记载的实际收货人，发出货物到达通知，通知收货人提取货物。收货人接到通知后，必须向车站领取货物并付运送费用。在收货人付清一切应付运送费用后，铁路将货物连同运单一起交付收货人。

业务链接 5-3

粤西地区开通海铁联运

广东省云浮市新兴县毗邻珠三角地区，是粤西地区与珠三角地区的铁路交通衔接要道。2017年10月粤西地区首次集装箱货物班列（新兴—盐田港）从云浮市新兴县火车站铁路货场始发，直达深圳平湖南火车站，完成报关进港装船后再由盐田港装船出口至德、法、英等欧美国家，首次实现粤西地区外贸出口海铁联运无缝连接，开启了粤西地区"海上丝绸之路"新模式。

5.3.2 国际公路货物运输

1. 国际公路货物运输概念、特点与作用

国际公路货物运输是指货物借助一定的运载工具，沿着公路作跨越两个或两个以上国家或地区的移动过程。由于公路运输具有机动灵活、适应性强的优点，因此在运输体系中体现出"时差效益"、"远距离效益"和"质量差效益"三个特点。除了上述特点之外，与其他运输方式相比，它同时又具有一定的局限性，如载重量小，不适宜装载重件、大件货物，不适宜长途运输，车辆运行中振动较大，易造成货损货差事故等。同时，运价通常比水运和铁路运输高。

2. 公路运输的要素

由于汽车是公路运输的主要运载工具，公路运输实际上主要就是汽车运输。公路运输的要素为公路和汽车。

3. 公路运输的经营方式

在市场经济条件下，公路运输的组织形式有公共运输业、契约运输业、自用运输业和汽车货运代理。

(1) 公共运输业（common carrier）专门经营汽车货物运输业务并以整个社会为服务对象，其经营方式如下。①定期定线。不论货载多少，在固定路线上按时间表行驶。②定线不定期。在固定路线上视货载情况，派车行驶。③定区不定期。在固定的区域内根据需要，派车行驶。

(2) 契约运输业（contract carrier）按照承托双方签订的运输契约运送货物，与其签订契约的一般都是大型工矿企业，常年运量较大而且较稳定。契约期限一般都较长，短的有半年、一年，长的可达数年。按契约规定，托运人保证提供一定的货运量，承运人保证提供所需的运力。

(3) 自用运输业（private operator）多为工厂、企业和机关，利用自有汽车，专门运送自己的物资和产品，一般不对外营业。

(4) 汽车货运代理（freight forwarder）本身既不掌握货源也不掌握运输工具，他们以中间人身份一面向货主揽货，一面向运输公司托运，借此收取手续费和佣金。有的汽车货运代理专门从事向货主揽取零星货载，加以归纳集中成为整车货物，然后自己以托运人名义向运输公司托运，赚取零担和整车货物运输之间的差额。

同步思考 5-3

公路运输与铁路运输的优缺点

通过上面的学习，我们知道国际公路货物运输和国际铁路货物运输有各自的优点。公路运输：覆盖全面，可以上门提送；灵活可控，透明度较高；手续简便、服务态度明显好于铁路。铁路运输：承载能力强，适合大宗物资集中运输；规模经济，单位运输成本低；不考虑途中重组因素，铁路风雨无阻，安全快捷。那么我们应该如何选择呢？

理解要点：（1）1 000 km 以内适合选择公路运输，相对安全快捷。而 1 000 km 以上，尤其在我国西南、西北地区选择铁路运输更安全。

（2）易碎、不容易装卸的货物适合公路运输，一点装、一点卸，不易损坏。铁路运输货物损坏的可能性非常大，野蛮装卸很普遍。

（3）上百吨的货物运输适合铁路运输，几十吨的货物就非常适合公路运输。

4. 公路运费的计收

公路运费均以"吨·公里"为计算单位，一般有两种计算标准，一是按货物等级规定基本运费费率，二是以路面等级规定基本运价。凡是一条运输路线包含两种或两种以上的等级公路时，应以实际行驶里程分别计算运价。特殊道路，如山岭、河床、原野地段，则由承托双方另议商定。公路运费费率分为整车（FCL）和零担（LCL）两种，后者一般比前者高 30%～50%。我国公路运输部门规定，一次托运货物在 2.5 t 以上的为整车运输，适用整车费率；不满 2.5 t 的为零担运输，适用零担费率。凡 1 kg 重的货物，体积超过 4 dm³ 的为轻泡货物（或尺码货物 measurement cargo）。整车轻泡货物的运费按装载车辆核定吨位计算；零担轻泡货物，按其长、宽、高计算体积，4 dm³ 折合 1 kg，以 kg 为计费单位。此外，尚有包车费率（lump sum rate），即按车辆使用时间（小时或天）计算。

公路运输货损

背景与情境： 某年 5 月小王购置了一辆货车用作物流运输，并在某保险公司投保了公路货物运输保险。7 月运输 24 t 大蒜。运输过程中，由于线路老化，货车起火，一车大蒜都化为灰烬，损失 3.8 万余元。小王立即向保险公司报案，向保险公司索赔 2 万元，却遭到保险公司拒赔，理由是在公路货物运输保险条款中规定，蔬菜、水果、活牲畜、禽鱼类和其他动物不在保险货物范围内。保险公司认定大蒜属于蔬菜，不能赔偿。

问题：（1）大蒜是蔬菜还是调味品？

（2）根据公路货物运输保险条款，双方当事人的保险合同是否成立？

（3）保险公司是否应该赔偿？

分析提示：(1) 大蒜是调味品。
(2) 根据公路货物运输保险条款，双方当事人的保险合同成立。
(3) 保险公司应该赔偿。

5.4 国际航空货物运输

5.4.1 国际航空货物运输的概念、特点及业务种类

1. 国际航空货物运输的概念

国际航空货物运输是指一国的提供者向他国消费者提供航空飞行器运输货物并获取收入的活动。

2. 国际航空货物运输的特点

现代国际航空货物运输的特点如下。
(1) 运送速度快，适合高价货物和时间性很强的货物的运输要求。
(2) 安全、准确，货物灭失与破损率低。
(3) 适于陆域和水域不方便运输的内陆和其他地区的货物运输。
(4) 简化、节省货运包装，降低产品销售成本。
(5) 缩短存货周期，加快商品流通，为供应链管理创造了条件。
(6) 减少企业备用资金存量，加速资金周转，提高了资金使用效率和效益等。

国际航空货物运输目前主要的缺点是容积和载运量较小，成本较高，易受自然条件的影响，运价也比地面运输高，而且在一定程度上受运输条件的限制，从而影响了运输的准确性和正常性。

业务链接 5-4

国际航协预测 2022 年中国将成全球最大航空市场

国际航协认为，全球航空业重心正在东移，亚太地区将成为推动需求增长的最大驱动力，未来 20 年，超半数的新增旅客将来自亚太地区。国际航协会在官方网站发布预测，2036 年，全球航空客运量将达到 78 亿人次，客运需求年均复合增长率达到 3.6%。中国将在 2022 年超过美国成全球最大航空市场。

资料来源　佚名. 国际航协预测 2022 年中国将成全球最大航空市场 [EB/OL]. [2017-10-27]. http://www.iqilu.com/html/zt/other/sdggfzjl/xjdnzh/2017/1013/3711094.shtml.

3. 国际航空货物运输的基本条件

国际航空货物运输需要基本条件支持，在设施设备等主要硬件方面有以下几条。
(1) 航空港站，供停放、起飞、降落、维修和确保空港、航空器安全的设施与设备。
(2) 供货物进出空港，接收、保管、安排运输、保税、装拆箱、分拨、检验、交付等用途的航空货运站、货物仓库和作业设备。

（3）航空器，包括符合适航条件的客货两用飞机和货运飞机。

（4）航线，即按规定运行的空中交通线，包括飞行的方向、航路的高度层和宽度、经停地点和两端港站，跨越国境通达其他国家的航线称为国际航线。

（5）航班，是指飞机按预先拟定的时间由始发港站起飞，并按照规定的航线经过经停站至终点港站作运输生产飞行的时间编排，航班分为出港和进港航班，或去程和回程航班。

（6）装货器具，包括航空载货托盘、航空集装箱和用于多式联运的国际标准集装箱，后者仅可装于宽体货运飞机或混合航空器的主甲板。

职业道德与企业伦理 5-2

货运代理扣留核销单索赔案

背景与情境： A 货运代理有限公司（简称 A 公司）接受 B 进出口有限公司（简称 B 公司）委托，为其办理了一批自北京至伦敦的出口货物国际航空运输手续。运输完成后，B 公司未能按照双方约定向 A 公司支付各项运杂费 15 000 元。A 公司多次催索未果，遂扣留了 B 公司的核销单证。双方几经交涉，但一直未能就付费和退还核销单问题达成一致。最后，A 公司向法院提起诉讼，要求 B 公司支付拖欠的运杂费及相应利息。B 公司随即提出反诉，称 A 公司扣留核销单导致自己未能在规定期限内办理出口退税手续，从而造成 B 公司损失出口退税人民币 8 000 余元，要求 A 公司予以赔偿。

问题：（1）A 公司有无权力扣留核销单？

（2）本案例应该如何解决？

分析提示：（1）无权力。除非与客户在合同中有明确约定，否则货运代理不得随意扣留客户的核销单证。

（2）B 公司支付 A 公司运费、报关费等各项费用 15 000 元及相应利息；A 公司赔偿 B 公司经济损失 8 000 元。

4. 国际航空货物运输方式

国际航空货物运输方式主要有以下几种。

（1）班机运输方式（scheduled airline）是指在固定的航线上定期航行的航班，其始发港、目的港和途经站都是固定的。

（2）包机运输方式（chartered carrier）是指当货物批量较大，而班机又不能满足需要时采取的运输方式。包机运输又分整舱包运和部分舱包运两种。

（3）集中托运方式（consolidation）是指航空货运代理公司把若干小批量单独发运的货物组成一整票向航空公司办理一次性托运手续，采用一份总运单集中发货运至同一到港，再由货运代理公司在当地的代理人收货、报关、分拨和放货给持有起运港代理人签发的运单的各实际收货人的运输方式。

（4）航空快件传送（air express）又称航空速递，是国际航空货物运输中最快捷的运输方式。该方式不同于一般的航空货运，而是由一个专门经营这项业务的公司与航空公司合作，设专人以最快的速度在货主、机场和用户之间传送急件。

(5) 送交业务。在国际贸易往来中，出口商为了推销其产品，往往要向客户赠送样品、宣传资料等。

(6) 货到付款（cash on delivery）是承运人在货物到达目的地交给收货人时，根据其与发货人之间的协议，代其向收货人收取航空运单上所记载的货款，并汇寄给发货人的一项业务。

5. 国际航空货运单及其主要内容

1) 国际航空货运单的作用与用途

国际航空货运单（airway bill），是托运人和承运人订立合同接受货物和承运条件的证明。国际航空货运单的主要作用与用途如下。

① 它是航空货物运输合同订立和运输条件的证明文件。

② 它是收到货运单上记载货物的证明或收据。

③ 它是运杂费账单与发票的凭据。

④ 它是报关文件，即和其他文件一起作为交付海关查验和货物进出口清关的基本单证。

⑤ 它是货物保险证明。若航空承运人承办保险或发货人要求承运人代办保险，那么以货运单上相关记载可作为承保依据。

⑥ 它是承运人处理业务的依据。航空货运单与货物同行，在该货运单项下，承运人根据运单上记载的内容和指示办理货运业务，包括装载、运输、交付及计收费用等事宜。

2) 国际航空货运单的组成

国际航空货运单通常由相同编号的一式数联组成，包括若干正本和若干副本。一式数联的国际航空货运单中，一般有3份正本及至少6份副本。国际航空货运单编号一般采用11位数字表示，前3位数字是航空公司的代码号，后7位数字是承运每票货物的顺序编号，最后1位是稽查号。国际航空货运代理人以集中托运的方式安排出口和进口时，国际航空货运单根据业务要求又有总运单和分运单两类。

① 航空总运单，又称航空主运单（master airway bill），是指国际航空货运代理人把若干单独托运的货物集中起来，并且使用同一份经航空承运人签署的与货物一起发运到同一站的运单。

② 航空分运单，是指由国际航空货运代理签发给各托运人的货物收据及提货凭证。

3) 国际航空货运单的主要内容

国际航空货运单正面以填制内容为主，一般包括以下几项。

① 货物品名、性质、重量、体积、包装、件数及标志或号数、货物说明与价值声明。

② 托运人及收货人的姓名、公司名称、地址及通信号码。

③ 航空承运人的名称、地址，以及代理人的IATA代号。

④ 起运地、出运时间、机号及航班。如果采用联运方式，则包括经停和换装转运地，第一承运人的名称和地址。目的港及预计抵达时间、收货人及其地址、通信号码。

⑤ 计费重量、运费及其支付方式。

⑥ 货运保险及其费用负担。

⑦ 货运单的填写地点、日期及份数，以及随附文件。

⑧ 声明运输期间适用的规定或公约。

⑨ 双方当事人商定的其他事宜与运输条件。

案例分析

贵重物品航空运输

背景与情境：某托运人准备从上海运往巴黎 10 枚金币。该托运人欲请货运代理人代为向航空公司交运。

问题：(1) 如何包装这票货物？
(2) 容器应贴有哪些标贴？
(3) 在货运单栏"Nature and Quantity of Goods"项目下，应该注明什么字样？
(4) 能否办理运费到付？
(5) 这票货物的声明价值不得超过多少美元？

分析提示：(1) 用硬质木材或铁箱包装，必要时加"井"字加固并使用铅封或火漆封志。
(2) 除识别标签和操作标签外不应有其他任何额外标贴，特别是不应有任何对内装货做出提示的标记。
(3) 真实的货物名称，准确的净重和件数，同时注明"Valuable Cargo"字样。
(4) 能。
(5) 不得超过十万美元。

6. 国际航空货物运费

1) 航空区划

国际航协将全球分成三个区域，简称为航协区（IATA Traffic Conference Areas）。

一区（TC1）：包括北美、中美、南美、格陵兰、百慕大和夏威夷群岛。

二区（TC2）：由整个欧洲大陆（包括俄罗斯的欧洲部分）及毗邻岛屿，冰岛、亚速尔群岛，非洲大陆和毗邻岛屿，亚洲的伊朗及伊朗以西地区组成。本区主要有三个亚区：非洲区包括非洲大多数国家及地区，但北部非洲的摩洛哥、阿尔及利亚、突尼斯、埃及和南苏丹不包括在内。欧洲区包括欧洲国家和摩洛哥、阿尔及利亚、突尼斯三个非洲国家和土耳其（既包括欧洲部分，也包括亚洲部分），以及俄罗斯欧洲部分。中东区包括巴林、塞浦路斯、埃及、伊朗、伊拉克、以色列、约旦、科威特、黎巴嫩、阿曼、卡塔尔、沙特阿拉伯、南苏丹、叙利亚、阿拉伯联合酋长国、也门等。

三区（TC3）：由整个亚洲大陆及毗邻岛屿（已包括在二区的部分除外）、澳大利亚、新西兰及毗邻岛屿，太平洋岛屿（已包括在一区的部分除外）组成。其中南亚次大陆区包括阿富汗、印度、巴基斯坦、斯里兰卡等南亚国家。东南亚区包括中国（含港、澳、台）、东南亚诸国、蒙古、俄罗斯亚洲部分及土库曼斯坦等独联体国家和密克罗尼西亚等群岛地区。西南太平洋区包括澳大利亚、新西兰、所罗门群岛等。日本、朝鲜区仅含日本、韩国和朝鲜。在计算等级货物运价时会涉及用进出口方所在国别判定其适用税率。

2) 运价、航空运费及其他费用

运价（rate）又称费率，是指承运人对所运输的每一重量单位货物（千克或者磅）所收取的自始发地机场至目的地机场的航空费用。航空运费（weight charge）是指航空公司将一票货物自始发地机场运至目的地机场所应收取的航空运输费用。该费用根据每票货物所适用的运价和货物的计费重量计算而得。其他费用（other charges）是指由承运人、代理人或其他部门收取的与航空货物运输有关的费用，包括提供地面运输、仓储、制单、国际货物的清关环节等服务的部门所收取的费用。

3）计费重量

计费重量（chargeable weight）是指用以计算货物航空运费的重量。航空货物运输计费重量或者是货物的实际毛重，或者是货物的体积重量，或者是较高重量分界点的重量。货物的实际重量（actual gross weight）是指一批货物包括包装在内的实际总重量。凡重量大而体积相对小的货物以其实际重量作为计费重量。货物的体积重量（volume weight）是指将货物的体积按一定的比例折合成的重量。我国民航规定以 6 000cm³ 折合为 1kg 作为计算标准。当一批货物由几件不同货物组成，其中有重货也有轻泡货时，其计费重量以整批货物的总毛重或总体积重量或两者中较高的一个计算。国际航协规定，国际货物的计费重量以 0.5 kg 为最小单位，重量尾数不足 0.5 kg 的，按 kg 计算，0.5 kg 以上不足 1 kg 的，按 1 kg 计算。例如，10.01 kg 按 10.5 kg 计算；10.52 kg 按 11 kg 计算。

4）国际航协运价

国际航协运价是指 IATA 在 TACT 运价资料上公布的运价。国际航协运价可以分为公布直达运价和非公布直达运价，具体见表 5-2。

表 5-2 IATA 运价体系表

IATA 运价	公布直达运价	普通货物运价（general cargo rate）
		指定商品运价（specific commodity rate）
		等级货物运价（commodity classification rate）
		集装货物运价（unit load device rate）
	非公布直达运价	比例运价（construction rate）
		分段相加运价（combination of rates and charges）

接下来主要介绍普通货物运价、指定商品运价和等级货物运价。

普通货物运价（general cargo rate，GCR）是指除了等级货物运价和指定商品运价以外的适合于普通货物运输的运价。各航空公司公布的普通货物运价针对所承运货物数量的不同规定几个计费重量分界点（breakpoints）。最常见的是 45 kg 分界点，将货物分为 45 kg 以下的货物（该种运价又被称为标准普通货物运价，即 Normal General Cargo Rates，n）和 45 kg 以上（含 45 kg）的货物。另外，根据航线货流量的不同还可以规定 100 kg、300 kg 分界点。运价的平均数额随运输货量的增加而降低。

指定商品运价（specific commodity rates，SCR）是指承运人根据在某一航线上经常运输某一种类货物的托运人的请求或为促进某地区间某一种类货物的运输，经国际航协同意所提供的优惠运价。国际航协公布指定商品运价时将货物划分为以下类型：

0001—0999　食用动物和植物产品；
1000—1999　活动物和非食用动物及植物产品；
2000—2999　纺织品、纤维及其制品；
3000—3999　金属及其制品，但不包括机械、车辆和电器设备；

4000—4999　机械、车辆和电器设备；
5000—5999　非金属矿物质及其制品；
6000—6999　化工品及相关产品；
7000—7999　纸张、芦苇、橡胶和木材制品；
8000—8999　科学、精密仪器、器械及配件；
9000—9999　其他货物。

特种货物运价比普通货物运价要低。因此适用指定商品运价的货物除了满足航线和货物种类的要求外，还必须达到承运人所规定的起码运量（如100 kg）。如果货量不足，而托运人又希望适用指定商品运价，那么货物的计费重量就要以所规定的最低运量（100 kg）为准，该批货物的运费就是计费重量（在此是最低运量）与所适用的指定商品运价的乘积。

指定商品运费可按较高重量分界点较低运价计算出较低运费。当货物的计费重量没有达到指定商品运价的最低重量要求时，按指定商品运价计算出的运费高于按普通货物运价计算出的运费，则按低者收取货物运费。

等级货物运价（class rates or commodity classification rates，CCR）是指适用于指定地区内部或地区之间的少数货物运输。通常表示为在普通货物运价的基础上增加或减少一定的百分比。当某一种货物没有指定商品运价可适用时，方可使用合适的等级货物运价。适用等级货物运价的货物通常有：活动物、装活动物的集装箱和笼子；贵重物品；尸体或骨灰；报纸、杂志、期刊、书籍、商品目录、盲人和聋哑人专用设备和书籍等出版物；作为货物托运的行李。

其中活动物、装活动物的集装箱和笼子，贵重物品，尸体或骨灰通常在普通货物运价基础上增加一定百分比；报纸、杂志、期刊、书籍、商品目录、盲人和聋哑人专用设备和书籍等出版物，作为货物托运的行李在普通货物运价的基础上减少一定百分比。

5）与航空货物运输相关的杂费

航空货物运输活动中相关的杂费有：从承运人的营业场所至机场或反向的货物运输费；保管费、仓库保管费及相关收费；特殊货物操作费；保险费；货到付款服务费；代垫付款；结关费用；罚款；修理货物包装等费用；货物转运、续运或退运的费用。

同步计算 5-1

普通货物航空运费计算案例

Routing：BEIJING，CHINA（BJS）
TO TOKYO，JAPAN（TYO）
Commodity：Garments
Gross Weight：25.2 kg
Dimensions：82 cm×48 cm×32 cm
GCR：N；30；45：28.13
问题：根据以上已知条件计算该批货物的航空运费。
解：Volume：82 cm×48 cm×32 cm=125 952 cm³

Volume Weight：125 952 cm^3÷6 000 cm^3/kg=20.99 kg=21.0 kg
Gross Weight：25.2 kg
Chargeable Weight：25.5 kg
Applicable Rate：GCR N 30CNY/kg
Weight Charge：25.5×30=CNY 765

5.4.2　国际航空货物出口运输代理业务程序

国际航空货物出口运输代理业务程序包含以下几个基本环节。

1. 市场销售

国际航空货物出口运输代理销售的产品是航空公司的舱位，承揽货物处于整个航空货物出口运输代理业务程序的核心地位。在具体操作时，需及时向出口单位介绍业务范围、服务项目、各项收费标准，特别是向出口单位介绍优惠运价和服务优势等。发货人发货时，首先需要填写委托书，并加盖公章，作为货主委托代理承办航空货物运输出口的依据。国际货物委托书是一份重要的法律文件，国际航空货运代理公司根据国际货物委托书要求办理出口手续，并据以结算费用。

2. 委托运输

托运单（shippers letter of instruction，SLI）是托运人用于委托承运人或其代理人填写的航空货运单，表单上列有填制航空货运单所需各项内容，并应印有授权承运人或其代理人代其在国际货运单上签字的文字说明。托运单应该由托运人填写，也可以由承运人或其代理人代为填写，目前我国托运单均由承运人或其代理人代为填写。在接受托运人委托后，单证操作前，国际货运代理的指定人员对托运单进行审核。主要审核其价格是否能被接受，预订航班是否可行等信息，审核人员必须在托运单上签名和对日期进行确认。

3. 审核单证

单证具体应该包括的种类和内容如下。

（1）发票、装箱单。发票上应有公司公章、应标明价格术语和货价。

（2）托运单。一定要注明目的港名称或目的港所在城市、货物毛重、收发货人及其联系方式，明确运费预付还是运费到付，还要有托运人签名。

（3）报关单。注明经营单位注册号、贸易性质、收汇方式，并要求在申报单位处加盖公章。

（4）许可证。注明合同号、出口口岸、贸易国别、有效期，一定要符合要求，内容应与其他单据相符。

（5）商检证书。包括商检证、商检放行单、盖有商检放行章的报关单。商检证上应有海关放行字样。

（6）进料/来料加工核销本。

（7）索赔/返修协议：要求提供正本，要求合同双方盖章或者签字。

（8）到付保函：凡到付运费的货物，发货人都应提供到付保函。

（9）关封。

同步思考 5-4

某托运人预计从北京运往马来西亚一批水银温度计。

请问：(1) 收运这批水银温度计应参照哪本手册进行操作？

(2) 托运人应提交哪些文件？

(3) 运输时应遵照哪些原则？

理解要点：(1) 收运这批水银温度计应参照"危险物品手册"进行操作。

(2) 危险品申报单、货运单。

(3) 运输时应遵照预先检查、方向性、轻拿轻放、固定货物防止滑动原则。

4. 预配舱和预订舱

代理人汇总所接受的委托和客户的预报，制订预配舱方案，并对每票货配上运单号。代理人根据预配舱方案，按航班、日期打印出总运单号、件数、重量、体积，向航空公司预订舱。

5. 接受单证和填制货运单

接受托运人或其代理人送交的已经审核确认的托运书及报关单证和收货凭证，制作操作交接单。接到移交来的交接单、托运单、总运单、分运单、报关单证，进行分运单、总运单直单、拼总运单的填制，总运单上的运费填制按所适用的公布运价，并注意是否可以用较高重量点的运价，分运单上的运费和其他费用按托运单和交接单的要求。总运单下有几份分运单时，需制作航空货物清单，最后制作空运出口业务日报表供制作标签用。

6. 接收货物

接收货物是指国际航空货运代理把即将发运的货物从发货人手中接过来并运送到自己的仓库。接收货物时应对货物进行过磅和丈量，并根据发票、装箱单或送货单清点货物，核对货物的数量、品名、合同号和唛头等是否与货运单上内容一致。

7. 标记和标签

标记是在货物外包装上由托运人书写的有关事项和记号，包括托运人、收货人的姓名、地址、联系电话、传真、合同号以及操作注意事项。按标签的作用，标签分为以下几类。

1) 识别标签

说明货物的货运单号码、件数、重量、始发站、目的站、中转站的一种运输标志。

2) 特种货物标签

说明特种货物性质的各类识别标志，可以分为活动物标签、危险品标签和鲜活易腐品标签。

3) 操作标签

说明货物储运注意事项的标签，例如易碎、不可倒置等。

按标签的类别，标签可分为航空公司标签和分标签两种。一件货物贴一张航空公司标签，有分运单的货物，每件再贴一张分标签。

8. 配舱和订舱

配舱时需要对已经入库的货物核对件数、重量、体积与托运单上预报数量是否相符。对晚到、未到货物以及未顺利通关放行的货物按实际情况进行调整处理，为制作仓单做准备。订舱就是将所收运货物向航空公司申请并预订舱位，预订的舱位有时会由于货物、单证、海关通关等原因导致最终舱位不够或者空舱，如发生此类情况应该及时进行调整和补救。

9. 出口报关

出口报关是指发货人或其代理人在货物发运前，向出境地海关办理货物出口手续的过程。

10. 出仓单和提板箱

制订配舱方案后可以编制出仓单。出仓单交给出口仓库，用于出库计划，出库时点数并向装板箱交接。出仓单交给装板箱环节用于向出口仓库提取货物的依据、交给货物的交接环节用于从装板箱环节收货凭证和制作国际货物交接清单的依据，该清单用于向航空公司交接货物、外拼箱和报关。根据订舱计划向航空公司申领板、箱并办理相应的手续，提板、箱时，应领取相应的塑料薄膜和网。对所使用的板、箱要登记和消号。

11. 签单和交接发运

货运单在海关盖完放行章后还需要到航空公司签单，主要审核运价使用以及货物性质项目是否符合航空公司的规定，航空公司的地面代理规定，只有签单确认后才允许将单、货交给航空公司。交接是向航空公司交单交货，由航空公司安排航空运输。

12. 航班跟踪和信息服务

国际货运代理要为客户提供航班跟踪服务，将航班取消、延误、溢载、故障、改机型、错运、中转等信息及时反馈给客户，便于客户及时对不正常情况做出调整。所谓信息服务就是指国际货运代理要为客户提供多方面信息，例如，订舱信息、审单及报关信息、仓库收货信息、交运称重信息、一程及二程航班信息、集中托运信息、单证信息等。

13. 费用结算

费用结算主要涉及国际货运代理同发货人、国际货运代理同承运人和国际货运代理同国外代理进行结算。发货人结算费用如果运费预付，加收航空运费、地面运输费、各种服务费和手续费；承运人结算费用包括向承运人支付运费和利润分成，同时收取代理佣金；国外代理结算主要涉及付运费和利润分成。

案例分析

航空货物出口运输遗失索赔案

背景与情境： A货运代理公司空运部接受货主的委托，将一台重20 kg的精密仪器从沈阳空运至香港。该批货物价值5万余元人民币，但货物"声明价值"栏未填写。A货运代理公司按照正常的业务程序，向货主签发了航空分运单，并按普通货物的空运费率收取了运费。由于当时沈阳无直达香港的航班，所有空运货物必须在北京办理中转。为此A货运代理公司委托香港B货运代理公司驻北京办事处办理中转业务。但是，由于航空公司工作疏忽，致使该货物在北京至香港的运输途中遗失。

问题：（1）A货运代理公司和B货运代理公司的法律地位是什么？

(2) 它们是否应对货物遗失承担责任？
(3) 本案是否适用国际航空货物运输公约？为什么？
(4) 货主认为应按货物的实际价值进行赔偿的主张是否有法律依据，为什么？

分析提示：（1）A货运代理公司是集运商，B货运代理公司是A货运代理公司的代理人，对承运人航空公司而言，它们是托运人。

(2) 它们对货物遗失不承担责任。

(3) 适用国际航空货物运输公约。

(4) 没有法律依据。因为货物"声明价值"栏未填写，即没办理声明价值并支付声明价值附加费，所以航空公司按普通货物赔偿，最高限额为每千克20美元。

5.4.3 国际航空货物进口运输代理业务程序

国际航空货物进口运输代理业务程序包括：代理预报、承接运单与货物、货物仓储、整理运单、发出到货通知、进口报关、收费与发货、送货上门及货物转运等业务内容，其中，对于承接运单与货物、收费与发货等业务，航空公司有关部门业务人员应重点做好下列工作。

(1) 交接运单与货物。航空公司的地面代理公司向货物代理公司交接的有：国际货物交接清单、主货运单与随机文件、货物。

(2) 发放货物。①对于分批到达货物：待货物全部到齐后，方可通知货主提货。如果部分货物到达，货主要求提货，有关货运部门则收回原提货单，出具分批到达提货单，待后续货物到达后，再通知货主再次提取；②属于航空公司责任的破损、短缺，应由航空公司签发商务记录；③属于货物运输代理公司责任的破损、短缺，应由该代理公司签发商务记录；④对于属于货物运输代理公司责任的货物破损事项，应尽可能协同货主、商检单位立即在仓库作商品检验，确定货损程度，避免后续运输中加剧货物损坏程度。

(3) 收取费用。货物运输代理公司在发放货物前，应先将有关费用收齐。收费内容包括：①到付运费及垫付款、垫付费；②单证、报关费；③海关、动植检、卫检报验等代收代付费用；④仓储费等。

航空货物进口运输操作

背景与情境： 杭州ABC进口公司从德国汉堡订购了一批机器设备，委托某国际货运代理将该批设备通过航空运输运到上海，再经由上海运至杭州，并指定要在杭州口岸办理清关手续。

问题： 国际货运代理在操作本业务时如何处理以下几个问题：

(1) 货物空运到达上海后，应采取何种方式运抵杭州？

(2) 要办理该种运输，必须具备哪些条件？

分析提示：（1）应采用转关及监管运输方式由上海口岸运抵杭州口岸。

(2) 应具备的条件有：收货人所在地或邻近地设有海关；向海关提交单据列明转关运输事项；办理转关运输业务主体资格合法；运输工具和货物在转关过程中接受海关监管。

5.5 国际集装箱货物运输

5.5.1 国际集装箱货物运输概述

1. 国际集装箱货物运输介绍

1) 集装箱

集装箱是一种容器,是具有一定规格强度的专为周转使用的货箱,也称货柜。这种容器和货物的外包装不同,它是进行货物运输,便于机械装卸的一种成组工具。

2) 国际集装箱货物运输

国际集装箱货物运输(container transport)是以集装箱作为运输单位进行货物运输的一种现代化的运输方式,它适用于海洋运输、铁路运输及国际多式联运等。集装箱海运已经成为国际主要班轮航线上占有支配地位的运输方式。

国际集装箱货物运输之所以如此快速发展,是因为同传统海洋货物运输相比,它具有下列优点:①提高装卸效率,提高港口的吞吐能力,加速了船舶的周转和港口的疏港;②减少货物装卸次数,有利于提高运输质量,减少货损、货差;③节省包装费、作业费等各项费用,降低货运成本;④简化货运手续,便利货物运输;⑤把传统单一运输串联成连贯的成组运输,从而促进了国际多式联运的发展。国际集装箱货物运输的管理方法和工作体系与传统运输方式不同,其主要的关系方有集装箱运输经营人、无船承运人(NVOCC)、实际承运人、集装箱租赁公司、集装箱专用码头(堆场)或货运站。

同步思考 5-5

某进出口公司向泰国巴伐利亚有限公司出口一批电器电料,国外开来信用证有关条款规定:电器电料 100 箱,从中国港口至曼谷,禁止分批装运和转运。全套清洁已装船提单,注明"运费已付",发货人抬头背书 K.T. 银行,通知买方。该公司审证无误后,即装集装箱运输,随后备妥各种单据向银行交单,要求付款。但却遭到开证行拒付。其理由是我方提交的是"联合运输单据",不符合信用证不许转运的要求。

理解要点: 如果信用证禁止转运,但货物是由集装箱运输,而且同一提单包括全程运输,银行可以接受联合运输单据。所以,对方拒付不成立。

2. 国际集装箱货物运输方式

国际集装箱货物运输方式根据货物装箱数量和方式分为整箱和拼箱两种。

1) 整箱

整箱(full container load,FCL)是指货主将货物装满整箱后,以箱为单位托运的集装箱。一般做法是由承运人将空箱运到工厂或仓库后,在海关人员监督下,货主把货装入箱内,加封铅封后交承运人并取得站场收据(dock receipt),最后凭站场收据换取提单。

2) 拼箱

拼箱(less than container load,LCL)是指承运人或代理人接受货主托运的数量不足整箱的小票货物后,根据货物性质和目的地进行分类、整理、集中、装箱、交货等工作,这些工作均在承运人码头集装箱货运站（CFS）或内陆集装箱转运站进行。

3）集装箱的交接

集装箱的交接方式大致有四类：FCL/FCL、LCL/LCL、FCL/LCL、LCL/FCL，其中以整箱/整箱交接效果最好，也最能发挥集装箱的优越性。集装箱的交接地点，归纳起来可分为四种方式：门到门、门到站场、站场到门、站场到站场。

业务链接 5-5

马士基航运研发"远程集装箱管理"平台

马士基集团成立于 1904 年，业务涉及集装箱运输、物流、码头运营、石油和天然气开采与生产等领域，总部位于丹麦哥本哈根。集团旗下的马士基航运是全球最大的集装箱运输公司，服务网络遍及全球。早在 1936 年，马士基即开始涉足冷藏运输领域，具有丰富的果蔬、生鲜、药品等商品的冷链经验。一直以来，如何运输果蔬类易腐败商品不仅影响了货品的最终到货状态，甚至直接决定了商业的成败，而可靠、安全、完整的冷链运输则化身成商场竞争的"胜负手"。作为全球最大的集装箱承运公司，马士基每年运输近 50 万集装箱的蔬菜和水果制品。2017 年 9 月马士基推出了最新研发的"远程集装箱管理"平台。马士基旗下近 27 万个冷藏集装箱已可使用该项技术。冷藏船能够通过船体上的终端仪器将箱体中感应器所测量到的温度、湿度、二氧化碳含量、地理位置等实时数据通过卫星传送给马士基总部、目的地港口和设备维护商三方。通过运用该技术马士基总部可以对旗下全部近 27 万冷藏集装箱全天候实时监控，出现问题时，除马士基会第一时间采取措施外，客户也会及时收到通知，必要时，目的地港口也将能收到预警提示，设备维护商也能及时介入。

资料来源　佚名．马士基航运研发"远程集装箱管理"平台［EB/OL］．［2017-09-20］．http://www.chinaports.com/portlspnews/5996FB2BAD6C3454 E0530101007 F299D/view.

3. 国际集装箱货物运输的主要货运单证

(1) 出口主要有站场收据、装箱单、集装箱提单和设备交接单。

(2) 进口主要有收（交）货记录，即承运人把货物交给收货人或其代理人时，双方共同签署的、证明货已交付以及该批货物交付时的情况的单证。它是将来索赔时的重要依据。

5.5.2　国际集装箱货物运输进出口业务程序

1. 国际集装箱货物运输出口程序

1）订舱

出口公司根据贸易合同事先向船公司（或其代理）办理订舱手续。

2）签发装箱单

船公司确认订舱后，签发装箱单，分送集装箱堆场和集装箱货运站，据以安排空箱和货运交接。

3）发送空箱

整箱货运所需的空箱，由船公司送交，发货人收取。拼箱货运所需的空箱一般由货运站领取。

4) 拼箱货装箱

集装箱货运站根据订舱单核收托运货物并签发站场货物收据,经分类整理后在站内装箱。

5) 整箱货装箱

发货人收到空箱后,自行装箱并按时运至集装箱堆场。集装箱堆场根据订舱单、装箱单验收并签发站场收据。

6) 集装箱货运交接

站场收据是发货人发货和船公司收货的凭证。

7) 换取提单

发货人凭站场收据向船公司换取提单,然后向银行结汇。如果信用证规定需要装船提单,则应在集装箱装箱后,才能换取装船提单。

8) 装船

集装箱堆场根据船舶积载计划,进行装船。

2. 国际集装箱货物运输进口程序

1) 货运单证

货运单证凭出口公司寄来的有关货运单证着手安排工作。

2) 分发单证

分发单证是指将单证分别送代理、集装箱货运站和集装箱堆场。

3) 到货通知

到货通知是指通知收货人有关船舶到港时间,便于准备接货,并于船舶到港以后发出到货通知。

4) 提单

收货人按到货通知,持正本提单向船公司(或代理)换取提货单。

5) 提货单

船公司(或代理)核对正本提单无误后,即签发提货单。

6) 提货

收货人凭提单连同进口许可证至集装箱堆场办理提箱或提货手续。

7) 整箱交货

集装箱堆场根据提货单将集装箱交给收货人并与货方代表办理设备交接手续。

8) 拆箱交货

集装箱货运站凭提单交货。

 案例分析

集装箱拼箱业务操作

背景与情境: 图5-1是由集装箱拼箱业务经营人办理的集装箱拼箱业务流程图。

问题: 依流程图所标序号写出由集拼经营人(货代企业)办理集装箱拼箱货的具体操作

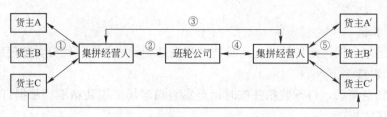

图 5-1 集装箱拼箱业务流程图

程序。

分析提示：(1) A、B、C 不同货主（发货人）将不足一个集装箱的货物（LCL）交集拼经营人；集拼经营人签发 House-B/L 给货主。

(2) 集拼经营人将拼箱货拼装成整箱后，向班轮公司办理整箱货物运输；班轮公司签发海运提单给集拼经营人。

(3) 集拼经营人将货物装船及船舶预计抵达卸货港等信息告知其卸货港的机构（代理人），同时，还将班轮公司 B/L 及 House-B/L 的复印件等单据交卸货港代理人，以便向班轮公司提货和向收货人交付货物。

(4) 集拼经营人在卸货港的代理人凭班轮公司的提单等提取整箱货。

(5) A′、B′、C′等不同货主（收货人）凭 House-B/L 等在 CFS 提取拼箱货。

5.6 国际多式联运

5.6.1 国际多式联运的概念和特点

1. 国际多式联运的概念

国际多式联运是指按照多式联运合同，以至少两种不同运输方式，由多式联运经营人负责，将货物从一国境内接受货物地点运到另一国境内指定地点交付货物的一种国际运输方式。

2. 国际多式联运的特点

国际多式联运相对于单一运输方式具有较大的优越性，具体体现在：提高运输组织水平，综合利用各种运输方式的优势，实现"门到门"运输，手续简便，提早结汇，安全迅速，降低运输成本，节约运杂费用。不足之处有各国集装箱标准尚未统一，各国集装箱运输的发展不平衡以及国际多式联运的法律问题尚未统一，以上因素导致一些业务开展不顺利。

3. 构成国际多式联运必须具备的条件

货物托运和多式联运经营人承接的国际的货物运输是至少两种不同运输方式的连贯运输；发货人与负责全程运输的多式联运经营人订立相关的多式联运合同；由与发货人订立相关合同的多式联运经营人对货物全程运输负责；由多式联运经营人签发一份全程多式联运单据，且应满足不同运输的需要；全程运输使用单一运费率。

国际多式联运的主要特点是由多式联运经营人与托运人签订一个运输合同，实行运输全程一次托运、一单到底、一次收费、全程负责以及统一理赔的一种国际货运组织形式。

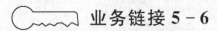
业务链接 5-6

中 欧 班 列

中欧班列是指按照固定车次、线路等条件开行，往来于中国与欧洲及一带一路沿线各国的集装箱国际铁路联运班列。我国现已在多个省份和城市开通，成为国家一带一路战略的重要物流节点。中欧班列作为密切中欧经贸联系的纽带，为中欧间的商贸物流提供了一条便捷的陆路通道，在中欧班列常态化运营后，将弥补海运时间长和空运费用高等不足的优势，成为吸引包括跨境电商在内中欧贸易的重要物流方式。

5.6.2 国际多式联运枢纽与网络点

1. 国际多式联运枢纽的基本要求

（1）能承接来自不同运输方式和运载工具的停留、挂靠作业，布局合理、满足国际多式联运货物有序作业和快速转运的设施与设备，包括航道、港站、航站、泊位、堆场、仓库、各类机械与工具，确保运载工具和货物进出口装卸、货物换装、转运或储存都能顺利进行。

（2）有规范化的联运生产组织及其管理严格的运作体制，确保国际多式联运枢纽各环节的有效配合；有规范化和标准化的业务操作程序、严格的单证流转制度，确保作业管理和业务管理的质量。

（3）高效率和自动化的信息接收、处理和交换系统，使物流和信息流形成一体，保证货物从一开始，包括订舱、接收、汇集、联运调度、仓储与场站管理、换装与积载，以及运输过程，直到交付，都能按照信息管理功能的要求得到有效控制和协调。

（4）良好的货运进出口环境，宽松的政策，符合国际多式联运货运监管的制度，合理和具有竞争力的价格水平。

（5）具有能掌握现代多式联运方式和不同运输方式的技术、业务，以及懂经营、精管理，能组织和协调辖区内各项工作的专门人才。

2. 网络点的功能与要求

多式联运需要有网络的支持，特别是货物的门到门运输，网络起着重要的作用，网络点是形成网络的基本条件。国际多式联运有关网络点的功能与要求有以下几个方面：①具有足够承接和处理进出网络点货物与集装箱的设施、设备、技术等条件，并确保它们正常、合理、有效地得到调度、使用，并具有养护和维修条件与能力；②能够承接、保管、分拨、调运各类进出口的联运货物，并能提供货物拆箱、拼箱、监理、点数、包装、维修和转运；③能够承接、堆放、保管进出港站的集装箱，按国际标准对集装箱实施检验和必要的维修，并根据有关指示具有及时吸纳各类空重箱进入网点或调运出网点的能力；④能够正确处理各项与货物联运、货物交付和集装箱管理相关的业务及单证事宜；⑤便于海关对进出口、转运货物的查验与监管，便于货主办理通关手续等；⑥具有信息处理和有效的反馈功能，为客户提供各方面所需要的信息和资料；⑦协调各方面的关系，确保场站及货物联运各环节的有效配合；

⑧控制网络点运行费用，降低客户国际多式联运货物的流通成本。

3. 内陆货站

内陆货站有其特定的含义与功能。首先，它设立在陆域内地，有较好的地理位置，经济、贸易发达和集中的地点，并与国际多式联运网线相连接，形成国际多式联运网络的组成部分。其次，具有集散货物的功能，即把那些不成箱的零担出口货物在内地货站经拼箱公司拼装成箱后进行出运或中转，或者货物进口后安排拆箱、分拨、转运与交付业务。有的内陆货站具有整箱货接收、交付、储存和转运功能。最后能够回收、保管、检验和维修集装箱，有的还具有集装箱运输机械保管和维护的功能与要求，以及为了便于开展业务，也代办报关和保险手续。

同步思考 5-6

国际多式联运在世界范围内发展中存在的问题

理解要点：（1）地区发展不平衡。
（2）集装箱标准化尚未取得一致。
（3）国际多式联运经营人责任未统一。
（4）综合优势未得到充分发挥。

5.6.3 国际多式联运业务一般业务程序

1. 国际多式联运业务及业务关系当事人

1）国际多式联运业务

国际多式联运业务从国际多式联运经营人的角度出发，主要包括与发货人订立国际多式联运合同，组织全程运输，完成从接货到交货过程的合同事项等内容。国际多式联运具体业务主要包括以下内容。

（1）出运地货物交接，即托运人根据合同的约定把货物交至指定地点。

（2）国际多式联运路线和方式的确定，与分包方签订货物联运合同。

（3）货物出口安排。对货物全程运输投保货物责任险和集装箱保险。

（4）通知转运地代理人，与分包承运人联系，及时做好货物过境或进口换装、转运等手续申办和业务安排。

（5）货物运输过程的跟踪监管，定期向发货人或收货人发布货物位置等信息。

（6）通知货物抵达目的地时间，并要求目的地代理人办理货物进口手续。此外，还有估算费用、集装箱跟踪管理、租箱与归还业务，以及货物索赔和理赔业务等。

2）国际多式联运业务关系当事人

（1）国际多式联运经营人是与托运人进行签约，负责履行或组织履行联运合同，并对全程运输负责的企业法人和独立经营人。实务中，以船舶运输公司为国际多式联运经营人和货运代理人，以无船承运人的身份从事国际多式联运经营活动者居多。

（2）货物托运人与收货人在《联合国国际货物多式联运公约》中已有清楚定义。但这里所述的托运人和收货人，是指货物实际托运人和实际收货人。与国际多式联运经营人的关系，前者是国际多式联运的业务委托关系和合同当事方；后者是国际多式联运合同涉及的第三方和在目的地享受货物提运权的关系人。

(3) 分合同方，包括区段承运人，如船舶所有人或经营人，铁路、公路、航空和江河运输经营人，以及非运载工具经营人，如集装箱场站、仓储经营人和转运代理人等。与国际多式联运经营人签订分合同的当事人应承担合同中所约定的责任部分。

(4) 其他有关方主要指那些与货物和国际多式联运业务相关的其他关系方，包括与货物进出口业务相关的货物保险与货物检验，以及其他责任保险方、进出口贸易监管、外汇控制机构、海关等。

2. 国际多式联运单据业务

国际多式联运单据，是国际货物多式联运合同，以及国际多式联运经营人接管货物并负责按照合同条款交付货物的证明。凡在我国境内签发的国际多式联运单据必须由国际多式联运经营人或其代理人报有关部门登记，并在单据右上角注明许可证编号。

3. 货物接管和交付

国际多式联运经营人可以从发货人或其代理人手中接管货物，或根据接管货物地点适用的法律或规章，从负责管理运输的当局或其他第三者手中接管货物。国际多式联运经营人接管货物、安排全程运输、签发国际多式联运单据，在货物抵达目的地时，有义务通过其代理人按国际多式联运单据中收货人的地址通知收货人货物已抵达目的地，并按国际多式联运单据载明的交接方式交付货物给国际多式联运单据持有人。国际多式联运经营人向收货人交付货物时和在交货后规定时间内，收货人未将货物灭失或损坏的情况书面通知国际多式联运经营人的，则此项交付被视为国际多式联运经营人已经按照国际多式联运单据的记载交付货物的初步证据。除非货物在交付时已经当事各方或其授权在交货地的代表联合调查或检验，则无须就调查或检验所证实的灭失或损坏送交书面通知。

4. 索赔与诉讼

货物在国际多式联运过程中发生损害，受损人按照国际公约和有关法规规定可以进行索赔。实际业务中，一般做法是，收货人发现货物损害后，首先向国际多式联运经营人或区段承运人进行书面通知，同时通知货物投保公司，根据货物本身的保险范围，向保险公司索赔；保险公司赔付后凭由权益转让书所取得的代位权责任范围向责任区段的承运人或分合同方追偿。国际多式联运经营人若已投保货物责任险，则在赔付后可向所投保的保险公司索赔，其中如有属区段承运人或分合同方责任者，保险公司再向他们追偿。

索赔不成可以按规定进行诉讼。依照公约与法规规定，索赔和诉讼都有一定程序和时效。我国《海商法》第81条和《集装箱多式联运管理规则》第33条的规定是，货损不明显时，整箱货自交付次日起连续15天内，拼箱货自交付次日起连续7天内提交书面索赔通知，否则，所作的货物交付被视为国际多式联运经营人已经按照国际多式联运单据的记载交付以及货物状况良好的初步证据。诉讼，应依照公约或法规规定在具有管辖权或双方协议地点的法院进行。诉讼时效，《联合国国际多式联运公约》的规定是两年，与汉堡规则规定相同但与海牙规则和维斯比规则的规定不同。如果自货物交付之日起6个月内没有提出书面索赔通知，则会失去诉讼时效。我国《国际集装箱多式联运管理规则》规定对国际多式联运经营人诉讼时效期间,若国际多式联运全程包括海运段的为1年;若国际多式联运全程未包括海运段的,则按民法通则的规定为两年。时效时间从国际多式联运经营人交付或应当交付货物的次日起计算。

案例分析

国际多式联运货损索赔案

背景与情境:我国A公司与美国B公司签订了进口3套设备的贸易合同,FOB美国西海岸,目的港为山东济南,委托C航运公司负责全程运输。C航运公司从美国西雅图港以海运方式运输装载于3个集装箱内的设备到青岛港,C航运公司委托D货代公司负责青岛到济南的陆路运输,双方订立陆路运输合同。D货代公司并没有亲自运输,而是委托E汽车运输服务公司运输。货到目的地后,收货人发现两个集装箱破损,货物被严重损坏。经查实发现涉案两个集装箱货物的损坏发生在青岛至济南的陆路运输区段。请分析解答下列问题。

问题:(1) C航运公司是否对货物的损失承担责任,为什么?

(2) 阐述C航运公司和D货代公司的法律地位。

(3) 本案是否按照中国《海商法》关于承运人赔偿责任和责任限额的规定来确定当事人的赔偿责任,为什么?

分析提示:(1) C航运公司要对货物的损失承担责任。因为A公司委托C航运公司负责全程运输。C航运公司赔偿之后再向其被委托人索赔。

(2) C航运公司是青岛到济南陆运合同中的委托人,D货代公司是被委托人,也是C航运公司的代理人。

(3) 不可以按《海商法》关于承运人赔偿责任和责任限额的规定处理。因为货损是发生在陆运段,只能用汽车运输的有关法律调整。

5.7 国际管道运输、展品物流和国际邮政运输

5.7.1 国际管道运输

1. 国际管道运输的概念

国际管道运输(international pipeline transportation)是随着石油的生产而产生、发展的。它是一种特殊的运输方式,与普通的货物运输的形态完全不同,具有独特的特点。普通货物运输是货物随着运输工具的移动,把货物运送到目的地,而管道运输的运输工具本身就是管道,是固定不动的,只是货物本身在管道内移动。

2. 国际管道运输的种类

国际管道运输就其铺设工程可分为架空管道、地面管道和地下管道,其中以地下管道最为普遍。管道运输就其运输对象又可分为流体管道(fluid pipeline)、气体管道(gas pipeline)

和水浆管道（slurry pipeline）。

3. 国际管道运输的优缺点

管道运输不同于其他运输方式的最明显的特点是驱动货物运行的输送工具是机泵和管道，是静止不动的，只是给被运货物以压力而使货物本身连续不断地被运送，因此，管道运输是一种节省能耗的、灵便的、先进的运输方式。它具有以下特点。

1) 管道运输的优点

①不受地面气候影响并可连续作业。②运输的货物不需包装，节省包装费用。③能耗低、运费低廉。④输送能力大。⑤费用省、成本低。⑥因系单向运输，无回空运输问题。⑦生产率高，经营管理比较简单。⑧漏失污染少，噪声低，有利于环境保护。

2) 管道运输的缺点

①运输货物过于专门，仅限于液体和气体货物。②永远是单向运输，机动灵活性小。③固定投资大。

4. 国际管道运输的费用

国际管道运输由于管道路线和运输是固定的，所以运输费用计算比较简单。按油类不同品种规格规定不同费率。其计算标准多以桶为单位，有的以吨为单位。此外，一般均规定每批最低托运量。

5. 国际管道运输在我国的发展

目前，全国陆上油气管道运输的货物周转量为6 000多亿t·km，已跻身于五大运输业之列，对国民经济的建设和发展发挥了重要作用。与此同时，管道运输技术亦形成了相当独立的专业技术体系。但与世界管道运输相比，仍存在较大差距：一是管道运输在我国综合运输体系中所占比例太低，管道规模小，覆盖面窄，最适合管道输送的成品油在我国仍然主要靠铁路运输，商用成品油管道几乎为零，煤浆管道至今仍未实现零的突破；二是专用于油气管道的钢材、直缝制管、高效泵机组、阀门等几乎都要依赖进口；三是管道技术比较落后。在国家综合运输体系中，管道运输业缺少统一的规划和布局，以及与其他运输方式的合理分工。国际管道运输的发展相对于国际铁路、公路、水运、航空运输而言较慢。现在涉及管道运输的有陆上石油、海洋石油、石化、煤炭、冶金等部门和企业，各自都在为满足本行业的发展而行动。把适于管道运输的液体、气体、浆体介质运输分割在多个部门纵向管理，影响了管道运输业的发展。

发展我国管道运输事业，关键在于是否具有切实可行的有关体制和机制等方面的配套政策，具体建议如下。①国家应将管道运输的发展纳入国家综合经济管理部门的议事日程，应设立专门机构，由国家宏观调控，统筹协调各种运输方式的合理分工。②应由国家综合经济管理部门按照中长期经济发展和建设国家综合交通运输体系的要求，统筹国内外原油、天然气、LPG和LNG资源利用规划，统筹制定管道网络的建设规划及分期实施计划。③按照社会主义市场经济的发展要求，进行管道建设投资和管道经营管理的体制改革，加大国家投资力度，积极采用国际投资方式，建立多元化、多渠道的投资体制和经营管理体制。④国家应制定相应的法律、税收、运价等方面的扶持管道运输发展的政策。⑤重视发挥管道运输行业协会的作用，组织全国管道专家和技术人员参与制定技术标准发展规划，并为国家提供决策论证和立法依据。

5.7.2 国际展览与展品物流

1. 国际展览

1) 展览的含义

展览（exhibition）指公开陈列美术作品、摄影作品的原件或者复制件。展览会既是信息、通信和娱乐的综合，也是唯一的在面对面沟通中充分挖掘五官感觉的营销媒介。

2) 展览会的种类

综合展览会既展出工业品，也展出消费品；既吸引工商界人士，也吸引消费者。这类展览会一般规模相当大，往往按行业划分展区。

贸易展览会的展出者和参观者的主体是商人。参加或参观这类展览会的目的很多，包括进行市场调研、开拓销售渠道、树立公司的产品形象、提高销售额等，最终目的都是贸易。

消费展览会是面对公众消费者开放的展览会。这类展览会多具地方性质，一般是综合性质，比如理想家庭展览会。也有一些是专业展，比如游艇展。展览会通过大众媒介，比如电视、电台、新闻报刊吸引观众，观众主要是消费者，需要买门票参观展览会。

从理论上讲，有两个以上国家参加的展览会都可以称作"国际展览会"。但是，在贸易展览会中，比较普遍的标准是：①20%以上展出者来自国外；②20%以上的观众来自国外；③20%以上的广告宣传费使用在国外。国际博览会联盟规定具备上述标准之一就可称作"国际博览会"。

地方展览会一般规模不大，特征是以当地观众为主。但是展出者可能来自这一地区之外，甚至是国外。地方展览会的费用相对较低，但是观众的质量并不一定低。地方展览会可以为中小企业提供与潜在客户进行接触以及与大企业进行公平竞争的机会。对人力、财力有限的中小企业来说，地方展览会是其应考虑的营销手段。

欧美国家习惯上把农业展览会单独划分为一类，把林业、畜牧业、渔业、食品加工业等行业也包括在农业展览会的展出范围之内。展出内容有种子、牲畜、手工制品（比如草提篮）、化肥、农业机械、农业环境、农业技术等。大部分农业展览会具有较强的地区特色。

经济活动展览会内容包括保险、银行、金融、租赁、投资等，也就是第三产业的展览会。

独家展览会是由单个公司为其产品或服务举办的展览会。单独举办展览的原因有：避开竞争对手，抢先开发市场，不让竞争对手了解自己的新产品和技术；产品市场不大、用户有限，无适合的常规展览会。独家展览会的好处是公司可以自主选择并决定展览时间、地点和观众。公司还可以充分发挥设计能力，提高特殊展示效果，而不受常规展览会的规定限制。

流动展览会是使用飞机、轮船、火车、卡车、拖车、组合房屋等作为展馆在不同地点、不同时间展出相同内容的展览会。

国家贸易中心展览会通常是与办公设施配套的小型常设展览中心，由政府或贸易促进机构在国内外设立。贸易中心也可以组织常规的展览会。在贸易中心举办展览会的优势是宣传效果好，能够为展出者树立形象、扩大影响；劣势是展出费用高，因为需要长期租用场地和派遣常住人员。

虚拟展览会也称在线展览会等，这是一种通过国际互联网络，使用虚拟现实技术组织的展览会。

2. 展品物流

展品运输是筹办展览的主要业务工作，也是国际展览物流的最重要环节。展览运输大致可分为三个阶段：运输筹划、去程运输和回程运输。

1) 运输筹划

运输工作需要统筹策划。运输筹划涉及运输方式、运输路线、运输日程、运输费用、运输公司和代理等因素。

教学互动 5-2

互动问题：(1) 展品物流的运输筹划需要哪些环节？

(2) 运输筹划的每个环节包括哪些内容？

要求：(1) 教师不直接提供上述问题的答案，而引导学生结合本节教学内容就这些问题进行独立思考、自由发表见解，组织课堂讨论。

(2) 教师把握好讨论节奏，对学生提出的典型见解进行点评。

2) 去程运输

去程运输是指展品自展出者所在地至展台之间的运输，一个比较完整的去程运输过程可以大致分为以下几个阶段：①展品集中；②装车；③长途运输；④交接；⑤接运；⑥掏箱；⑦开箱。

3) 回程运输

回程运输是指将展品运回至展出者所在地的运输，简称作"回运"。但是对于安排统一运输的集体展出组织者而言，将展品自展台运至原展品集中地的运输称作"回运"，将展品自展品集中地分别运回给参展者所在地的运输称作"分运"。还有一种情况是将展品运至下一个展览地，传统上称作"调运"。

3. 有关的手续

展品运输需要办理一些手续，包括办理单证、办理海关手续、办理保险等。参加国内展览时，有关手续和单证要简单一些。参加国际展览时，有关手续要复杂得多。各国、各地对单证的具体要求可能不一样，海关和保险手续的具体种类、具体程序也不尽相同，需要事先了解。

同步思考 5-7

展品的运输工作是一项比较烦琐、复杂的工作，可以将运输工作中的大部分具体业务委托给代理办理，应该如何选择国际展览品物流公司？

理解要点：首先这家货代公司要有丰富的展览品物流经验。其次国际展览物流公司要在各个国家有长期可靠的运营团队。最后就是展览运输的费用，在选择国际展览品物流公司时一定要让货运代理报出完整的费用。

5.7.3 国际邮政运输

国际邮政运输是指通过各国邮政办理的包裹、函件运输等。每年全世界通过国际邮政所完成的包裹、函件、特快专递运输等数量相当庞大,因此它成为国际物流的一个重要组成部分。国际邮政运输(international postal transport)是一种较简单的运输方式。世界各国的邮件包裹业务均由国家办理,我国邮政业务由邮电部负责办理。国际上,各国邮政之间订有协议和公约,通过这些协议和公约使邮件包裹的传递畅通无阻。

1. **国际邮政运输的特点**

(1) 具有广泛的国际性。

(2) 具有国际多式联运性质。

(3) 具有"门到门"(door to door)运输的性质。

2. **万国邮政联盟**

万国邮政联盟,简称邮联。《万国邮政联盟组织法》规定,邮联宗旨是:组成一个国际邮政领域,相互交换邮件,组织和改善国际邮政业务,有利于国际合作的发展;推广先进经验,给予会员国邮政技术援助。我国于1972年加入万国邮政联盟。万国邮政联盟将每年10月9日定为世界邮政纪念日,届时各会员均组织宣传纪念活动。

3. **邮包的种类**

国际邮件按运输方式分为陆路邮件和航空邮件,按内容性质和经营方式分为函件和包裹两大类。按我国邮政部规定,邮包分为普通包裹、脆弱包裹和保价包裹。此外,国际上还有快递包裹、代收货价包裹、收件人付费包裹等。以上包裹如以航空方式邮递,即称为航空运输包裹。邮政局在收寄包裹时,均给寄件人以收据,故包裹邮寄费属于给据邮件。给据邮件均可办理附寄邮件回执,回执是邮件投交收件人作为收到邮件的凭证。回执尚可按普通、挂号或航空寄送。

业务链接 5-7

四大国际快递公司

FedEx(联邦快递):成立于1971年,坐拥差不多700架飞机和4万多部车,总部在美国。中国网址:http://www.fedex.com/cn/。

UPS(联合包裹):成立于1907年,坐拥差不多300架飞机和9万部车,总部在美国。中国网址:http://www.ups.com/content/cn/zh/index.jsx。

DHL快递(敦豪物流):成立于1969年,坐拥差不多300架飞机和2万部车,总部在比利时。中国网址:http://www.cn.dhl.com/publish/cn/zh.high.html。

TNT快递:成立于1946年,坐拥差不多50架飞机和2万部车,总部在荷兰。中国网址:http://www.tnt.com/country/zh_cn.html。

国际四大快递在全球各有优势,从中国出发,FedEx和UPS的强项在美洲线路、日本线路,TNT在欧洲和西亚、中东有绝对优势,DHL则在日本、东南亚、澳洲有优势。

4. **邮资和单证**

根据《万国邮政公约》规定,国际邮资应按照与金法郎接近的等价折成其本国货币。邮联以金法郎为单位,规定了基本邮资,以此为基础,允许各国可按基本国情增减,增减幅度最高可增加70%,最低可减少50%。国际邮资均按重量分级为其计算标准。邮资由基本邮资和特别邮资两部分组成。基本邮资是指邮件经水陆路运往寄达国应付的邮资,这也是特别邮资计算的基础。基本邮资费率是根据不同邮件种类和国家地区制定的,邮政局对每一邮件都要照章收取基本邮资。特别邮资是为某项附加手续或责任而收取的邮资,如挂号费、回执费、保价费等,是在基本邮资的基础上按每件加收的,但是保价邮资须另按所保价值计收。

邮政运输的主要单证是邮政收据(post receipt)。邮政收据是邮政局收到寄件人的邮件后所出具的凭证,也是邮件灭失或损坏时凭以向邮政局索赔的凭证,也是收件人凭以提取邮件的凭证。

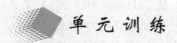

单元训练

□ 理论题

▲ 简答题

1)简述国际货物运输的特点及选择运输方式时需要注意的因素。
2)简述国际海洋货物运输的业务种类及特点。
3)简述国际铁路货物联运的特点和国际公路货物运输的要素。
4)国际多式联运业务有哪些?

▲ 讨论题

1)内陆城市选择海运方式进行国际货物运输时应该符合哪些条件?应注意哪些事项?
2)在掌握各种国际货物运输方式的基础上讨论分析每种运输方式的优缺点。

□ 实务题

▲ 规则复习

1)国际海洋货物运输业务程序。
2)国际航空货物运输业务程序。
3)国际多式联运货物运输业务程序。

▲ 业务解析

1)我国出口公司A向国外B公司出口一批工艺品,合同规定采用航空运输方式进行运输,采用信用证进行结算货款,B公司开来的信用证显示:装运不晚于5月20日,所有单据在装运后5天内向银行议付交单,A公司在5月4日向机场办妥装运手续,后因天气原因,飞机延期至7日起飞,恰好7日和8日均为双休日,单证人员于5月10日向银行办理议付,开证行拒付,理由是交单期与信用证要求不符,而国外B公司凭航空公司可以不用运单提货的条件向承运人提走了装运货物。

问题:在本案例中开证行拒付有无道理?出口公司A是否存在失误?你认为本案例应该如何善后?

2)A货运代理公司作为无船承运人承运B托运人托运的FCL货物(3×20′GP)。该批货物由 C 班轮公司运输。货物装船后，C 班轮公司签发了 B/L 给 A 货运代理公司，A 货运代理公司也签发了自己的 House B/L 给 B 托运人。但 B 托运人发现 House B/L 记载有误，要求重新签发提单。请写出换发提单的程序。

☐ 案例题

▲ 案例分析

货运代理谎报货损案例分析

背景与情境： 我国 A 贸易公司委托同一城市的 B 货运代理公司办理一批从我国 C 港运至韩国 D 港的危险品货物。A 贸易公司向 B 货运代理公司提供了正确的货物名称和危险品货物的性质，B 货运代理公司签发了 House B/L 给 A 贸易公司。随后，B 货运代理公司以托运人的身份向船公司办理该批货物的订舱和出运手续。为了节省运费，同时因为 B 货运代理公司已投保责任险。因此 B 货运代理公司向船公司谎报货物的名称，亦未告知船公司该批货物为危险品货物。船公司按通常货物处理并将其装载于船舱内，结果在海洋货物运输中，因为货物的危险性质导致火灾，造成船舶受损，该批货物全部灭失并给其他货主造成巨大损失。

问题： 1) A 贸易公司、B 货运代理公司、船公司在这次事故中的责任如何？

2) 承运人是否应对其他货主的损失承担赔偿责任，为什么？

3) 责任保险人是否承担责任，为什么？

4) 结合上述案例分析，请回答国家在货运代理企业的管理上针对企业的瞒报不诚信行为，应该制定哪些管理措施。

分析要求： 同第 1 章本题型的"分析要求"。

▲ 善恶研判

航空运输致损索赔案

背景与情境： 某航空公司承运一批空运货物，其中有一件是易碎货。托运人在托运单上正确地描述了包裹中货物的性质，但负责代为办理托运的空运代理在填写的航空货运单中，由于疏忽未写明该包裹中易碎货物的性质。在目的地，卸货操作人员不知晓该包裹中货物的性质，至交货时发现该批货物已严重受损，收货人打算向责任方提出索赔。

问题：

1) 本案例中承运人存在哪些道德伦理问题？

2) 试对上述问题做出你的善恶研判。

3) 请从善恶研判角度对本案例中承运人行为做出评价。

第 6 章

国际物流的租船业务

租船合同单方违约案例分析

A 货代公司与 B 航运有限责任公司签订了租船合约,约定 5 月下旬由 B 航运有限责任公司承运 1 500 t 袋装铁矿石自天津港运往日本大阪港,运费 10 000 美元,但 B 航运有限责任公司未按约定时间装运 A 货代公司货物,造成 A 货代公司为按时交货临时租用其他公司船舶出运货物,造成额外增加运费 4 000 美元。经交涉无果,A 货代公司把 B 航运有限责任公司告上法庭,要求其支付 A 货代公司运费差额损失 4 000 美元。

从引例可见,这是一起租船合同下船方单方违约造成的索赔案例,由于公司违约给 A 公司造成了额外的运费损失,应该负责赔偿。货运代理企业和船务公司在签订租船合约之后,船务公司应该如期如约履行,才能避免争议的发生。

6.1 租船业务的种类及特征

国际上众多的船务公司,主要经营方式是租船运输业务。这种运输方式的经营人有可能是经营船舶的所有人,也有可能是从其他船务公司租进船舶进行租船运输经营的二船东。也有一些经营人靠租进和租出船舶为业。既不拥有船舶,也不拥有货物的中间租船人或称第二船东(disponent owner),以中间差额为盈利目的从事租船业务。租船运输具有以下的特点。

(1) 定航线,不定船期。
(2) 租船运输适宜大宗货。
(3) 租金率或运费率是根据租船市场行情来决定的。
(4) 装卸费根据租船合同商定的条款决定由何方支付。
(5) 一般通过船东的经纪人和租船人的代理人洽谈成交租船业务。

(6) 各种租船方式均有相应的标准合同格式。
(7) 租船合同条款由船东和租船人双方自由商定。
(8) 租船合同中涉及的法律性条款较少，大多数为技术性条款。

6.1.1 租船运输的几种经营方式

船公司经营不定期船的方式不外乎将船舶以航次租船或定期租船或光船租船这三种租赁形式，出租给租船人使用。

6.1.2 各种租船方式的性质及特点

1. 光船租船的性质及特点

光船租船又称租船是船东在租期内将一艘空船出租给租船人使用，并将船舶的控制权和占有权也一并交给租船人的租船方式。租船人按合同规定在租期内按期向船东支付租金，负责提供船员、供应和装备船舶、船舶的营运管理和费用。租船人在租期内成为该船临时特定的船东（shipowner fo Hac vice）使用船舶。这种租船方式一般具有以下特点。

(1) 光船租船方式是由船东和租船人的特殊目的而形成。
(2) 这是一种财产租赁方式，并不具有运输承揽的性质。
(3) 租船人负责雇用船只，负担船员工资和伙食等。
(4) 租船人负责船舶的调度和营运安排，并负担所有营运费用。
(5) 租金率根据船舶装载能力和租期等因素由双方协商确定。

光船租船经营中的费用划分见表6-1。

表6-1 光船租船经营中的费用划分

船东负责	租船人负责	
折旧费	燃油费	船员工资、伙食
船舶保险费△	港口使用费	维修保养
船舶检验费△	货物装卸费	物料、供应品和设备
经纪费	扫舱洗舱费	润滑油
	垫舱物料费	淡水
	空航费（若产生的话）	船舶保险费△
	代理费和经纪费	船舶检验费△

注："△"符号表示根据合同规定由船东负责或由租船人负责。

光船租赁合同下撤船争议案例

背景与情境： 船东与承租方于2017年4月19日签订了A轮光船租船合同，船东将A轮交给承租方使用5年。2018年5月21日，船东向仲裁委员会提起仲裁，称承租方在租期内存在种种违约行为，请求终止光船租船合同，从承租方处撤回A轮。详细违约行为如下。

(1) 承租方提供的 2017 年 A 轮一切险和全损险保险单的投保人和被保险人均为某货轮公司,未将船东与承租方作为共同被保险人,而且,承租方从 2018 年 1 月 1 日起未投保战争险,承租方没有履行光船租船合同义务,船东依合同有权撤船。虽然,承租方后来于 2018 年 5 月 10 日为船舶补办投保战争险属实,但距离船东 2018 年 4 月 20 日提出异议已经超过了 7 天的期限。

(2) 承租方应在每月 1—7 日支付租金,但直到 2017 年 6 月 1 日,承租方才将 5、6 月份的租金汇出,5 月份租金被拖延了 31 天。

问题:在上述情况下船东有无权利撤船?

分析提示:根据光租合同第二部分第 11 条(a)的规定:租船人在租期内应负担费用为船舶投保水险、战争险和保赔责任险,所有保险单上的抬头应以双方共同的名义。如果租船人没有按上面的规定和要求安排投保上述保险中的任何一种,船东应通知租船人,租船人应在 7 个连续日内改正上述情况,如果租船人没有那样做,船东有权从租船人处撤回船舶,这不影响船东对租船人的其他索赔要求。根据光船租船合同第二部分第 9 条(b)款规定:租金应于每个月的第一天用现金不打折扣预付;(e)款规定:如拖欠租金超过 7 个连续日,船东有权从租船人处撤回船舶,不需提出抗议书。根据上述分析我们知道,船东在承租方不作为的情况下是有权撤船的。上面的案例分析,进一步明确了在光船租船合同项下,关于租金的支付、保险的投保和承租人其他义务履行的重要性。如果承租人不履行相关义务,出租人保留撤船的权利。

2. 定期租船的性质及特点

定期租船是船舶所有人将船舶租给其他人使用一定时期的租船方式。它具有以下特点:船东对船舶仍然有占有权和控制权,租金率的确定以船舶的装载能力为基础,双方结合市场行情等因素洽谈。

联合国贸发会议出版的《租约》划分了定期租船中船东和期租船人应负担的费用,具体见表 6-2。

表 6-2 定期租船经营中的费用划分

船东负担	租船人负担	船东负担	租船人负担
船员工资	燃油费	船舶保险费	淡水△
船员伙食	港口使用费	企业一般管理费	承运货物产生的经纪费和代理费
维修保养	扫舱洗舱费	船舶折旧费	部分货损货差索赔△
物料、供应品和设备	货物装卸费	经纪费	
润滑油	垫舱物料费	部分货损货差索赔	
淡水△	空航费		

注:"△"符号表示该项费用视合同规定由谁负责。

定期租船中有一种特殊的方式称为航次期租(TCT)。它以一个航次运输为目的,按完成该航次的日数和合同规定的日租金率计算并支付租金。以一个固定的航次为限,将货物从装货港运到卸货港的形式来看类似航次租船方式。它是定期租船方式,只不过租期的时间以完成一个航次为限,合同格式采用期租格式。

业务链接 6-1

中国远洋运输总公司简介

中国远洋运输（集团）总公司（China Ocean Shipping (Group) Company）简称中远或COSCO，是中国大陆最大的航运企业，全球最大的海洋运输公司之一，作为以航运、物流为核心主业的全球性企业集团，中远在全球拥有近千家成员单位、8万余名员工。在中国本土，中远集团分布在广州、上海、天津、青岛、大连、厦门、香港等地的全资船公司经营管理着集装箱、散装、特种运输和油轮等各类型远洋运输船队；在海外，以日本、韩国、新加坡、北美、欧洲、澳大利亚、南非和西亚八大区域为辐射点，以船舶航线为纽带，形成遍及世界各主要地区的跨国经营网络。

3. 航次租船的性质及特点

航次租船是船东负责提供一条船舶，在指定的港口之间或区域之间（多个装货港或卸货港）进行一个航次或数个航次承运租船人指定的货物，租船人向船东支付相应运费的租船方式。它具有以下特点。

（1）船东占有和控制船舶，负责船舶的营运调度工作。租船人指定装卸港口和货物。

（2）租船人向船东支付运费（freight），又称租金（hire）。运费的确定以货物品种、数量、航线和装卸港条件的好坏、租船市场的行情等多种因素综合考虑。可以采用每吨货物的运费率，或者采用包干运费（lumpsum）方式，不按每吨费率计收运费，而提出一笔总运费，让租船人装足为止。若租船人装不足该船也得支付包干总运费。在承运某些难以精确计算吨位或容积的货物时，船东往往喜欢包干运费，如木材运输等。

（3）船东负责营运费用，除装卸费由谁支付可协商之外，营运费用都由船东负担。例如，船员工资和伙食、维修保养营运费、物料、供应品及设备、润滑油、燃油费、港口使用费、船舶保险费、淡水费、船舶折旧费、公司管理费、扫舱费、垫舱费、代理费、佣金、货物索赔，等等。

（4）航次租船中的规定可用于在港装卸货物的时间（laytime）、装卸时间的计算方法、滞期及速遣（demurrage and despatch）。这是因为船东要控制该船在港装卸约需多少天，这与航次的经济效益有关。若装卸时间超过规定的天数，租船人要支付滞期费，反之，船东则要向租船人支付速遣费。但双方也可以同意 CQD（customary quick despatch），即不规定装卸时间而按港口习惯装卸速度，由船东承担时间风险。

（5）航次租船方式根据双方约定的航次数又可分下列几种。

① 单航次租船。这是仅仅洽租一个单程航次的租船方式。船东负责履行将指定的货物从一个或几个装货港运往另一个或几个卸货港，货物运抵卸货港，卸货完毕合同即告终止。航次租船中以单航次租船为多。

② 来回航次租船。它是洽租一个往返航次的租船。所租用的船舶在完成一个单航次后，即在本合同中的卸货港装上回程货运回原装货港，卸完货后合同才告终止。由于货物流向以及船舶适宜货载等因素，对租船人来说，回程货一般不易找到，因此这种来回航次租船很

少见。

③ 连续单航次或连续来回航次租船。这是洽租连续完成几个单航次或几个来回航次的租船方式。这种方式下，同一艘船舶在同一航线上连续完成合同规定的两个或两个以上的单航次或来回航次，则合同终止。一般地，连续完成几个单航次的合同占绝大多数，空舱回程航次的费用就由船东负担。当然也往往会有给予船东指定另一艘船（但要大致相同）作代替的权力。

④ 包运合同。它是指在规定的期限内，在船东和租船人预先同意的港口或区域内，船东指派船舶将规定的货物数量平均分多个航次有规律地运完。履行各航次的船舶分别由船东指派同一或不同的船舶。

6.2 租船业务的执行程序

常规情况下，船东和租船人通过经纪人洽谈租船交易，从租船人提出租船要求到最终与船东拍板成交，签署合同需要一个过程。常见的程序包括业务磋商和合同签署两个环节。

6.2.1 业务磋商

1. 询价

租船人根据自己对货物运输的需要或对船舶的特殊要求，将基本租船要求和货物信息用传真或电传通过经纪人传送到租船市场上，寻找合适的船东，并要求感兴趣的船东答复能否提供合适船及报价。

2. 报价

船东收到租船人询价后，经过估算或对照其他询价条件，认为可以考虑该询价，接着通过经纪人向租船人报价，报出所能提供的船舶、运费率或租金等条件。

3. 还价或称还盘

租船人接到船东主要条款报价后，极少有全部接受（clean accept）报价的情况。经常是接受部分内容，对其他条款提出还价（counter offer）。

若租船人对船东报价中的绝大多数条款不能接受，但仍想与船东谈判，他可以给船东发出这样的还价，"Charterers decline owner's offer and offer firm as follows …（租船人拒绝船东的报价，但提出实盘如下……）"。

若租船人完全不接受船东报价，想终止谈判，可以这样回答"Charterers decline owner's offer without counter（租船人毫无还价地拒绝船东报价）"。还价时，亦常附有答复期限，例如，××小时内答复。

4. 受盘及编制订租确认书

船东和租船人经过反复多次还价后，双方对合同主要条款意见一致，租方接受全部主要条款。这时船东根据双方成约的主要条款，编制一份主要条款确认书（main term fixture），即将双方共同承诺的主要条款汇总，发给租船人。由于双方此时只谈妥主要条款，细节还未谈判，因此不论在受盘中，还是在订租确认书中都加有"Subject to details（另定细节）"。

带有"Subdetails"的受盘在船东和租船人之间是否已产生有效合同，美国法律和英国法律对此回答不同。

在谈判过程中，受盘方接受报价时会附带某些条件，这也许是受盘方受到某些因素的制约，不得不在接受报价时附带条件，亦有可能是给自己保留余地，不敲定合同，进一步观察行情后再定，这带有取巧色彩。这种附带条件的受盘并不构成真正的受盘，实质上属还价或称还盘。受盘必须是没有任何附带条件地接受对方发盘的全部内容。一些附带条件接受对方发盘的全部内容，若提出附带条件的一方不能在规定期限内放弃这些条件，另一方可以终止谈判，不受任何约束。

6.2.2 编制、审核、签署租船合同

租约谈妥后，船东或者船东经纪人按照已达成协议的内容编制正式的租船合同，并送交租船人审核，若租船人发现与原协议内容有不符合的地方，应及时向船东提出异议，要求其改正。如果租船人对编制的合同没有什么异议，就可以签字。

有些航次租约下的装货日期较近，往往还未编制和让双方签订正式租约，船舶早已在装货港开始装货。因此，船公司管理人员和船长仅凭订租确认书内容履行，这也是常见的情况。

业务链接 6-2

订舱全诚通的特色服务

订舱全诚通是中国国际电子商务中心面向中小型进出口货主企业提供的端到端的第三方订舱服务平台。通过联合货代行业龙头企业，整合优质航运信息资源，绕过多层级货代，减少中间环节，优化服务流程，降低物流成本，减少运营风险。订舱全诚通的目标就是要成为进出口贸易企业的订舱服务专家，在优质货代和中小企业之间搭起桥梁，形成业务合作的"黄金纽带"。订舱全诚通的特色服务主要有在线订舱、信息查询、网上对账、提单确认等。

6.3 航次租船

6.3.1 航次租船的定义和种类

航次租船合同（voyage charter party），是指货主或货运代理人以承租人的身份向船舶所有人租用船舶或舱位运输约定的货物，明确船舶提供、货运条件、要求以及运费支付，规定当事人双方权利、义务与责任的书面契约。

目前，实际业务中使用较多的航次租船合同格式有以下几种。

（1）统一杂货租船合同（uniform general charter，GENCON），租约代号"金康"（GENCON）。

（2）谷物泊位租船合同（Berth Grain Charter Party），简称"巴尔的摩 C 式"（BALTIME FORM C）。

（3）北美谷物航次租船合同，1989（North American Grain Charter Party，1973，Amended 1989），简称"norgrain"，是专用于美国与加拿大出口谷物的航次租船合同格式。

(4) 澳大利亚谷物租船合同（Australian Grain Charter Party），简称"Austwheat"，该合同格式主要用于从澳大利亚到世界各地进行谷物整船运输的航次租船活动。

(5) 斯堪的纳维亚航次租船合同，1956（Scandinavian Voyage Charter Party，1956），简称"SCANCON"，是波罗的海国际航运公会于1956年制定并经1962年修改的用于斯堪的纳维亚地区的杂货航次租船合同格式。

(6) 美国威尔士煤炭租船合同（Americanized Walsh Coal Charter Party）。它是美国船舶经纪人和代理人协会于1953年制定的专门用于煤炭的航次租船合同格式。

(7) 普尔煤炭航次租船合同（Coal Voyage Charter Party），简称"POLCOALVOY"，是波罗的海国际航运公会于1971年制定，经1978年修订的用于煤炭的航次租船合同格式。

(8) 北美化肥航次租船合同，1978（North American Fertilizer Charter Party，1978），简称"FERTIVOY"，是波罗的海国际航运公会和国际航运委员会1989年制定的用于化肥的航次租船合同格式。

(9) C（矿石）7租船合同（C<ORE>7 Mediterranean Iron Ore），是英国政府在第一次世界大战期间制定的用于进口铁矿石的航次租船合同格式。

6.3.2 航次租船合同的主要内容及注意事宜

航次租船合同的格式内容与条款如下。

1. 合同当事人

合同当事人即履行租船合同约定事项并承担责任的人，一般是作为承租人的货主和作为船舶出租人的船东。租船合同须详细列明当事人的名称、住址或主要营业场所地址、通信号码等，但须注意，签署合同的人，必须是具有合法身份和法人资格的人，或经合法授权的人。

2. 与船舶相关的事项

船名须在合同中指定。船舶所有人只能派遣合同中被指定船舶，非经承租人同意无权更换已指定船舶。若因某些原因，签约时无法在合同中确定船名，经双方同意采用"船舶待指定"（vessel to named）的做法。船舶所有人在履行航次租船货运合同前的适当时间，须将已确定的具体船名通知承租人。但派遣船舶的条件、性质和技术规范等，应在合同中规定。待指定船舶一旦被指定，就成为指定船，根据指定船的要求实施对船舶所有人和承租人的约束。

船籍是合同中重要的内容之一。出租人在合同履约期间，擅自变更船舶国籍或变换船旗，即构成违约，承租人有权解约和提出因此遭受损失的索赔。

船级（classification of vessel）是船舶技术与性能状况的反映。合同要求的船级在于保证船舶的适航性和适货性，若违反有关约定，租船合同就有可能被当事一方解除。

载货吨和容积与船舶大小、装载货物的数量有着密切的关系，也与港口费用、运河通行费等有关。合同通常载明船舶实际能装载货物量的数字。

船舶位置（present position）是指签约时船舶所有人在合同中提供船舶所处的位置或状况说明。船舶所处位置和状况，关系到船舶能否按合同规定的期限到达装货港，关系到承租人备货和货物出运安排。合同中正确地记载船舶的位置和状况是船舶出租人的一项义务。

3. 租船合同中约定的货物

合同可以规定某一种货物，也可以约定几种货物或某一类货物，供承租人根据贸易要求进行选择。船长有权拒绝受载不符合合同约定的货物，并要求承租人赔偿损失。

承租人应按合同约定时间在装货港备妥货物，否则，承担违约责任。承租人已备妥货物但装货作业受到阻碍，且这种阻碍属于出租人负责范围的原因所致，则承租人可免除违约责任。承租人负责装货作业，包括货物从码头或堆场运至船边（班轮条款情况下），或装至货舱（承租人负责装货情况下）的整个过程。

货物数量，合同有具体约定。船舶出租人通常要求承租人提供满舱满载（full and complete）货物。如果货物是重货，要求承租人提供的货物数量应达到船舶的载重能力，即船舶吃水达到允许的最大限度；如果货物是轻泡货，要求承运人提供的货物应达到满舱。

4. 装货港与目的港

装货港与目的港通常由承租人按规定确定或选择。承租人可以明确、具体地指定一个装货港和一个卸货港，也可以规定某个特定区域内的一个安全装货港和安全卸货港，或规定某个特定的装卸泊位或地点。如果合同规定装货港或卸货港是两个或两个以上的港口，则合同应明确挂靠的顺序。否则，船长则按地理位置的顺序（in geographical rotation）安排船舶挂靠作业。如果合同规定几个港口供卸货选择，承租人负有宣布卸货港的责任，并在合同规定的时间内或船舶驶经某地点时向船舶出租人发出宣港通知。

合同规定承租人指定的港口或泊位必须是安全的。所谓"安全"，是指一个港口或泊位能使船舶在抵达、进港、在港停泊、装卸和离港的整个期间，未出现某些非常事件的情况下，不会处于运用良好的航海技术和船舶仍不能避免的危险中。

另外，合同中还有有关附近港条款。航次租船合同指定的港口或由承租人按规定"宣港"的港口称为"契约港口"（contract port），船舶出租人有义务在约定时间将船舶驶往"契约港口"。但是，如果船舶接近或抵达该港口之前，因战争等原因使港口被封锁、封闭或港口航道堵塞而阻碍或延误（hinder or delay）船舶的正常航行，船舶所有人有权根据合同中的"附近港条款"（the near port clause），将船舶驶往"附近港口或地点"装卸货物。

5. 受载期和解约日

受载期（laydays）是指所租船舶到达指定装货港或地点并已做好装货准备，随时接受货物装船的期限。合同受载期可以具体定在某一天，但习惯上规定为一段期限，如 10～15 d，以适应海上船舶航行和货运活动实际情况与要求。解约日（cancelling date）是指指定船舶未能在受载期限抵达指定装货港或地点，按合同规定承租人行使解除与出租人合同关系的日期。解约日通常定在受载期限的最后一天。

如果船舶在合同规定的受载期限与解约日之间到达装货港或地点，并做好装货准备，承租人对于出租人船舶未能在受载期限抵达装货港的这种违约行为可请求损害赔偿，但一般不予解除合同。若合同未以解约日进行规定，实务中通常以受载期的最后一天，作为解约日。

如果船舶未能在合同规定的受载期和解约日之间到达装货港，那么货物因此需要仓储、驳运等为准备装货而发生的费用，以及因货物不能及时出运而影响市场销售、违反买卖合同而产生贸易责任的赔偿损失，应由违反租船合同约定的出租人承担，承租人可根据出租人违约的严重程度决定是否行使解除合同和/或索赔的权力。但气象、不可抗力或合同中明确规定的原因致使船舶不能在解约日前抵达装货港，承租人即使解除合同，也不能向船舶出租人提出赔偿损失的要求。

如果船舶在规定的受载期限之前到达装货港，承租人在即刻安排货物出厂、进仓、装船等方面可能会发生困难。因此，航次租船合同在约定受载期的同时，一般还制定"不得提前条款"，即"受载期不得早于某年某月某日"，或者"即使出租人或船长要求，装船不得早于某年某月某日开始"。就是说，船舶提前到达装货港，承租人不承担提前装货义务。

同步思考 6-1

CIF 贸易术语下租船合同的履行

我国 A 公司向美国 B 公司按照 CIF 条件，签订出口大米 10 000 t 的合同，规定装运期为某年 6 月 1 日至 10 日。A 公司与 C 航运公司签订程租船合同，规定受载期为 6 月 1 日至 10 日。B 公司开来信用证的有效期到 7 月 10 日，6 月 6 日船抵达受载港，6 月 10 日装船完毕离港。7 月 1 日公司顺利结汇。

理解要点：信用证的有效期、程租船受载期的规定、合同相关条款的关联关系。

6. 运费

承租人有义务按合同规定支付运费给船舶出租人作为其提供货运的报酬。运费一般按承运货物的重量吨或容积吨为基础进行计收。有些重量和容积不易准确测定的货物或货价较低的货物，也有按包干运费（lump sum freight）计收整船或整舱或整批货物的运费。按货物重量计收运费，合同应明确是按货物装入量还是卸出量计收。预付运费，实务中通常要求承租人在签发提单时或装完货物即行支付，也有装妥货后预付总运费的 90%，其余用作调整速遣费或垫付款；到付运费，一般在卸货前或办理提货手续时要求收货人连同其他相关费用一起付清。但也有规定，到付运费条件下出租人可以要求承租人先预付一部分如总运费的 1/3，用以支付港口、燃料费、船员费等经常性开支。

关于运费，合同一般还约定，不论船舶或货物在运输过程中是否发生损坏、灭失等，都不予减付或退还。有的合同载明，由于某些原因，如冰冻、罢工等不属于船舶出租人责任的，货物不能在原定卸货港交付而须驶往附近安全港卸货时，出租人仍有权获得原约定的相同运费。当约定支付包干运费时，承租人实际提供货物是否满船或满舱，都须按原约定支付足额运费。承租人支付包干运费，有权享用全部约定舱位或装载约定数量的货物，否则，承租人有权在约定的包干运费中扣除相应的不足部分运费。

7. 装卸费用

装卸费用是指将货物从岸边（或驳船）装入船舱内和将货物从船舱内卸至岸边（或驳船）的费用。航次租船，货物装卸责任及费用由当事人之间洽定。承租人在装货港负责将货物送至船舶吊钩下，在卸货港船舶吊钩下提取货物；free in（F.I），是指装货港由承租人负责安排工班进行装货作业并负担装货费用，即舱内收货条款；free out（F.O）是指卸货港由承租人负责安排工班进行卸货作业并负担卸货费用，即舱内交货条款；free in and out（F.I.O），是指装港和卸港都由承租人负责安排工班进行装货和卸货作业并负担货物装卸费用，即舱内收货和交货条款；在 F.I、F.O 和 F.I.O 条件下，还应明确舱内作业及费用的责任归属。free in and out，stowed and trimmed（F.I.O.S.T），是指承租人负责安排工班、装卸和舱内作业，负担相关费用。运输大件货物时，合同常采用 F. I. O. S. T lashed 条款，是指承租人负责工班、装卸作业、货物绑扎及材料，以及相关费用。

8. 装卸时间

装卸时间是指合同双方当事人约定的，出租人使船舶处于有效进行装/卸货物、运费之外不支付附加费的时间。装卸时间期限，是指船舶进入装/卸期从起算直至终止的整个时间，它并非是仅用于装/卸货物的时间。航次租船合同下，承租人有义务在规定的装/卸时间内完成货物装/卸事宜。

常见的装卸时间的确定和表示方法有：合同规定具体的装/卸日数；约定平均每天装卸效率、计算装卸日数；不规定具体的装/卸时间，使用某些术语约定和计算装卸时间。

装卸时间起算，通常为承租人或其代理人收到来自船长或出租人的代理人递交的"装卸准备就绪通知书"（notice of readiness，N/R）后，经过一定时间开始起算，具体视合同约定。

装卸时间起算并非以船舶实际开始装/卸货物时间为准，即一旦进入合同规定的起算时间，尽管船舶这时仍然处于等泊状态，装卸时间依然开始起算，且等泊时间亦应计入装卸时间。船舶进入合同规定的装卸时间，时间损失的风险责任即转移到承租人一边。

船长或出租人递交 N/R，必须满足两个条件：船舶到达合同指定的装/卸地点和船舶在各方面已做好装/卸货物的准备。所谓"装卸地点"，通常是指在合同约定的安全港口或安全泊位。所谓"到达"（arrived），是指船舶一经到达合同约定的港口，不论是否已靠泊，视为船舶已经到达合同约定的地点。这里的"港口"，实践中通常理解为能接受大多数船舶从事装/卸货物、接受港口当局权限管理和承租人有效支配的港口商业区域，不论港内还是港外、浮筒和锚地。

所谓"各个方面已做好准备"，是指船舶已按所在港法规的要求办理和通过边检、港监、卫检、海关等进港查验手续；根据货运的要求，船舶货舱已经清洁、干燥、无异味、无虫鼠害，并检验合格、取得证书；船舶装卸机械、各个货舱以及与货运有关的设施、设备已处于随时供用状态；船上人员工作安排已经到位，具备装卸货物的条件。

装卸时间中断，时间损失责任由责任人承担。国际惯例和合同一般规定承租人不负责或免责的主要是：租船合同订明不计为装卸时间的，如除外时间、承租有无法预测和控制的事件、船方原因等。这些导致装卸时间中断或货物装卸中断的时间不计入装卸时间。一般地，装卸时间免责事项越多，对承租人越有利。但承租人不能依靠免责条款保护自己，即明知道某种事情肯定会发生仍在合同中订入予以免责；免责事项与船舶不能作业的损失时间只属间接因果关系；免责事项的发生是承租人能控制的；承租人行为过失引起免责事项的发生。

装卸时间的计算，航次租船合同中一般没作明确规定，但习惯以货物装完或卸完的时间作为装卸时间的止算时间。

装卸时间的使用与计算方式直接影响滞期和速遣时间的计算及其结果。实务中，由合同双方洽商应采用的方式。它一般有以下几种。

（1）按装卸港分别使用与计算（separate calculation）。这种方式，按事先商定的装卸时间日数，并根据实际使用装卸日数，分别比较后算出装货港和卸货港的滞期或速遣时间。若合同装货港超过一个，可以按各港分别计算实际装货时间并加总得出总装货时间日数，与合同装货时间日数比较后算出滞期或速遣时间。卸货港与装货港的计算方法相同。

(2) 共用装卸时间（laytime all purposes）。这种方式，合同中商定一个装卸港进行货物装卸的总的时间日数或合计时间，然后，计算装货港与卸货港实际使用时间，相加后得出实际总装卸时间日数，与合同总装卸时间相比较，超出为滞期，按照"一旦滞期，永远滞期"的原则，当船舶到达卸货港后立即连续计算滞期时间，承租人将丧失享受在卸货港包括"通知时间"在内的除外的时间不计入装卸时间的权利。

(3) 装卸时间抵算（reversible laytime），又称"装卸时间调剂使用"。这种方式，在合同中分别规定装货港和卸货港装/卸时间日数，承租人在装货港完成装货后计算实际装货时间日数与合同装货时间日数比较，并把结果（滞期时间和速遣时间）计入卸货时间（这时卸货港可用时间可能减少或增加）。当船舶在卸货港完成卸货后，根据实际卸货时间与卸货港可用时间（这时，卸货港可用时间是合同卸货时间加上装货港的速遣时间或减去装货港的滞期时间）比较，以最终算出该航次租船是滞期或速遣的结果。

(4) 装卸时间平衡计算（to average laytime），这种方式首先分别计算出装货港和卸货港实际装/卸时间与合同约定装/卸时间之间的差数（即余日），然后，对两者差数进行平衡，以最终确定该航次装卸时间是滞期还是速遣及其装卸时间。

(5) 装卸时间事实记录和装/卸时间表。装卸时间事实记录（laytime statement of facts）是一份记录船舶从到达、等待、被引领入港的地点时起，到船舶装货或卸货完毕时止的时间内所处的状态和各项工作的起止日、时和各种待时的起止日、时的书面记录文件。

装/卸时间表（time sheet），又称速遣费/滞期费计算单。这是根据装/卸时间事实记录，具体计算装货港和卸货港实际用于装/卸的时间，以及滞期或速遣时间的表格文件。它将装/卸时间事实记录中原来以起、止日、时表示的各项作业或待时的时间，按照租船合同中规定含义的"日"及装/卸时间起算和止算时间的规定，扣除不折算成经日、时、分表示的可用时间、实用时间，并将可用时间同实用时间的差数计入滞期或速遣时间栏，以便计算最终的滞期费或速遣费。

滞期是指非船方责任、承租人未在合同约定时间完成装货或卸货而需要额外增加的时间。船舶滞留在港造成合同另一方的出租人权益损害，承租人依据合同规定须做出相应赔偿所支付的款项，称为滞期费（demurrage）。承租人向出租人支付滞期费的数额，按滞期时间和合同约定的滞期费率计算。

速遣（despatch）是指实际货物装/卸完成提前于合同约定装卸时间，所提前的时间称速遣时间（despatch time）。船舶提前完成货物装/卸，船东可节省装卸时间和增加船期机会收入，因此，船东一般会向承租人支付一笔相应费用，即速遣费（despatch money）。实践中，该速遣费可被认为是作为出租人的船东对承租人的一种奖励或运费回扣（rebate of freight）。

同步计算 6-1

滞期与速遣的计算案例

大连欣荣货运代理公司托运玉米 14 000 t，租用一艘程租船装运，租船合同中有关的装运条件如下。

(1) 每个晴天工作日（24 h）装货定额为 700 t，星期日和节假日除外，如果使用了，按半数时间计入。

(2) 星期日和节假日前一日18时以后至星期日和节假日后一日的8时以前为假日时间。

(3) 滞期费和速遣费每天（24 h）均为 USD 1 500。

(4) 凡上午接受船长递交的"装卸准备就绪通知书"，装卸时间从当日14时起算；凡下午接受通知书，装卸时间从次日8时起算。

(5) 如有速遣费发生，按"节省全部工作时间"计算。装货记录见表6-3。

表6-3 装货记录

日期	星期	说明	备注
4月27日	三	上午8时接受船长递交的通知书	
4月28日	四	0~24时	下雨停工2 h
4月29日	五	0~24时	
4月30日	六	0~24时	18时以后下雨停工2 h
5月1日	日	0~24时	节假日
5月2日	一	0~24时	节假日
5月3日	二	0~24时	节假日
5月4日	三	0~24时	8时以前下雨停工4 h
5月5日	四	0~14时	

问题：根据以上已知条件计算滞期费或速遣费。

解：第一步 计算使用时间：

4月27日（星期三）为：10 h（当日14时至24时）

4月28日（星期四）为：24－2＝22 h

4月29日（星期五）为：24 h

4月30日（星期六）为：18＋（6－2）×1/2＝20 h

5月1日（星期日）为：24×1/2＝12 h

5月2日（星期一）为：24×1/2＝12 h

5月3日（星期二）为：24×1/2＝12 h

5月4日（星期三）为：(24－8)＋(8－4)×1/2＝18 h

5月5日（星期四）为：14 h

合计：144 小时/24＝6 d

第二步 计算允许装卸时间：

14 000/700＝20 d

第三步 计算非工作时间：

4月30日的非工作时间为：(6－2)×1/2＝2 h

5月1日的非工作时间为：12 h

5月2日的非工作时间为：12 h

5月3日的非工作时间为：12 h

5月4日的非工作时间为：(8－4)×1/2＝2 h

合计：40 h/24＝1.67 d

第四步 计算滞期或速遣费：
由于 7.67 d 小于 20 d，所以应计算速遣费。
速遣费＝USD 1 500×（20－7.67）＝USD 18 495

9. 出租人的责任与免责

在租船合同中根据租约自愿的原则，出租人的责任与免责由合同双方洽商确定。一些格式合同，对船东的责任约束一般比较宽松。如"金康"格式合同指出，船舶出租人仅对出租人或其经理本人的行为或不履行职责使货物灭失、损坏或延误交付负责。对包括船长、船员及其他雇用人员在内的工作人员作业和管理货物过程中出现过失使货物灭失、损坏和延误交付出租人不负责任。因此，采用类似"金康"格式合同时，承租人应注意这类条款，并可将类似除外责任或免责条款删去，另加双方能接受的条款，或附加一项条款，以规定出租人的责任和免责事项。

10. 代理人

代理人主要约定代理人的委托和代办船舶在港业务事宜。当事人争取和指定船舶代理人，目的是维护自己的利益。"金康"合同规定："任何情况下，由船舶所有人指定自己在装货港和卸货港的代理人"。但承租人也常要求由其指定代理人安排船舶港口业务，并以此从船舶出租人处争取一些运费回扣（rebate）。

11. 佣金

当租船经纪人介入租船合同业务时，按常规由船舶出租人支付佣金给经纪人，并在合同中予以规定。佣金一般按运费的百分比计付。连续航次租船情况下，佣金通常在收取运费后支付。有的合同规定，不论合同是否履行，也不论船舶是否灭失，均需支付佣金。"金康"合同规定："未履行"合同时，为补偿通信费用和所做的工作，当事责任方须向经纪人按估算运费总额支付佣金的1/3。

12. 船舶绕航条款

船舶绕航条款（deviation clause）又称"自由条款"（liberty clause），或"自由绕航条款"（liberty to deviate clause）。格式合同一般规定："船舶可自由地为任何目的并以任何顺序挂靠任何港口……"。从字面上看这一规定，船舶可随意驶离合同规定的或通常习惯的航线。但是，从客观实际和维护当事人合法利益出发，司法实践中各国法院对此作限制性解释，认为船舶只能挂靠合同规定的或通常挂靠的港口，并且，一般以地理顺序挂靠，船舶根据此条款所作的绕航，不能与合同的目的地相抵触。运输合同若没作特定规定，则应走通常的航线。所谓"通常的航线"，即直接的地理航线，据习惯拟定，它须考虑航行的安全性。

13. 货物留置权

货物留置权（lien），租船货运情况下，是指当出租人不能从承租人获得运费、空舱费、滞期费、共同海损分担额和货物相关的运输费用时，按合同规定所采取扣留货物乃至将货物拍卖的权利。租船合同通常要求承租人对发生于装货港和卸货港的出租人的货物留置请求承担责任。

14. 承租人免责条款

承租人免责条款（exception clause）。如货物装船并支付预付运费、亏舱费和装货港的船舶滞期费后，承租人可免除进一步履行租船合同的责任。承租人免责条款主要针对出租人在目的港有关货物的留置权。因为在CIF或CFR等价格条件下承租人无法控制船舶挂靠卸货港和作业情况，以及收货人和提单持有人等的行为。

15. 共同海损

共同海损（general average）租船合同一般规定按《1974年约克-安特卫普规则》进行处理。在我国，中国国际贸易促进委员会制定共同海损理算规则，即"北京理算规则"作为当事人洽谈租船合同时处理共同海损的参照文本。

16. 罢工和战争条款

罢工条款（strike clause）是船舶出租人为了在港口爆发罢工或停工时免于对罢工或停工所造成的后果承担责任，而在租船合同中列明的条款。该条款基本内容包括对罢工期间的装卸时间和滞期费的计算方法、解除合同的选择权归属，以及因罢工和停工而使装货或卸货受阻时对已装或未装的部分货物的处理等。

订立战争风险条款（war risks clause）的目的是明确发生战争时，如何处理合同当事人之间的关系，规定船舶装货前、装货中和装货后遭遇战争风险，出租人可以采取的措施与行为等。

17. 冰冻条款

冰冻条款（ice clause）是指当船舶在港口因港口冰冻而使货物装卸受阻时，就合同履行将受到的影响做出的相应规定。内容要点是：装货港冰冻时，租船合同无效，对已装船的部分货物，船舶出租人应负责转运至目的地；卸货港冰冻时，承租人可以选择支付滞期费，使船舶等待至港口解冻后进港卸货，或指令到其他安全的代替港口卸货。

6.3.3 航次租船合同的订立与履行

订立与履行航次租船合同的主要工作包括以下几项。

1. 询盘的选择

船舶出租人通常在本航次最后卸货港或距离航次结束大约两星期前寻找下一租约。货主或其代理人承租船舶，应提前了解、掌握货物备妥情况，通过各种信息渠道掌握本区域范围内可提供的船舶运力，包括船舶种类、吨位、载货与营运性能、现在的位置、动态与状态、租约情况，以及现有的市场行情等，以决定是否接洽或与谁接洽。船舶出租人或者经纪人有可能同时得到询盘，这时，经过比较会舍弃货物未备妥者或过高货运要求者或与自己的经营目标不一致的询价个案。

2. 航次租船洽谈

实践中常委托租船经纪人进行。经纪人为保障自己的利益，在接受委托与洽谈期间一般不会透露下家或上家的有关情况、提供有关资料给对方，当洽谈进入签约阶段，才会通知委托方有关上家或下家的名字等。

洽谈的第一阶段，主要围绕货物种类、数量、装运港与目的港、出运时间，是否有合适船舶或舱位，以及船舶能否在指定时间抵达装运港等基本意向；运价、装卸效率与装卸费、滞期费与速遣费、佣金等相关性费用。运价的讨价还价的范围一般在上下30%之内，否则洽谈可能难以继续；租船合同格式的使用等。第二阶段，围绕租船合同格式内容进行增减和修改，以适合该航次的特殊要求——"金康"格式，在每行文字旁都标有行数，以方便个性增删并通知对方。

3. 合同的签署

合同一旦签署，双方都有履行义务与责任。作为货运代理人，事先应充分了解船舶出租及其船舶经营等的基本情况、租约格式和内涵，事后应信守承诺。同时，应关注船舶出租人的行为与船舶动态，关注货物的交付、装卸及运输整个过程，直至运抵目的港和收货人完成提货事项。要防止合同风险和货运风险。

4. 航次租船合同纠纷

航次租船活动常见的合同纠纷及原因，主要表现在：合同要求承租人指定安全港口或泊位，但承租人可能不熟悉装货港或卸货港的环境和特殊情况，使合同船舶装卸过程发生"坐底"或其他损坏事件，引致纠纷。

 案例分析

航次租船合同纠纷案

背景与情境：2017年10月29日，承租双方通过传真方式传递了由船方提供的《航次租船合同确认书》（以下简称"租船确认书"），租船确认书中甲方为承租方，乙方为船方。该租船确认书的尾部盖有船方租船部的合同专用章，并有船方工作人员的签字，同时还并列盖有承租方合同专用章及承租方工作人员的签字。另有一手写条款，盖有船方租船部的合同专用章，条款载明"备注：如甲方单方面撕毁合同，将承担100%运费"字样。

承租方工作人员考虑到对租船确认书上船舶到港时间不明、合同项下注明可能采用替代船等条款的不满，次日与船方进行业务交涉。然而，承租方被告知，船方已在承租方确认订舱后当即以传真方式向合同外第三方大连某国际物流有限公司青岛分公司（以下简称"大连公司"）订舱。双方当事人为合同订立一事发生争执，主要争议焦点是以传真形式订立的租船确认书是否有效。

据承租方称，盖章以后，直至11月3日前后承租方未看到盖有双方公章、代表签名及新增备注的载于传真件上的租船确认书。同年11月4日，承租方向船方发出短函一件，函件载明："我们决定终止此前与贵公司2017年10月29日草签的合同，同时也宣布贵公司与船务代理公司签订定仓协议无效"的字样，函件上盖有承租方销售部的公章。承租方据此认为，己方最迟于同年11月4日已经书面通知船方终止了草签的合同。

经查，合同通过传真签订后，船方与案外人租船合同上家大连某国际物流有限公司也通过传真订立了航次租船合同确认书，为货物出运安排船舶。因承租方于2017年11月4日单方面告知船方取消合同，并实际未向船方及其租船上家交付货物，而通过其他途径将货出运，从而导致船方对其上家大连某国际物流有限公司违约。船方赔偿因违约造成大连某国际物流有限公司的经济损失。

船方请求本案仲裁庭依据涉案租船确认书第六条第二款："如因甲方原因导致货物全部或

部分取消出运,甲方应赔偿乙方取消货物所导致的实际损失"的约定裁决:承租方向船方支付实际损失及利息。

问题:船方的相关损失应该由谁赔偿?

分析提示:根据我国《合同法》第一百一十二条之规定,当事方一方不履行合同义务或者履行合同义务不符合约定的,在履行义务或者采取补救措施后,对方还有其他损失的,应当赔偿损失。本案中,船方其他损失即应确认为其向其他合同相关人大连某国际物流有限公司已支付的违约赔偿应该由承租方承担。

资料来源　佚名.航次租船合同纠纷案[EB/OL].[2011-04-20]. http://www.cmac-sh.org/.引文经节选、整理与改编。

6.4 定期租船

6.4.1 定期租船合同的定义和种类

1. 定期租船合同

定期租船合同是指船舶出租人向承租人提供约定的由出租人配备船员的船舶,由承租人在约定的期间内按照约定的用途使用并支付租船的合同。

2. 定期租船合同的格式

(1)"巴尔的摩统一定期租船合同"(BALTIME 1939 - uniform time charter),由波罗的海国际航运公会于1909年制定,现在使用的是1947年的范本,条款有偏于船东。

(2)"纽约土产交易所定期租船合同"(time charter - New York produce exchange, NYPE),大多数人认为此合同条款在维护船舶出租人与承租人双方的权益上,显得比较公正。

(3)"中国定期租船合同标准格式"(China national charterimg corporation time charter party)。该范本现已为船东熟悉、接受和使用。此范本条款对承租人较有利。

6.4.2 定期租船合同的主要内容和注意事项

定期租船方式下,船舶出租人提供指定船舶在约定的期限内供承租人使用调派,与船舶相关事宜,双方的权利、义务与责任在合同中有比较具体、详细的规定。签署合同与履行合同时应注意以下事项。

1. 船舶

船舶是合同的重要项目。承租人应根据船舶使用范围与航线要求,寻找合适国籍的船舶并在合同中加以指定。一旦船舶指定,出租人提供非指定船舶,即使是姐妹船,或交船时的级别与合同订明的不一致,承租人都有权拒绝接受。指定船舶在租期开始前或租期内灭失,合同即告终止。

船舶吨位、载重量和容积等直接关系到承租人运载货物和进出港口及费用开支。如果合同在这些事项前冠以"大约"一词,则允许有一定百分比的差异。船舶租用后,发现"差异"超出合同约定,承租人有权向出租人要求降低租金或解约。

船速和燃油消耗是租赁船舶易产生纠纷的方面。如果船舶实际航行没有达到合同规定的速度，或租期内每天燃油实际消耗量超过合同规定，承租人有权向出租人就减速或燃油超量部分损失提出索赔。如果影响船速，甚至损坏船舶机械等是由于租期内实际使用的燃油质量与合同规定不一致而为，则承租人需承担责任。

2. 船舶使用范围与航区

通常规定承租人应保证船舶用于运输约定的合法货物，但一般不规定具体货名。所谓"合法"，即要求所装运的货物符合装货港、卸货港、中途挂靠港所在地法律、船旗国法律，或合同所适用的其他法律。就航区而言，通常规定承租人应当保证船舶在约定航区内的安全港口或地点之间从事约定的海洋运输。有的合同特别订明承租人不能指示船舶前往如战区、冰冻区、传染病流行地区、与船旗国处于敌对状态的国家或地区、冬季北半球高纬度地区等，否则，船长有权拒绝承租人的指示，除非事前征得出租人的同意。

3. 租期

租期是指合同双方约定租用船舶的期限。租期的长短一般视承租人对船舶需求以及市场行情的发展趋势而定，有几个月到几年不等，以月或年表示，也有规定上下限的。租期的计算单位有天、月或年。月有日历月或每30d为一个月两种。租期通常从交船时起算。

4. 交船、还船、转租与停租

交船是指船舶出租人按合同规定将船舶交给承租人使用。交船有期限、地点、船舶状态等规定与要求。交船期限的最后一天一般为解约日，如果出租人未能在这一日之前，将船舶按约定条件交于承租人，承租人有权解除合同。我国《海商法》第131条规定，出租人应当按照合同约定的时间交出船舶。否则，承租人有权解除合同。另外还规定，出租人将船舶延误情况和船舶预期抵达交船港的日期通知承租人的，承租人应当自接到通知时起48h内，将解除合同或者继续租用船舶的决定通知出租人。因出租人过失延误提供船舶致使承租人遭受损失的，出租人应当负赔偿责任。交船地点，一般规定为某一具体港口。

还船是指承租人按合同规定于租期届满时，将原船按与交船时相同的良好状态还给船东。完成最后航次的日期约为合同约定的还船日期，但可能超过合同约定的还船日期的，承租人有权超期用船以完成该航次。超期期间，承租人应按合同约定的租金率支付租金；市场租金率高于合同约定租金率的，承租人应按市场租金率支付租金。若承租人在剩余的时期内安排一个即使非常顺利也无法准时还船的航次，则该航次一般被认为是不合法的。这时，除按合同租金率和市场租金率两者中的高者支付超期天数租金外，承租人应赔偿出租人所遭受的损失。

转租是指承租人根据需要可以把船舶转租给另一租船人。转租时，原承租人以二船东的身份与第三者签订租船合同，但原承租人仍负有原租船合同规定的权利、义务与责任，并按原租船合同履行。承租人转租船舶时，应将转租的情况及时通知出租人。与转租承运人订立转租合同，在船舶航行区域、装运货物的范围等方面，同原租船合同内容不能相抵触。否则，船长有权拒绝接受转租承运人的指示。

停租是指非承租人的原因，承租人具有因船舶不能按约定使用而停付租金的权利。停租的原因主要是：船员配置数量或船员生病等不能工作，或物料不足影响船舶机器正常运转，或影响货物正常积载；船舶故障或需要驶往附近港口进行维修；海损事故等阻碍船舶按合同完成工作。

5. 租金

租金，一般按每月每载重吨或每船天计算。具体按日历月或30d为一个月，视当事人的约定。租金一般规定现金预付，每15天或每月按约定日期和方式全额支付。租金一经支付便不能收回。但船舶停租、为出租人垫付的款项，以及向出租人的索赔额，承租人可以在应支付的租金中扣减。

承租人不按合同规定准时全额支付租金，不论其有无过错，出租人有权撤回船舶并向承租人索赔。承租人须关注包括银行在内付款的各个环节，及时发现和解决付款过程中发生的问题。特别是航运市场租金上涨时，须防止船东借租金问题撤回船舶。有的合同规定，出租人行使撤船权力，须在合理的时间里向承租人发出撤船通知（notice of withdrawal），否则，构成撤船权力的放弃。或者，当出租人接受了迟付的租金，也意味着放弃其撤船的权力。有的合同规定，承租人未准时和全额支付租金，出租人应书面通知承租人在若干个银行工作日内予以弥补，只有当承租人未及时给予弥补时，出租人才能行使撤船的权力。

教学互动 6-1

互动问题：（1）航次租船和定期租船合同的主要内容有哪些区别？

（2）"巴尔的摩"与"纽约土产"合同主要条款的区别是什么？

要求：（1）学生课后上网查阅相关资料后进行课堂互动讨论。

（2）教师不直接提供上述问题的答案，引导学生结合本节教学内容就这些问题进行独立思考、自由发表见解，组织课堂讨论。

（3）教师把握好讨论节奏，对学生提出的典型见解进行点评。

6.4.3 定期租船合同的订立与履行

1. 定期租船合同的订立

合同应注意运用国际惯例、公约及相应的保护性条款，并根据实际情况与需要，选择附加条款以补充格式合同内容的不足。业务洽谈和合同签署，一般经过市场调查、洽谈、执行三个阶段。承租人可运用信息系统和询价的还盘了解市场运力供给情况，并对市场船舶的适宜性、使用经济性、租金及相关事项进行分析与比较。合同内容及条款细则可经过几轮洽谈完成，但洽谈合同条款是一项细致的工作，通常选用合同范本并根据当时业务的需要和要求进行增删与修改，直至双方接受与确认。合同签署后，根据合同规定与要求进行船舶交接及相关事项的准备与履行，包括港口代理人的委托、船舶及其适航性的检验、必要的燃油储备、货运准备、租金支付及账户准备，以及向船长发出航次执行指示等。货运代理人若参与此项工作，应关注合同洽谈过程和加强业务配合，确保合同的正常履行，维护委托人的权益。

案例分析

利用期租船的行骗案

背景与情境： 香港船东所有的"our-star"号货轮，某次装货到日本大阪，将抵目的港时租船人公司突然宣布破产倒闭（有预谋的），船东再也收不到租金，于是船东拒绝驶往大阪并要挟收货人再付运费，否则就将货物卖掉，收货人拒不再付款，船东果真把船驶往香港，把货卸岸入仓，并已与人洽妥价，准备把货卖掉。收货人闻讯后立即向香港法庭申请禁令，并向船东提出诉讼要求赔偿一切损失。

问题： 试分析本案例中租船人的做法及其原因？船东能否胜诉？

分析提示： 这类诈骗主要是指国际诈骗犯只要付首期的租金（通常是 15 d 或 30 d 的租金）就可以以期租方式租入船舶，同时自己就以二船东的身份（disponent owner）以程租船的方式把船转租出去，并要求付货人预付运费，等到货物装妥船长签发了已付运费的提单后，收到运费的二船东就溜之大吉或突然破产、倒闭，留下的只是原船东面对提单项下的责任。原船东于是就成了这类诈骗案的受害方，因为原船东的提单表明了他负有不可推卸的承运责任，尽管运费已被二船东骗走。在这种情况下，原船东要完成预定的航次，就要付很多的航次费用，如物料、燃油、工资、伙食、卸港费等而其收到的首期或首二期的租金是显然不足以弥补这类开支的，但由于船东提单的存在，他就必须完成这一承运任务，否则就是违约。船东不能胜诉。

本案例中租船人属于一种恶意的诈骗行为，使船东陷入了两难境地，违反了企业应该遵守的职业道德和伦理规范，扰乱了航运市场。船东应该对承租人进行认真审核，尽量避免此类事件的发生，保护自己的合法权益。

2. 定期租船合同履行过程中的注意事项

（1）船舶所有人任命船长，但承租人可以就船舶使用、代理和货运活动做出安排。承租人向船长所发的指示必须符合合同规定，不得带有欺诈性或其他走私货物等，船长有权拒绝接受承租人诸如此类的指示。船长服从承租人的指示而造成船舶损害，或使出租人造成其他经济损失，包括对第三者的赔偿责任，由发出指示的承租人负责。

（2）出租人提供的船舶在交船时和租期内都应处于可有效使用的状态，否则，出租人应及时采取合理措施予以保证。然而，货物装船、积载、平舱、运输事项和卸船等，由承租人负责。合同一般规定船长负责监督由承租人雇用的装卸工人进行合理的作业。

（3）承租人可以指示船长按规定签发提单，也可让其货运代理人以船东名义签发提单，所有提单签发不应影响合同的地位。若提单条款与合同内容有争议，引发的责任问题及其损失由承租人负担。

（4）承租人或其在港口的代理人在航次开始前应向出租人发出航次指示文件，出租人接到有关指示后应及时通知船长执行航次任务。航行过程中，由于船员过失或低效率造成船期损失，以及非货物原因而绕航至其他港口的时间、燃油损失等，承租人有权要求出租人赔偿并在支付租金时减扣。但船舶因恶劣天气而驶至避难港，或在装卸港发生非船舶不适航原因的滞留，有关船期损失与费用一般由承租人负责。

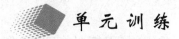

单元训练

□ **理论题**

▲ **简答题**
1) 租船运输有哪些经营方式？
2) 光船租船有哪些特点？
3) 航次租船业务的注意事项是什么？
4) 定期租船合同的主要内容有哪些？

▲ **讨论题**
1) 航次租船合同和定期租船合同有哪些区别？
2) 定期租船的特点有哪些？

□ **实务题**

▲ **规则复习**
1) 租船业务的执行程序。
2) 航次租船合同的订立与履行。
3) 定期租船合同的订立与履行。

▲ **业务解析**
1) 某外贸进出口公司出口一批粮食（共 2 万 t）到美国休斯敦，合同规定采用海洋运输方式，允许分批装运，出运工作要在 3 个月内完成，委托 A 货代公司进行相关的出口货物运输组织。A 货代公司应选择哪种运输方式？为什么？

2) 某外贸公司委托 A 货运代理公司，帮忙办理一票 2 万 t 的煤炭出口运输业务，目的国家和港口是肯尼亚蒙巴萨，请问货运代理公司应该如何设计运输方案？

3) 某年希腊货轮"skin"号自欧洲运货到沙特阿拉伯，在船长签发了预付运费提单后，租船人公司倒闭，船东不肯过苏伊士运河，要求提单持有人再付运费。由于所装货物昂贵，提单持有人不得已只能再付运费给船东。船东已收到足以完成航程的款项，但其贪得无厌，仍将货卸在塞浦路斯（在当地要取得法庭禁令禁止船东将货物卖掉是很困难的，而且黑市交易很多），该货轮随后在返回希腊入坞的途中沉没。试解析本案例。如何才能避免此类事件发生？

□ **案例题**

▲ **案例分析**

航次租船合同下运杂费争议案

背景与情境：2017 年 12 月 8 日，承租方与船方签订了由船方所属的"YUH"轮装载的两份租船合同：一份装载货物数量约 2 500 m³/800 t，共 19 个 UNITS 的汽车起重机前往

KUWAIT 的航次租船合同；另一份装载货物数量约 5 000MT/5 800CBM 的脚手架前往 DOHA 的租船合同。两票货物的受载期均为 2017 年 12 月 15 日—2017 年 12 月 25 日。由于船方的原因，船舶实际到达装货港的日期为 2018 年 1 月 11 日，造成承租方多支付仓储费用 1 000 美元。当晚船方的 "YUH" 轮开始装载承租方订舱的两票货物。承租方在支付的租船费用里扣除了多发生的 1 000 美元的仓储费用。船方因此留置了承租方运往 KUWAIT 的 2 台汽车起重机，致使承租方多支付了 8 000 美元的运费。因为船方晚到以及留置货物导致货方交货延迟受到目的港收货人索赔金额达 4 000 美元。

问题： 1）船舶迟延到达装货港是否应由船方承担损失赔偿责任？

2）船方是否有权在卸货港留置申请人运往 KUWAIT 的 2 台汽车起重机？承租方是否有权向船方索赔因其留置运往 KUWAIT 的 2 台汽车起重机而产生的相关损失？

3）试分析此争议案中承租方与船方双方应对决策的不足，并提出改进建议。

分析要求： 同第 1 章本题型的"分析要求"。

▲ 善恶研判

集装箱落海灭失索赔案

背景与情境： 货主 A 公司向作为无船承运人的 B 货运代理公司（简称 B 公司）订舱出运 20 个出口集装箱，B 公司接受委托承运后签发了提单，又以自己的名义将其中 10 个集装箱交由 C 航运公司运输，将另外 10 个集装箱交由 D 航运公司运输。D 航运公司的船舶在运输途中遇强风，部分装在甲板上的集装箱因绑扎不牢而落入海中灭失。收货人持 B 公司的 B/L 提货时发现少了 3 个集装箱，收货人向 B 公司索赔，B 公司拒赔，从而引发诉讼。

问题： 1）对于收货人 A 公司损失的货物有赔偿责任的是哪个公司？

2）B 公司作为无船承运人享受哪些权利和义务？

3）D 航运公司作为本案例中的实际承运人，是否有过失？

4）请根据本案例内容对相关当事人进行善恶研判。

第7章

国际物流仓储包装

 开篇案例

仓储业务的增值服务功能

仓储业务最普通的增值服务与包装有关,在通常情况下,产品往往是以散装形式或者无标签形式储存在仓库里。所以这与存货基本上没有任何区别,一旦收到客户的订单,配送中心的仓库管理人员就要按客户要求对货物进行定制和发放。如制造商把未贴标签的电池发送到仓库中,向仓库的作业人员提供销售时所需带有商标牌号的包装材料。接到订货后仓库作业人员按要求将标签贴到电池上,然后用定制的包装将其包装好,如此可以看出即使该产品在仓库存放时是没有区别的,而零售商收到的却是已经定制化了的产品和包装,由于支持个别零售商所需要的安全储备量较少,所以该配送中心可以减少其存货,与此同时还可以相应地减少市场预测和配送计划的复杂性。此外配送中心仓库可以通过优化包装来提高这种增值服务,以满足整个渠道的顾客要求。例如,仓库可以通过延伸包装和变换托盘来增值。这种做法可以使配送中心只处理一种统一的商品,并且使包装需求专门化。在大型机械的情况下,这是一种有价值的服务,因为有时让零售商和顾客处理掉大量的包装材料是有困难的,因此拆除或者回收包装材料是所提供的增值服务。

配送中心还可以通过改变包装特点来增值,例如,制造商将大量的防冻剂运到仓库,由配送中心将该产品进行瓶装,来满足各种牌号和包装尺寸的需求,这类延伸包装使得存货风险降到最低限度,减少了运输成本,并减少货物在运输过程中的损坏。另一类增值服务是对鲜活易腐产品进行温度控制,例如,配送中心可以依靠储存温度,提前或者延迟香蕉的成熟过程,这样,产品就可以按照市场的需求状况进行调整。提供仓储业务的增值服务,还要注意质量标准与制造商要求的质量标准一致。

从引例可见,仓储业务的增值服务主要表现在包装或生产上。仓储企业在经营过程中要拓展自己的业务范围,才能在市场竞争中处于主动位置。

7.1 国际物流仓储包装概述

仓储、包装在生产企业中曾经被看作是两个不同领域的生产形式,因而制约了企业的发展和商品的流通。只有深刻理解仓储和包装的内在含义,才能真正掌握两者在国际物流中的作用。

7.1.1 仓储的概念和特点

1. 仓储的概念

仓储是指保管人储存存货人交付的仓储物,存货人支付仓储费的一种仓储经营方法。

仓储保管工作是国际货物运输和现代化物流过程中的重要组成部分,没有仓储保管就不能解决生产集中性与消费分散性的矛盾,也不能解决生产季节性与消费常年性的矛盾,换言之,没有商品储备,生产就会停止,流通就会中断,因此仓储保管具有责任重大、专业性和时间性强的特点。

2. 仓储的特点

1)责任重大

仓库中集中储存着大量的流通物资和储备物资,一旦发生损坏、变质、短少、丢失、错乱、火灾、爆炸,就会给货主造成重大经济损失,也会损坏仓库的形象和信誉。仓库安全工作责任重大。

职业道德与企业论理 7-1

仓库被盗案例分析

背景与情境: 某仓库进行定期盘点时,发现丢失了一卷不锈钢卷板,价值 3 万元。初步怀疑是被盗,由于证据不足(公司监控设施落后,没有监控记录查找不到作案人),无法查找到作案人,并且无法确认是在白天工作时间内丢失还是晚上下班时间丢失。于是公司做出决定,由仓管员、仓库主管、安保科长三个责任人进行全额赔偿。

问题:(1)如果仓库物资丢失,仓库员工就负责全额赔偿,公司不承担任何损失,这样是否合法合理?

(2)如果公司内部有明确流程制度规定一旦物资发生盘亏,仓管员必须进行全额赔偿。那么,这样的公司规定在法律上是否有效?

分析提示:(1)不合理。

(2)无效。

2)专业性和时间性强

仓储是一门综合性的应用科学,涉及建筑、物理、化学、生物、气象、包装、力学、机械等多方面的知识,只有专业人员才能合理应用这些知识,才能做好仓储保管工作。同时还要对货主提供及时、优质、方便的服务,如及时收储、转运、装卸和拨发,方能做到多储、低耗，加快商品流通，提高企业形象。

3. 仓储保管的三个基本环节

仓储保管的三个基本环节是：入库验收、在库管理、出库复核。人们把这三个环节叫作"三关"。

1) 入库验收

入库验收是仓储工作的起点，是分清仓库与货主或运输部门的责任分界线。验收时要做到以下几点。

（1）认真审核正式入库凭证所列项目是否正确，印鉴是否齐全，随车（船）清单、磅码单和运单所列品种、数量与入库凭证是否一致。

（2）根据凭证所列项目逐项与实物核对，做好数量、品种验收和包装验收。

① 数量验收。清点件数，并应注意外包装上标明的内装数量。对计重商品要过磅检斤，根据情况也可抽验或理论换算重量。需要检尺的商品要认真检尺。

② 品种验收。核对凭证上的商品名称、规格、货号、等级、箱号、商检号码、尺码、重量、唛头等是否与实物相符。

③ 包装验收。检查包装有无霉变、锈蚀、虫蛀、鼠咬、溶化、潮湿、污染、变形、破损等情况。对于箱内有响声、有轻浮感或其他可疑情况的，应拆箱检验，并报告领导，通知存货单位到现场共同开箱检验。

入库商品经验收后，收货人员应在入库凭证和回单上签字。如果出现上述任何异样情况，均应在运单上批注，并做出详细验收记录，由仓库收货人与承运单位有关人员共同签字，以分清责任，并及时报告领导和存货单位。

2) 在库管理

商品入库后，仓库就承担起保管养护商品的责任，如果有短少、丢失，或者在合理储存期内由于保管不善，发生霉烂变质，则应负赔偿责任。因此，在库管理应做好以下工作。

（1）必须记账、登卡、填写储存凭证，详细记明品名、等级、规格、批次、包装、件数、重量、运输工具及其号码、单证号码、验收情况、存放地点、入库日期、存货单位等，做到账、货、卡相符。

（2）合理安排货位，商品分类存放。在同一仓间内存放的商品，必须性能互不抵触，养护措施一致，灭火方法相同，也就是要做到"三个一致"，即商品性能、养护方法、消防方法相一致。严禁将互相抵触、污染、串味、养护措施和灭火方法不同的商品放在一起。对于贵重商品要指定专人保管，专库存放。普通库不能存放危险品、毒品和放射性商品。

（3）商品堆码要科学、标准，符合安全第一、进出方便、节约库容的原则。仓间面积要合理规划，干道、支道要画线，垛位标志要明显，要编顺序号。

3) 出库复核

出库复核是仓储工作的最后一个环节，必须把好这一关。

（1）要根据存货单位的备货通知，搞好备货工作，如果发现入库商品未全部到齐的、入库商品在验收时发现的问题尚未处理的、商品质量有问题的要立即与存货单位联系，待取得一致意见后才能出库。如果发现包装破损，要及时修补或更换。

（2）要认真核对出库凭证和商品，做到手续完备，交接清楚，不错发、错运。

（3）要分清仓库和承运单位的责任，办清交接手续，要开出库商品清单或出门证，写明承运单位的名称、品名、数量、运输工具和编号,并会同承运人或司机签字。

(4) 要做到三核对,即提货单与储存凭证核对,提货单、储存凭证与货卡商品核对,发货人与提货人当面点交共同核对。商品出库以后,保管人员要在当日,根据出库凭证销卡、销账、清点货垛上的结余数,并将有关单证交账务人员登账复核,做到账、货、卡相符。

商品出库必须先进的先出,易坏的先出,否则由此造成的损失由仓库负责。要严禁口头提货、电话提货、白条提货。如果遇到紧急装车、装船必须出库,要经库领导批准才能发货,并应在第二天补办正式手续。

货物入库作业

背景与情境: 某仓储企业收到某客户的入库通知单,有下列商品需要储存: 1 000 台 43 英寸的小米电视机,1 000 台 206STPA 的海尔电冰箱,1 000 箱方便面,1 000 箱饼干,500 箱可乐,100 块洗衣皂,100 条毛巾,100 袋洗衣粉。

问题: (1) 商品入库储存需要做哪些准备工作?
(2) 储存时需要注意哪些事项?

分析提示: (1) 熟悉各种需要入库物资的状况,全面掌握仓库库场情况,制订仓储计划、妥善安排货位、做好货位准备、准备垫仓物料和作业用具、验收准备、装卸搬运工序设定等。

(2) 方便面、饼干、可乐等怕热易变质,需要储存于低温货位;洗衣皂和洗衣粉有挥发性,不能与食品同区储存以防串味;毛巾怕潮、怕污、怕水渍、怕暴晒,应储存于干燥货位;电视机、冰箱易生锈,应储存于干燥货位,在堆放时应小心轻放,注意包装所能承受的压力。

7.1.2 仓储的地位和作用

仓储管理是指对仓库及其库存物的管理,现代企业的仓库已成为企业的物流中心。仓储在企业物流系统中的重要作用主要表现在以下几个方面。

1. 降低运输成本、提高运输效率

大规模、整车运输会带来运输的经济性。在供应物流方面,企业从多个供应商处分别小批量购买原材料并运至仓库,然后将其拼箱并整车运输至工厂。由于整车运输费率低于零担运输费率,因此,这将大大降低运输成本,提高运输效率。

2. 进行产品整合

仓库除了满足客户订货的产品整合要求外,对于使用原材料或零配件的企业来说,从供应仓库将不同来源的原材料或零配件配套组合在一起,整车运到工厂以满足需求也是很经济的。

单纯的储存和保管型仓库已远远不能适应生产和市场的需求,增加配送和流通加工的功能,向流通仓库的方向发展,已成为现代仓库的一个发展方向。

3. 支持企业的销售服务

仓库合理地靠近客户，使产品适时地到达客户手中，将提高客户的满意度并扩大企业销售，这一点对于企业成品仓库来说尤为重要。

4. 调节供应和需求

由于生产和消费之间或多或少存在时间或空间上的差异，仓储可以提高产品的时间效用，调整均衡生产和集中消费或均衡消费和集中生产在时间上的矛盾。

同步思考 7-1

第三方物流

一般公司为什么要将仓储和物流包给第三方物流，有什么好处？

理解要点：(1) 企业集中精力于核心业务。

(2) 灵活运用新技术，实现以信息换库存，降低成本。

(3) 减少固定资产投资，加速资本周转。

(4) 提供灵活多样的服务手段，为顾客创造更多的价值。

7.1.3 企业仓储活动的类型

企业在选择仓储方式时，通常有三种选择，即自有仓库仓储、租赁公共仓库仓储和合同仓储。

1. 自有仓库仓储

1) 自有仓库仓储的优点

相对于公共仓储来说，企业利用自有仓库进行仓储活动具有以下优势。

(1) 可以更大限度地控制仓储。由于企业对自有仓库拥有所有权，所以企业作为货主能够对仓储实施更大限度的控制。在产成品移交给客户之前，企业对产成品负有直接责任并可直接控制。这种控制使企业易于将仓储的功能与企业的整个分销系统进行协调。

(2) 自有仓库仓储的管理更具灵活性。这里的灵活性并不是指能迅速增加或减少仓储空间，而是指由于企业是仓库的所有者，所以可以按照企业要求和产品的特点对仓库进行设计与布局。高度专业化的产品往往需要专业的保管和搬运技术，而公共仓库仓储难以满足这种要求。因此，生产这样产品的企业必须拥有自有仓库或直接将货物送至客户。

(3) 长期仓储时，自有仓库仓储的成本低于公共仓库。如果自有仓库得到长期的充分利用，自有仓库仓储的成本将低于公共仓库仓储的成本。这是由于长期使用自有仓库保管大量货物会降低单位货物的仓储成本，在某种程度上说这也是一种规模经济。如果企业自有仓库的利用率较低，说明自有仓库仓储产品的规模经济不足以补偿自有仓库仓储的成本，则应转向公共仓库仓储。当然，降低自有仓库仓储成本的前提是有效的管理与控制，否则将影响整个物流系统的运转。

(4) 可以为企业树立良好形象。当企业将产品储存在自有仓库时，会给客户一种企业长期持续经营的良好印象，客户会认为企业经营十分稳定、可靠，是产品的持续供应者，这将有助于提高企业的竞争优势。

2）自有仓库仓储的缺点

并不是任何企业都适合拥有自己的仓库，因为自有仓库仓储也存在以下缺点。

（1）自有仓库固定的容量和成本使得企业的一部分资金被长期占用。不管企业对仓储空间的需求如何，自有仓库的容量是固定的，不能随着需求的增加或减少而扩大或减小。当企业对仓储空间的需求减少时，仍需承担自有仓库中未利用部分的成本；而当企业对仓储空间有额外需求时，自有仓库却无法满足。

（2）自有仓库还存在位置和结构的局限性。如果企业只能使用自有仓库，则会由于数量限制而失去战略性优化选址的灵活性；市场的大小、市场的位置和客户的偏好经常变化，如果企业在仓库结构和服务上不能适应这种变化，企业将失去许多商业机会。

（3）由于自有仓库的成本高，所以许多企业因资金问题而难以修建自有仓库。自有仓库是一项长期、有风险的投资，并且因其专业性强而难以出售，而企业将资金投资于其他项目可能会得到更高的回报。因此，投资建造自有仓库的决策要非常慎重。

2. 租赁公共仓库仓储

1）利用公共仓库进行仓储活动的优点

（1）从财务角度上看，最重要的原因是企业不需要资本投资。任何一项资本投资都要在详细的可行性研究基础上才能实施，但利用公共仓储，企业可以避免资本投资和财务风险。公共仓储不要求企业对其设施和设备作任何投资，企业只需支付相对较少的租金即可得到仓储服务。

（2）可以满足企业在库存高峰时大量额外的库存需求。如果企业销售具有季节性，那么公共仓库仓储将满足企业在销售淡季所需要的仓储空间。而自有仓库仓储则会受到仓库容量的限制，并且在某些时期仓库可能闲置。大多数企业由于销售的季节性、促销活动或其他原因而导致存货水平变化，利用公共仓库仓储，则没有仓库容量的限制，从而能满足企业在不同时期对仓储空间的需求，尤其是库存高峰时大量额外的库存需求。同时，使用公共仓库仓储的成本将直接随着储存货物数量的变化而变动，从而便于管理者掌握成本。

（3）使用公共仓库仓储可以避免管理上的困难。工人的培训和管理是任何一类仓库都面临的一个重要问题。尤其是对于产品需要特殊搬运或具有季节性的企业来说，很难维持一个有经验的仓库员工队伍，而使用公共仓库仓储则可以避免这一困难。

（4）公共仓库仓储的规模经济可以降低货主的仓储成本。公共仓库仓储会产生自有仓储难以达到的规模经济。由于公共仓库仓储为众多企业保管大量库存，因此，与自有仓库仓储相比，大大提高了仓库的利用率，降低了存货的单位储存成本；另外，规模经济还使公共仓库仓储能够采用更加有效的物料搬运设备，从而提供更好的服务；最后，公共仓库仓储的规模经济还有利于拼箱作业和大批量运输，降低货主的运输成本。

（5）使用公共仓库仓储时企业的经营活动更加灵活。如果自己拥有或长期租赁仓库，那么当需要仓库的位置发生变化时，原来的仓库就变成了企业的负担。由于公共仓库仓储的合同是短期的，当市场、运输方式、产品销售或企业财务发生变化时，企业能灵活地改变仓库的位置；另外，企业不必因仓库业务量的变化而增减员工；还有，企业还可以根据仓库对整个分销系统的贡献及成本和服务质量等因素，临时签订或终止租赁合同。

（6）便于企业控制保管和搬运成本。当企业使用公共仓库仓储时，由于每月可以得到仓储费用单据，可以清楚地掌握保管和搬运的成本，有助于企业预测和控制不同仓储水平的成本。而企业自己拥有仓库时，很难确定其可变成本和固定成本的变化情况。

2）利用公共仓库进行仓储活动的缺点

（1）增加了企业的包装成本。公共仓库中储存了各种货物，而各种不同性质的货物有可能互相影响，因此，企业使用公共仓库仓储时必须对货物进行保护性包装，从而增加包装成本。

（2）增加了企业控制库存的难度。企业与仓库经营者都有履行合同的义务，但盗窃等对货物的损坏给货主造成的损失将远大于得到的赔偿。因此，在控制库存方面，利用公共仓库仓储将比利用自有仓库仓储承担更大的风险。另外，企业还有可能由此泄露有关的商业机密。

3. 合同仓储

1）合同仓储的概念

在物流发达的国家，越来越多的企业转向利用合同仓储（contract warehousing）或称第三方仓储（third-party warehousing）。所谓合同仓储，是指企业将物流活动转包给外部公司，由外部公司为企业提供综合物流服务。

2）合同仓储的意义

合同仓储不同于一般公共仓库仓储。合同仓储公司能够提供专业化的高效、经济和准确的分销服务。企业若想得到高水平的质量与服务，则可利用合同仓储，因为合同仓库的设计水平更高，并且符合特殊商品的高标准、专业化的搬运要求。而如果企业只需要一般水平的搬运服务，则应利用公共仓库仓储。从本质上说，合同仓储是生产企业和仓储企业之间建立的伙伴关系。正是由于这种伙伴关系，合同仓储企业与传统仓储企业相比，可以为货主提供特殊要求的空间、人力、设备和服务。

合同仓储企业为数量有限的货主提供专门的物流服务，其中包括存储、卸货、拼箱、订货分类、现货库存、在途混合、存货控制、运输安排、信息和货主要求的其他服务。由此可见，合同仓储不仅仅只是提供存储服务，而且还可为货主提供一整套物流服务。

3）合同仓储的优势

（1）有利于企业有效利用资源。合同仓储比自有仓库仓储更能有效地处理季节性销售普遍存在的产品的淡、旺季存储问题。例如，合同仓储企业能够同时为销售旺季分别在冬季、初夏的企业进行合同仓储，如羽绒服与空调器。这种高峰需求交替出现的模式使得合同仓储比只处理一季产品的自有仓库仓储更有效地利用设备与空间。另外，由于合同仓库的管理具有专业性，管理专家更具创新性的分销理念和降低成本的方法，因此有利于物流系统发挥功能、提高效率。

（2）有利于企业扩大市场。合同仓储能通过设施的网络系统扩大企业的市场覆盖范围。由于合同仓储企业具有战略性选址的设施与服务，因此，货主在不同位置的仓库得到的仓储管理和物流服务都是相同的。

由于越来越多的企业利用合同仓储，自有仓库的数量在不断下降。许多企业将其自有仓库数量减少到有限的几个，而将各地区的物流转包给合同仓储企业。通过这种自有仓库仓储和合同仓储相结合的网络，企业在保持对集中仓储设施直接控制的同时，利用合同仓储来降低直接人力成本，扩大市场的地理范围。

（3）有利于企业进行新市场的测试。合同仓储的灵活性能为客户提供更有力的服务。企业在促销现有产品或推出新产品时,可以利用短期合同仓储来考察产品的市场需求。当企业试图进入一个新的市场区域时,要花很长的时间建立一套分销设施,然而,通过合同仓储网络,企业可利用这一地区的现有设施为客户服务。

(4) 有利于企业降低运输成本。由于合同仓储处理不同货主的大量产品,因此经过拼箱作业后可大规模运输,这样大大降低了运输成本。

尽管合同仓储具有以上优势,但也存在一些不利因素,其中对物流活动失去直接控制是企业最担心的问题。由于企业对合同仓储的动作过程和雇用员工等控制较少,因此,这一因素成为产品价值较高的企业利用合同仓储的最大障碍。

4. 自有仓库仓储、租赁公共仓库仓储、合同仓储的比较

自有仓库仓储、租赁公共仓库仓储和合同仓储各有优势,企业决策的依据是物流的总成本最低。

租赁公共仓库仓储和合同仓储的成本只包含可变成本,随着存储总量的增加,租赁的空间就会增加,由于租赁公共仓库仓储一般按所占用空间来收费,这样成本就与总周转量成正比,其成本函数是线性的。而自有仓库仓储的成本结构中包含固定成本。由于公共仓库的经营具有盈利性质,因此自有仓库仓储的可变成本的增长速率通常低于租赁公共仓库仓储成本的增长速率。当总周转量达到一定规模时,两条成本线相交,即成本相等。这表明在周转量较低时租凭公共仓库仓储是最佳选择。随着周转量的增加,由于可以把固定成本均摊到大量存货中,因此利用自有仓库仓储更经济。自有仓库仓储与租赁公共仓库仓储的成本比较如图7-1所示。

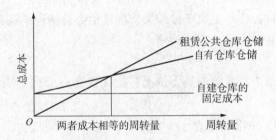

图 7-1 自有仓库仓储与租赁公共仓库仓储的成本比较

业务链接 7-1

深圳赤湾港仓储业务

深圳赤湾港是中国重要的进口散装化肥灌包港口和集散地之一,每年处理进口化肥灌包量均在 100 万 t 以上。赤湾港涉及对化肥多品种、多形式的港口物流拓展,涵盖了散装灌包,进口保税,国际中转,水路、铁路、公路配送等多项服务。赤湾港从国外进口化肥的装运采用散装方式,到达港口以后,通过门式起重机的抓斗,卸货到漏斗,通过漏斗输送到灌包房,灌包房设有散货灌包机 28 套。利用灌包机将散装化肥灌成每包 50 kg 装的袋装肥料再进行销售。赤湾港的散粮钢板筒仓采用美国齐富技术(容量 52 000 m^3)和德国利浦技术(容量

70 000 m³）建造，两大系统功能互享，最大限度地对粮谷的装卸、输送、计量、储存、灌包、装船、装车、倒仓、通风、除尘、清仓、灭虫等进行科学有效的控制，将进出仓的合理损耗控制在严格的范围内。港运粮食码头对小麦、大麦、大豆、玉米等农产品多品种的分发操作积累了专业技术优势和仓储保管经验。

7.2　保税仓库与保税区

7.2.1　保税仓库

保税仓库是保税制度中应用最为广泛的一种形式，其具有较强的服务功能和较大的灵活性，在促进国际贸易和开展加工贸易方面起到了非常重要的作用。海关对保税仓库的管理依据的是海关总署颁布的《中华人民共和国海关对保税仓库及所存货物的管理办法》。

1. 保税仓库的定义和种类

1）保税仓库的定义

保税仓库是指经海关核准的专门存放保税货物的专用仓库。

根据我国实际情况，海关允许存放的货物有以下三类。

（1）供加工贸易（来料加工、进料加工）加工成品复出口的进口料件。

（2）外经贸主管部门批准开展外国商品寄售业务、外国产品维修业务、外汇免税商品业务及保税生产资料市场的进口货物。

（3）转口贸易货物及外商寄存、暂存货物和国际航行船舶所需的燃料、物料和零配件等。

以上类别中的第（1）、（2）类属于经海关核准暂免办理纳税手续的进口货物，第（3）类属于暂时进境储存后再复运出境的进境货物。

2）保税仓库的种类

根据国际上的通行做法及我国的具体情况，把保税仓库分为公用型保税仓库和自用型保税仓库。

2. 保税仓库的申请、审批和设立

1）申请设立保税仓库的条件

符合下列条件的仓库经理人，可向当地主管海关提出设立保税仓库的申请。

（1）仓库经理人须具有法人资格，并具备向海关缴纳税款的能力。

（2）仓库应具有专门储存、堆放进口货物的安全设施。

（3）应具有健全、规范的仓储管理制度和仓库账册。

（4）应配备海关培训认可的专职管理人员。

2）申请设立保税仓库应提供的文件

申请设立保税仓库，应向主管海关提供下列文件。

（1）经营单位的工商营业执照，如果是租赁仓库的，还应提供仓库经营人的营业执照。

（2）经营单位填写的《保税仓库申请书》，应填明仓库名称、地址、负责人、管理人员、储存面积及存放保税货物的类别等内容。

（3）外经贸主管部门批准开展有关业务的批件，如寄售、维修等。

（4）其他有关资料，如租赁仓库协议、仓库管理制度等。

3) 保税仓库的审批和设立

主管海关在审核上述申请文件后，派人员到仓库实地检验，核查仓库设施，核定仓库面积，对符合海关监管条件的，区别不同类型的保税仓库，分别办理审批手续。对设立公共保税仓库的，由直属海关审核同意后报海关总署审批；对设立自用型保税仓库的，由直属海关负责审批，并报海关总署备案。经批准设立的保税仓库，由海关颁发《保税仓库登记证书》。

3. 货物进出保税仓库的程序

1) 保税仓库货物进口

（1）本地进货。进口货物在保税仓库所在地进境时，应由货物所有人或其代理人向入境所在地海关申报，填写"进口货物报关单"，在报关单上加盖"保税仓库货物"章并注明"存入××保税仓库"，经入境地海关审查后，货物所有人或其代理人应将有关货物存入保税仓库，并将两份"进出口报关单"随货代交保税仓库，保税仓库经营人应在核对报关单上申报进口货物与实际入库货物无误后，在有关报关单上签收，其中一份报关单交回海关存查（连同保税仓库货物入库单据），另一份留存仓库。

（2）异地进货。进口货物在保税仓库所在地以外其他口岸入境时，货物所有人或其代理人应按《海关进口货物转关运输管理规定》办理转关运输手续。货物所有人或其代理人应先向保税仓库所在地主管海关提出将进口货物转运至保税仓库的申请，由主管海关核实后，签发"进口货物转关运输联系单"，并注明货物转运存入××保税仓库。货物所有人或其代理人凭此联系单到入境地海关办理转关运输手续，入境地海关核准后，将进口货物监管运至保税仓库所在地，货物抵达目的地后，货物所有人或其代理人应按上述"本地进货"手续向主管海关办理申报及入库手续。

2) 保税仓库货物的出口

进口货物存入保税仓库后，其出库的流向较为复杂，一般可分为储存后原物复出口、加工贸易提取后加工成品出口、向国内销售或使用三种情况，下面就分这三种流向介绍有关海关手续。

（1）储存后原物复出口。存入保税仓库的货物在规定期限内复运出境时，货物所有人或其代理人应向保税仓库所在地主管海关申报，填写出口货物报关单，并提交货物进口时经海关签章确认的进口报关单，经主管海关核实后予以验放有关货物或按转关运输管理办法，将有关货物监管运至出境地海关验放出境。复出境手续办理后，海关在一份出口报关单上加盖印章退还货物所有人或其代理人，作为保税仓库货物核销依据。

（2）加工贸易提取后加工成品出口。从保税仓库提取货物用于进料加工、来料加工项目加工生产成品复出口时，经营加工贸易的单位首先按进料加工或来料加工的程序办理，向外经贸部门申请加工贸易合同审批，再持有关批件到主管海关办理合同登记备案，并在指定银行开设加工贸易银行保证金台账后，由主管海关核发《加工装配和中小型补偿贸易进出口货物登记手册》（简称《登记手册》）。经营加工贸易单位持海关核发的《登记手册》，向保税仓库所在地主管海关办理保税仓库提货手续，填写进料加工或来料加工专用"进口货物报关单"（由于保税仓库进货时所填写进口货物报关单并未确定何类贸易性质，因此，在以加工贸易提取使用时，其贸易性质已确定为"进料加工"或"来料加工"，需补填进口货物报关单）和"保税仓库领料核准单"，经海关核实后，在"保税仓库领料核准单"上加盖放行章，其中一份由经营加工贸易单位凭以向保税仓库提取货物,另一份由保税仓库留存,作为保税仓库货物的核销依据。

(3) 向国内销售或使用。存入保税仓库的货物转为进入国内市场销售时,货物所有人或其代理人应事先报主管海关核准并办理正式进口手续,填写"进口货物报关单"(其贸易性质由"保税仓库货物"转变为"一般贸易进口"),对货物属于国家规定实行进口配额、进口许可证、机电产品进口管理、特定登记进口商品及其他进口管理商品的,需向海关提交有关进口许可证或其他有关批件,并缴纳该货物的进口关税和进口环节增值税、消费税。上述进口手续办理后,海关在进口货物报关单上加盖放行章。其中一份用以向保税仓库提取货物,另一份由保税仓库留存,作为保税仓库货物的核销依据。

3) 保税仓库货物的核销

保税仓库货物应按月向主管海关办理核销。经营单位于每月的前五天将上月所发生的保税仓库货物的入库、出库、结存等情况列表报送主管海关,并随附经海关签章的进口、出口报关单及"保税仓库领料核准单"等单证。

主管海关对保税仓库入库、出库报表与实际进口、出口报关单及领料单进行审核,必要时派员到仓库实地核查有关记录和货物结存情况,核实无误后予以核销,并在一份保税仓库报表上加盖印章认可,退还保税仓库经营单位留存。

 职业道德与企业论理 7-2

某保税仓库擅自销售海关监管货物案件

背景与情境:某保税仓库设立后从第一次申报保税货物入库,到海关核查日止共申报入库货物 500 票,价值人民币 5 600 万元,申报出库货物价值人民币 1 200 万元。依此计算,该库库存货物价值应为 4 400 万元人民币。库内的保税货物绝大多数为计算机网络备件、电源、网卡、路由器、集线器等,这些商品的平均关税税率在 15% 左右,加上 17% 的增值税,应缴税款约 802 万元人民币。但是海关在对该库进行实际盘点时发现,该库虽然存有少量物品,却均非当初申报入库的物品,该库实际库存为零。由于涉嫌保税货物出库超期未申报、故意逃税、走私等违法行为,此案移交缉私局侦查处理。

问题:该保税仓库行为的性质是否违反《海关法》?保税仓库进出货物是否每票都需要向海关进行申报?

分析提示:违反;每票都需要申报并接受海关监管。

4. 海关对保税仓库的监管要求

保税仓库所存货物的储存期限为一年。如果因为特殊情况需延长储存期限,应向主管海关申请延期,经海关核准的延期最长不能超过一年。所存货物储存期满仍未转为进口或复运出境的,按《海关法》有关规定,由海关将货物变卖处理,变卖所得价款在扣除运输、装卸、储存等费用和进口税款后,尚有余款的,自货物变卖之日起一年内,经货主申请予以发还,逾期无人申请的,余款上缴国库。

保税仓库所存货物,属于海关监管的保税货物,未经海关核准并按规定办理有关手续,任何人不得出售、提取、交付、调换、抵押、转让或移作他用。

货物在仓库储存期间发生短少或灭失，除不可抗力原因外，短少或灭失部分由保税仓库经营单位承担缴纳税款责任，并由海关按有关规定予以处理。

货物进口时已明确为一般进口的货物，不允许存入保税仓库。

保税仓库必须独立设置，专库专用，保税货物不得与非保税货物混放。加工贸易备料保税仓库的入库货物仅限本企业加工生产自用料件，不得存放本企业一般贸易进口货物或与加工生产无关的货物及其他企业的货物。

公共保税仓库储存的保税货物，一般不得跨关区提取和转库存取，只能供应本关区加工生产企业按规定提取使用。对经批准设立的专门存储不宜与其他物品混放的保税仓库原料（如化工原料、易燃易爆危险品），以及一个企业集团内设立专为供应本集团内若干分散在不同关区加工企业生产出口产品所需的企业备料保税料件，必须跨关区提取的，加工贸易企业应事先凭与保税货物所有人或外商签订的购货合同或协议、外经贸部门的批准文件等单证向海关办理加工贸易合同登记备案，领取《加工贸易登记手册》，并在该登记手册限定的原材料进口期限内分别向加工贸易企业主管海关、保税仓库主管海关办理分批从保税仓库提取货物的手续。在保税仓库中不得对所存货物进行加工，如果需要对货物进行改变包装、加刷唛码等整理工作，应向海关申请核准并在海关监管下进行。

教学互动 7-1

互动问题：（1）保税仓库能为企业提供哪些服务？

（2）企业使用保税仓库功能能解决什么问题，带来哪些效益？

要求：（1）学生课后上网查阅相关资料后进行课堂互动讨论。

（2）教师不直接提供上述问题的答案，而是引导学生结合本节教学内容就这些问题进行独立思考、自由发表见解，组织课堂讨论。

（3）教师把握好讨论节奏，对学生提出的典型见解进行点评。

同步思考 7-2

大连 A 公司（隶属于大窑湾海关管辖区）准备建立一个保税仓库，于是该企业董事长黄某让下面的业务员小王直接将相关材料送达大连直属海关审批。但却遭到了拒绝。原因是他们未向大窑湾海关提交书面申请。请问大连直属海关拒绝的理由是否恰当，为什么？

理解要点：大连直属海关拒绝的理由是正确的。因为企业设立保税仓库应向仓库所在地主管海关提交书面申请，主管海关报直属海关审批，直属海关批准设立保税仓库后报海关总署备案。

7.2.2 保税区

保税区与经济特区、经济技术开发区等特殊区域一样，都是经国家批准设立的实行特殊政策的经济区域。我国为了更进一步扩大对外开放，吸引国外资金和技术，借鉴了国际上的先进管理经验，从 20 世纪 90 年代开始在沿海地区陆续批准设立保税区。

业务链接 7-2

保税区和自贸区的区别

从税收上讲,保税区针对进出口关税,自贸区针对的除了关税还有营业税和增值税;从功能上讲,保税区针对的是物流仓储和加工业,自贸区针对的除了物流仓储外更注重国际贸易。从政策上讲,自贸区是现有保税区的全方位升级,保税区实行的仍是"境内关内"政策,而国际通行的自贸区则实行"境内关外"政策,在区内免除海关通常监管。

1. 保税区的定义及特点

1) 保税区的定义

保税区是指在一国境内设置的,由海关监管的特定区域。按我国规定,建立保税区需经国务院批准,保税区与中华人民共和国境内的其他地区(非保税区)之间,应设符合海关监管要求的隔离设施,并由海关实施封闭式管理。目前,国务院已批准建立上海、天津、大连、张家港、宁波、马尾、厦门、青岛、广州、珠海、深圳(沙头角、福田、盐田)、汕头、海口等15个保税区。

2) 保税区的特点

保税区一般建立在具有优良国际贸易条件和经济技术较为发达的港口地区,国家建立保税区的目的是通过对专门的区域实行特殊政策,吸引外资,发展国际贸易和加工工业,以促进本国经济。其具有两个基本特点,即"关税豁免"和"自由进出"。

(1) 关税豁免。关税豁免即对从境外进口到保税区的货物及从保税区出口到境外的货物均免征进出口税收。这是世界各国对特殊经济区域都实行的优惠政策,目的是吸引国内外厂商到区内开展贸易和加工生产。

(2) 自由进出。自由进出即保税区与境外的进出口货物,海关不作惯常的监管。这里的"惯常监管"是指国家对进出口的管理规定和进出口的正常海关手续。由于国际上将进入特定区域的货物视为未进入关境,因此可以不办理海关手续,海关也不实行监管。我国保税区根据本国情况,对进出保税区货物参照国际惯例,大大简化了进出货物的管理及海关手续。

2. 保税区有关管理规定

1) 进出口税收方面

从境外进入保税区的货物,除法律、行政法规另有规定外,其进口关税和进口环节税的征免规定如下。

(1) 保税区内生产性的基础设施建设项目所需的机器、设备和其他基建物资,海关予以免税。

(2) 保税区内企业自用的生产、管理设备和自用合理数量的办公用品及其所需的维修零配件,生产用燃料,建设生产厂房、仓储设施所需的物资设备,海关予以免税。

(3) 保税区行政管理机构自用合理数量的管理设备和办公用品及其所需的维修零配件,海关予以免税。

(4) 保税区内企业为加工出口产品所需的原材料、零部件、元器件、包装物料,海关予以保税。

(5) 上述第 (1) ~ (4) 项范围以外的货物、物品从境外进入保税区，海关依法征税。保税区内企业加工的制成品运往境外，除法律、行政法规另有规定外，免征出口关税。转口货物和在保税区内储存的货物，海关按保税货物管理。

2) 进出口许可证方面

(1) 从境外进口供保税区内使用的机器设备、基建物资等，免领进口许可证。

(2) 为加工出口产品所需进口的料件及供储存的转口货物，免领进口许可证。

(3) 保税区内加工产品出口，免领出口许可证。

3) 人员居住

保税区内仅设立行政管理机构及有关企业。除安全保卫人员外，其他人员不得在保税区内居住。

在保税区内设立国家限制和控制的生产项目，须经国家规定的主管部门批准。

4) 货物进出

国家禁止进出口的货物、物品不得运入、运出保税区，其目的在于销往境内非保税区的货物不得运入保税区。

5) 汽车进口

除国家指定的汽车进口口岸的保税区（天津、大连、上海、广州、福田）外，其他保税区均不得允许运进转口方式的进口汽车，对保税区内企业自用的汽车，也应由指定的口岸办理进口手续。

6) 特殊产品管理

保税区内设立生产受被动配额许可证管理的纺织品和可生产化学武器的化学品、化学武器关键前体、化学武器原料及易制毒化学品等商品的企业时，应报国家主管部门批准。产品出境时，海关一律凭出口许可证验放。

7) 激光光盘管理

保税区内设立生产激光光盘的企业，应报国家主管部门批准，海关按现行对该行业的监管规定进行管理。

 案例分析

保税区的进口流程优化

背景与情境：某香港公司在宝安、东莞均设有工厂，国外的原材料到香港码头后，在无须报关的情况下，由香港货车提柜并经福田保税区一号通道拖运至保税区存放。待国内工厂需要用料时，派国内厂家的理货员到保税区指定需要的货品，填报好准确的报关单，由国内的车辆经福田保税区二号通道直接报关进口或转关至东莞海关拆关。如此不仅可节省可观的仓租和拖车费用，而且国内厂家的报关员无须出境即可根据实物填报报关单，可完全确保报关数据准确无误。

问题：上述便利通关模式是如何达到的？

分析提示：享有中国最开放政策的福田保税区被称作"境内的香港仓库"，它实行"境内

关外"的运作模式，货物从香港自由进出保税区，不用报关只需简单备案，而且有专用通道与香港直通，原料从香港码头下船后在1个小时内就可直接运进保税区，具备了香港作为物流中心的一切条件。

3. 保税区货物的进出口

1）保税区单位注册和运输工具备案

（1）保税区内设立的企业（包括生产企业、外贸企业、仓储企业等）及行政管理机构，须经所在地人民政府或其指定的主管部门批准，并持有关批准文件、工商营业执照等有关资料向保税区海关机构办理注册登记手续。

（2）进出保税区的运输工具（指专门承运保税区进出口货物的运输工具和区内企业、机构自备的运输工具）须经所在地人民政府或其指定的主管部门批准，并由运输工具负责人、所有人或其代理人持有关批准证件及列明运输工具名称、数量、牌照号码和驾驶员姓名的清单，向保税区海关机构办理登记备案手续。海关核准后，发给《准运证》。保税区外其他运输工具进出保税区时，应向海关办理临时进出核准手续。

2）保税区与境外之间进出货物的申报

（1）保税区与境外之间进出的货物，改变传统的单一报关方式，海关实行备案制与报关制相结合的申报方式。

（2）对保税区内加工贸易企业所需进境的料件、进境的转口货物、仓储货物，以及保税区运往境外的出境货物，进出境时实行备案制。由货主或其代理人填写《中华人民共和国海关保税区进（出）境货物备案清单》，向保税区海关机构备案。

（3）对保税区内进口自用合理数量的机器设备、管理设备及办公用品，以及工作人员所需自用合理数量的应税物品，实行报关制。由货主或其代理人填写《中华人民共和国海关进（出）口货物报关单》向保税区海关机构申报。

3）保税区与非保税区进出货物

海关对保税区与非保税区之间进出的货物，按国家有关进出口管理规定实行监管。从保税区进入非保税区的货物，按进口货物办理手续；从非保税区进入保税区的货物，按出口货物办理手续，出口退税按国家有关规定办理。

（1）从非保税区（指我国境内的保税区以外的其他地区）运入保税区的供加工生产产品用的货物（原材料、零部件、元器件、包装物料等），视同出口。有关发运企业或其代理人应向保税区海关机构或其主管海关办理申报出口手续，填写出口货物报关单，提供有关单证。属国家许可证管理商品，还应提交出口许可证。属应征出口税商品，应缴纳出口关税。海关审核无误后，验放有关货物运入保税区。

（2）从非保税区运入保税区供区内企业、机构自用的机器设备、管理设备及其他物资，由使用企业或机构向保税区海关机构申报，填写运入货物清单，经海关核准验放后运入保税区。

（3）从非保税区运入保税区的已办妥进口手续的进口货物，原已征收的进口税款不予退税。

（4）从非保税区运入保税区委托区内生产企业加工产品的货物，生产企业应事先持委托加工合同向保税区海关办理登记备案手续，凭海关核准的登记备案手续向保税区海关机构申报运入区内。委托加工货物需在合同期限内加工产品返回非保税区，并在海关规定期限内向保税区海关机构办理委托加工合同核销手续。

(5) 从保税区运出销往非保税区的货物,视同进口。由发货人或其代理人向保税区海关机构办理进口申报手续,填写进口货物报关单,属国家实行配额、许可证、特定登记进口、机电产品管理及其他进口管理的商品,应提供配额证明、进口许可证或其他有关批件,并缴纳进口关税和进口环节增值税、消费税,海关审核无误后,验放有关货物运出保税区。

(6) 保税区内生产企业使用进口料件加工产品运出销往非保税区时,企业或其代理人应向保税区海关机构办理进口申报手续,填写进口货物报关单,提供有关许可证等进口批件,补交所使用的进口料件的进口关税和进口环节增值税、消费税。如对产品中所含进口料件品名、数量、价值申报不清,则应按制成品补缴税款。

(7) 保税区内生产企业将进口料件运往非保税区委托加工产品时,生产企业应事先持委托加工合同向保税区海关机构办理登记备案手续,凭海关核准的登记备案手续向保税区海关机构申报运出区外。委托非保税区企业加工的期限为 6 个月,因特殊情况向海关申请延期的,延期期限不得超过 6 个月。在非保税区加工完毕的产品应运回保税区,并在海关规定期限内向保税区海关机构办理委托加工合同核销手续。

4. 海关对保税区的监管要求

海关对保税区的监管要求如下。

(1) 海关依法在保税区执行监管任务,进出保税区的货物、运输工具、人员,应当经由海关指定的专用通道,并接受海关检查。

(2) 保税区内企业应依照国家有关法律、法规设置账簿、编制报表,凭合法、有效的凭证记账并进行核算,记录有关进出保税区货物和物品的库存、转让、转移、销售、加工、使用和损耗等情况。

(3) 保税区实行海关稽查制度。区内企业应与海关实行电子计算机联网,进行电子数据交换。

(4) 海关对进出保税区的货物、物品、运输工具、人员等,有权依海关法规定进行检查、查验。

(5) 保税区内的货物可以在区内企业之间转让、转移,双方当事人应就转让、转移事项向海关备案。

(6) 保税区内的转口货物可以在区内仓库或区内其他场所进行分级、挑选、刷贴标签、改换包装形式等简单加工。

(7) 保税区内加工企业开展进料加工、来料加工业务,海关不实行加工贸易银行保证金台账制度。但区内企业委托非保税区企业进行加工业务的,非保税区企业应向当地海关办理合同登记备案手续,并实行加工贸易保证金台账制度。

(8) 进出保税区的运输工具负责人,应持保税区主管机关批准的证件连同运输工具名称、数量、牌照号及驾驶员姓名等清单,向保税区海关机构办理登记备案手续。

业务链接 7-3

各种监管方式下保税物流货物监管要点比较分析

各种监管方式下保税物流货物监管要点比较分析见表 7-1。

表 7-1 各种监管方式下保税物流货物监管要点比较分析表

监管场所、区域名称	存货范围	储存期限	服务功能	注册资本（不低于）	面积（不低于） 东部	面积（不低于） 中西部	审批权限	入区退税	备注
保税仓库	进口	1年+1年	储存	300 万元人民币	公用、维修 2 000 m²，液体 5 000m²		直属海关	否	按月报核
出口监管仓库	出口①	半年+半年	储存/出口/配送/国内结转	300 万元人民币	配送 5 000m² 结转 1 000m²		直属海关	否②	退换货物先入后出
保税物流中心（A型）	进出口	1年+1年	储存/全球采购配送/国内结转/转口/中转③	3 000 万元人民币	公用 20 000 m²，自用 4 000m²	公用 5 000 m²，自用 2 000m²	海关总署	是	
保税物流中心（B型）	进出口	2年+1年		5 000 万元人民币	100 000 m²	50 000 m²	海关总署	是	
保税物流园区	进出口	无期限	储存/贸易/全球采购配送/中转/展示				国务院	是	按年报核
保税区	进出口	无期限	物流园区功能＋维修/加工				国务院	否	离境退税
保税港区	进出口	无期限	保税区功能＋港口功能				国务院	是	

注：①出口配送型仓库可以存放为拼装出口货物而进口的货物；
②经批准享受入仓即退税政策的除外；
③保税物流中心 B 型的经营者不得开展物流业务。

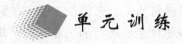

单元训练

理论题

▲ 简答题

1) 仓储的概念和特点是什么？
2) 仓储的地位和作用是什么？
3) 简述保税仓库的含义和分类。
4) 海关对保税区的监管有哪些要求？

▲ 讨论题

1) 仓储在企业物流系统中起到什么作用？

2) 保税区和保税仓库进出口货物操作有哪些异同？

实务题

▲ 规则复习
1) 简述仓储保管的三个基本环节。
2) 简述保税仓库货物进出口操作程序。
3) 简述保税区货物进出口操作程序。

▲ 业务解析
1) 某市盛达粮油进出口有限责任公司（以下简称盛达公司）与该市东方储运公司签订一份仓储保管合同。合同主要约定：由东方储运公司为盛达粮油进出口有限公司储存保管小麦 60 万 kg，保管期限为期 4 个月，储存费用为 50 000 元，任何一方违约，均按储存费用的 20% 支付违约金。合同签订后，东方储运公司即开始清理其仓库，并拒绝其他公司在这三个仓库存货的要求。于即将履约前两日，盛达粮油进出口有限公司书面通知东方储运公司：因收购的小麦尚不足 10 万 kg，故不需存放贵公司仓库，双方之前所签订的仓储合同终止履行，请谅解。东方储运公司接到盛达公司书面通知后，遂电告盛达粮油进出口有限公司：同意仓储合同终止履行，但贵公司应当按合同约定支付违约金 10 000 元。盛达公司拒绝支付违约金，因此而形成纠纷，随后东方储运公司向人民法院提起诉讼，请求判处盛达公司支付违约金 10 000 元。

请问：（1）东方储运公司的诉讼请求应予以支持吗？请说明理由。
（2）仓储管理合同特征有哪些？

2) 美国某大型石油化工公司为了拓展在华南地区的市场，在深圳设立办事处，将化工塑胶粒大批量存入保税区，再根据客户的需求从保税区仓库提货，大大提高了买卖成交的速度及效率，节省大量物流成本，提高客户的满意度。试分析保税区的作用以及应用意义。

3) 一批转口的货物于 2016 年 6 月 1 日进入某保税仓库储存，到 2017 年 5 月底因故没有出库，经海关批准延期 3 个月，但到期仍未出库。2017 年 12 月初，海关对这批货物进行了提取，并依法变卖。请问海关这种做法是否正确，为什么？

案例题

▲ 案例分析

保税物流主要功能分析

背景与情境： 广州某工厂为进料加工企业，生产出的成品必须在《进料加工登记手册》到期前出口核销，但往往这时并不是此种货物在国际期货市场的高价期，或预先联系好的买家有时会临时取消订货。于是该工厂将广州保税区作为其一个成品集货基地，生产出来的产品暂存放于广州保税仓库内，待世界各地有需求时，由码头提取空柜至保税区仓库装货，非常灵活方便。

问题： 1) 上述案例中体现保税物流的什么功能？
2) 保税物流在实践操作过程中有哪些功能？
3) 结合上述案例分析，思考保税区在我国进出口贸易中起到什么作用？

分析要求：同第1章本题型的"分析要求"。

▲ 善恶研判

保税区"一日游"暴利案例

背景与情境：A家具经营商（以下简称A公司）通过先出口到上海保税物流区，再进口到该企业上海仓库的方式，从国内的家具企业一共采购了11批木制品和木家具。据一份"货物进出境记录"显示，一批在海宁生产，经营单位和发货单位均为海宁某公司的三人牛皮沙发，当天被运进外高桥保税区，并办理了出境手续。但就在同一天，A公司又为这批沙发办理了入境手续。一天之内，海宁生产的国产货在保税区转了一圈便成为了身价暴涨的进口货。就这样在保税区内"游走"了一天后，这批牛皮沙发从715美元的出口单价，变成了857美元的进口单价，一下子上涨了142美元。该年度A公司从上海口岸进口家具达到119批次，其中的11批是国产家具，占到A公司从上海口岸进口家具的近10%，共涉及金额约80万美元。

问题：1）本案例中A公司使用的是什么方法，保税区有哪些作用？

2）试对上述问题做出你的善恶研判。

3）通过网上或图书馆调研等途径搜集善恶研判的依据。

第 8 章

国际物流中的供应链管理

 开篇案例

杜邦：奇迹化生存

如果《财富》500强的排名规则增加"年龄"一项，那么荣登榜首的很可能是杜邦公司。从1802年创立以来，杜邦公司始终欣欣向荣，这完全依赖于它的誓言：创造奇迹。

即使站在今天看，这个美国化大佬所做的事情仍然令人肃然起敬。1811年，杜邦成为美国最大的火药生产商；91年后的1902年，创立了美国最早的工业实验室之一；1935年，杜邦员工发明尼龙，从此改变了整个纺织业的命运；1969年，在月球上行走的宇航员穿着25层夹层制成的太空服，其中有23层是杜邦材料；1981年，杜邦用80亿美元收购大陆石油公司，收购金额为当时美国之最。"拥有200年的历史，这本身就是奇迹。"一位熟悉杜邦的化工人士评价说。

如今这种奇迹仍在延续。根据杜邦公布的财务报告，2002年，该公司的收益率高达17%，2003年第二季度，这一数字又上涨到24%！而据《财富》对31个行业的统计显示，化工行业平均收益率只有2.4%。"这归功于杜邦高效的供应链。"杜邦董事长兼首席执行官贺利得在评价自己的公司时说。

1. 雪崩理论

看一下杜邦的规模，就不难想象，贺利得所说的供应链是什么概念。经过200多年的发展，杜邦已经进入了化工、建筑、医药、纺织、家用建筑材料、电子产品等领域，成为十足的庞大帝国。这个道琼斯指数成分股公司，在70个国家开设了135家制造企业，75个实验室，拥有18个战略业务单元和80项截然不同的具体业务，每天有4 000~5 000次海外运输，一年海外运输量15亿t。2002年运输费用15亿美元，与几十万个供应商和客户打交道。

管理这样庞杂的供应链绝不是一件轻而易举的事情。为了让公司保持良好的发展势头，

杜邦在供应链上一直奉行分散管理的原则。具体内容是：18个战略业务单元拥有完全自主和独立的管理权力，自行设计和控制自己的供应链，包括选择自己的供应商、承运人、代理机构等事项。与事事都由总部管理相比，这样做可以减少中间环节，提高工作效率，对杜邦大有裨益。

一切似乎都顺理成章。业绩在稳步增长，供应链每天都畅通无阻。但是进入20世纪90年代，和谐突然被打破。

20世纪90年代，一股新经济的热潮席卷美国。在这场热潮中，科技成为改变一切的先导。它对化工行业的影响是，及时送货和灵活服务成为客户一致的需求。习惯于各自为政的杜邦18个战略业务单元，各自掌管一套封闭的供应链，彼此互不往来。这样一来，不仅以规模降低成本的战略只能躺在规划中度日，就连价格也丧失了优势。遭遇挫折的杜邦，只能眼睁睁地看着原先固有的市场份额被身前身后的竞争对手无情抢夺。

在原材料采购方面，杜邦也在劫难逃。杜邦每年与供应商之间大约发生25万次的跨境运输，这些运输多数往返于美国和欧亚之间。在边界清关时，原有的采购模式常因信息不完整造成延误。并且，杜邦不同的业务部门对海关的条例规则理解不同。更为严重的是，雇用大量人员和供应商打交道，不仅使缩短供货周期的目标无法顺利实现，降低库存也成为空谈，分散式管理的弊端暴露无遗。再有，杜邦庞大的业务量需要更全面、及时的信息来支持决策，旧有的供应链显然无力满足需求。

20世纪90年代，杜邦前任CEO克劳利决定改造供应链。他将改造计划描述成"从冰河向雪崩的转化"。在克劳利眼中，杜邦就是一条冰河，博大但动作缓慢，缺少变化。"杜邦应该像雪崩，迅猛、强大，到处移动，跨越各种障碍，到达任何地方。"

克劳利的考虑是，利用公司强大的购买力进行集体采购，通过降低成本，杜邦就可以击败竞争对手。但克劳利也面临巨大的挑战：杜邦必须重新设计一个供应链，满足18个独立战略业务单元的所有需求。

2. 集中管理原则

为创造高效的供应链，克劳利进行了集中管理改革。

最核心的一步，就是向18个独立战略业务单元开刀。杜邦专门成立了一个物流领导委员会，委员会由18个独立战略业务单元的物流经理组成，对公司所有的物流操作和成本负责。当有重大的外包项目时，这个委员会就充当采购委员会的角色，负责决定外包业务并监控执行结果和听取汇报。此举的效果是，一个产品从源头的原材料到最终的成品全部顺利衔接，以往的推诿、扯皮彻底消失。

接下来，杜邦设立了一个配送中心，负责将过去由每个工厂独立操作的美国国内货物统一配送。掌管配送中心的是美集物流的一个子公司，通过它们，杜邦将300多家工厂生产的商品配送到美国各地7 000家零售企业。

配送中心的流程是精心设计的。首先，杜邦所有的工厂通过配送中心登记自己的货物运输需求，这种需求多达39 000个。配送中心专门聘请了熟悉供应链运作的专家，从39 000个需求的初始地和目的地之间优化货物流动，最后决定承运人的人选。这些承运人是从18个战略业务单元按照运价和服务功能事先筛选出的名单中产生的。经过科学运作，配送中心80%的流程实现了自动化。

在管理供应商进货方面，杜邦将美国制造点的所有拼装运输集中，外包给一家大型公司管理。

同时，杜邦花费两年的时间，同一些物流公司实验了9个项目，最终将国际货物进出口业务外包给两个物流整合商：美国的BDP公司和欧洲的德迅物流，先前与上百家货代的合作宣告终止。

供应链改造的好处清晰可见。杜邦成品配送费用占总收入的比重从1994年的5.33%下降到1997年的4.6%。借助新的配送标准，长距离国际运费也大幅降低。1995和1996年，物流费用总计节省1.6亿美元，运费就减少了3 000万美元。

3. 第二次飞跃

多年的供应链研究经验让杜邦意识到，供应链要保持优势，必须不断输入新鲜氧气。当网络经济盛行时，杜邦再次出手，改革供应链。

2000年，杜邦第一次听说，有托运人正在建立专属于自己的网络，与承运人和供应商沟通，杜邦随即将之列入公司重点发展计划。

2000年5月，杜邦专门成立了一个小组，这个小组的使命只有一个，即调查互联网络和技术产品，最终制订一个正确的方案。这个小组通过考察，推荐了专业网站TransOval。在网站上，杜邦的客户和供应商可以广泛、灵活地交换信息。现在，这些信息随时给杜邦每年100多万次的全球运输提供高级服务。

最初TransOval这个名字隶属于杜邦欧洲物流集团。2002年8月，杜邦开始在一个包装公司22项业务中使用TransOval。2002年年底，整个美国的业务被容纳进去。2003年，TransOval出现在欧洲和亚太地区客户的电脑屏幕上。

经过几年的扩建，现在这个网站已经与杜邦融为一体，有一个防火墙保护公司的电脑和网络。"它像一把伞，与杜邦的任何地方都能相连，"杜邦管理全球物流技术和流程的经理瑞纳说，"公司的每位员工可以到任何他们想要去的地方。"

好处远不止这些。安全问题一直是杜邦工作的核心。在杜邦使用的原材料中，40%是有害物质，其中20%含有剧毒。"9·11"事件后，美国对进出口货物加强了安检，TransOval的早期预警功能正好大显神威。如果出现运输延迟，TransOval立即发布预警信息给相关的主体。"假如一个公司有上千次的运输，就无法做到人工处理这些问题。建立例外管理是非常有效率的，可以让你快速反应。"瑞纳说。

另外，杜邦还从这个系统的投资中获得了巨大收益。与过去的系统比较，新的模块设计具有更好的优化、集成和计划功能。这些功能，帮助杜邦获得了更低的成本。"杜邦的目的并不仅仅是降低成本，完善服务才是关键。"瑞纳指出，利用这些降低的成本，杜邦发展了可视化服务。通过全球可视化，杜邦能将多余的库存及时清理掉。

对200岁的杜邦来说，供应链道路还很年轻，或许，这正是一条能创造奇迹的新途径？

（环球供应链，2003—11）

8.1 供　应　链

8.1.1 供应链的概念

"供应链"一词源于英文的"supply chain"，那么，供应链的真实含义是什么？下面以到附近的酒类专卖店去购买啤酒为例来说明。当然，购买啤酒可以去附近的酒类专卖店，也可以去超市、便利店、折扣店等处。陈列于零售店的啤酒，在消费者取到手之前是经过怎样的途径到商店的？啤酒制造商生产啤酒，首先要采购大麦、啤酒花等原材料，并进行酿造。酿造出来的啤酒为了保持鲜度，需要通过各种流通渠道，快速地运送到零售商店。小规模的酒类专卖店通过批发商进货，大型连锁零售商则不通过批发商，直接从制造商处进货。通常，某一商品从生产地到达消费者手中，有如下的厂商及相关人员依次参与：供货商、制造商、批发商、零售商、消费者。这些与供货密切相关的不相关企业和人员的衔接称为供应链。从另一个角度出发，供应链也有其他称谓。例如，从商品的价值是在业务连锁中渐渐增值的角度看，可称为"价值链"（value chain）；另外，从满足消费者需求的业务连锁角度看，亦可称之为"需求链"（demand chain）。

早期的观点认为供应链是生产企业中的一个内部过程，它是指把从企业外部采购的原材料和零部件，通过生产转换和销售等活动再传递到零售商和用户的一个过程。传统的供应链概念局限于企业内部操作层次上，注重企业自身资源的利用，并没有注意与之相关的企业。

随着供应链观念的发展，有些学者把供应链的概念与采购、供应管理相关联，用来表示与供应商之间的关系，这种观点得到了研究合作关系、JIT关系、精细供应、供应商行为评估和用户满意度等问题的学者的重视。但这样一种关系也仅仅局限于企业与供应商之间，而且供应链中的各企业独立运作，忽略了与供应链外部其他成员企业的联系，往往造成企业间目标冲突。

后来供应链的概念注意了与其他企业的联系和供应链的外部环境，认为它是一个"通过链中不同企业的制造、组装、分销、零售等过程将原材料转换成产成品，再到最终用户的转换过程"，这是更大范围、更为系统的概念。例如，美国的史迪文斯（Stevens）认为："通过增值过程和分销渠道控制从供应商的供应商到用户的用户的流就是供应链，它开始于供应的源头，结束于消费的终点。"伊文斯（Evens）认为"供应链管理是通过前馈的信息流、反馈的物料流及信息流，将供应商、制造商、分销商、零售商、直到最终用户连成一个整体的模式"。这些定义都体现了供应链的完整性，考虑了供应链中所有成员操作的一致性（链中成员的关系）。

如今，供应链的概念更加注重围绕核心企业的网链关系，如核心企业与供应商、供应商的供应商乃至与一切上游企业的关系，与用户、用户的用户及一切下游企业的关系。此时对供应链的认识形成了一个网链的概念。哈理森（Harrison）进而将供应链定义为："供应链是执行采购原材料、将它们转换为中间产品和成品，并且将成品销售到用户的功能网链。"这些概念都同时强调供应链的战略伙伴关系问题。飞利浦和温德尔认为供应链中战略伙伴关系是很重要的，通过建立战略伙伴关系，可以与重要的供应商和用户更有效地开展合作。

在中华人民共和国国家标准《物流术语》（GB/T 18354—2006）中，对供应链的定义是："生产及流通过程中，涉及将产品或服务提供给最终用户所形成的网链结构。"

高效率供应链模式——以"宜家"为例

背景与情境：宜家家具的口号是"为大多数人创造更加美好的日常生活"，其产品一般比竞争对手便宜30%～50%，便宜但是不劣质且保持时尚感。在宜家，一个新产品开始孕育的时候就会压低成本，并在整个供应链过程中严格执行。曾经有一种50美分的咖啡杯被重新设计了三次，目的是为了能在运输托盘上放进尽量多的杯子。一开始，托盘上只能放864只杯子，一次设计在杯子上加了一个圈，这样一个托盘上能装1 280只杯子。还有一次设计是做了一种矮一些的、带杯柄的杯子，这样一个托盘上能塞下2 024只杯子。就这些改变使得运输费用降低了60%。

问题：请查找资料分析宜家在竞争激烈的环境中处于不败之地的供应链管理策略。

分析提示：

（1）宜家物美价廉的核心是其深入到供应链每一个环节的低成本设计和衔接。

（2）宜家全球采购在保证认可的质量和环境与社会责任的基础上，执行以低价为核心策略，包括最佳采购实践、竞争性竞价和创造最优条件以节省成本。

8.1.2　供应链结构

典型的供应链中，厂商先进行原材料的采购，然后在一家或多家工厂进行产品的生产，把产成品运往仓库作暂时储存，最后把产品运往零售商或顾客。为了降低成本和提高服务水平，有效的供应链战略必须考虑供应链各环节的相互作用。供应链，也称物流网络，包括供应商、制造中心、仓库、配送中心和零售点，以及在各机构之间流动的原材料、在制品库存和产成品。

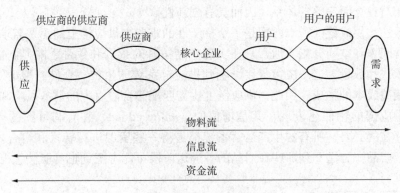

图8-1　供应链结构

由图8-1可以看出，供应链由所有加盟的节点企业组成，其中一般有一个核心企业，节点企业在需求信息的驱动下，通过供应链的职能分工与合作（生产、分销、零售等）实现整个供应链的不断增值。

8.1.3　供应链的特征

在某种程度上讲，所有的增值过程都是通过供应商的重视和关心，提供相似的顾客满意感。更深层的意义是，供应商在某种程度上提供的是产品或服务适合消费者需求的一种"保证"。所有这些内容，都可以通过提供与产品和服务相关的一系列信息得到支持和加强。

供应链作为习惯称呼，是从上、下游关系来理解从供应商的供应商到用户的用户的关系。但事实上不可能是单一链状结构，而是交错链状的网络结构。在供应链竞争中，企业的竞争模式是这样的：企业处于相互依赖的网络中心，这个网络中的参与者通过优势互补结成联盟，供应链之间的竞争是通过这种网络进行的。因此，为了在供应链竞争中处于领导地位，必须在内部整合的基础上，集中于供应链的网络管理。供应链时代的网络竞争建立在高水平的、紧密的战略发展规划基础上，这就要求供应链中各合作者必须共同讨论网络的战略目标和实现战略目标的方法及手段，在相互合作中，共同提高绩效以获得双赢。这里的双赢不是指参与的双方各取盈利的50%，而是指所有的合作者都从合作中受益。一般来说，供应链还具有以下特征。

(1) 复杂性。因为供应链节点企业的组成跨度（层次）不同，供应链往往由多个、多类型的企业构成，它们之间的关系错综复杂，关联往来和交易多。所以供应链结构模式比一般单个企业的结构模式更为复杂。

(2) 动态性。供应链管理因企业战略和适应市场需求变化的需要，其中的节点企业需要动态更新和调整，这就使得供应链具有明显的动态性。

(3) 面向用户需求。供应链的形成、存在、重构，都是基于一定的市场需求而发生的，并且在供应链的运作过程中，用户的需求拉动是供应链中信息流、产品流、服务流、资金流运动的驱动源。

(4) 交叉性。节点企业可以是这个供应链的成员，同时也可以是另外一个供应链的成员，大多数供应链形成交叉结构，增加了协调管理的难度。

(5) 创新性。供应链扩大了原有的单个企业的物流渠道，充分考虑了供应链整个物流过程及影响此过程的各个环节和因素。它向着物流、商流、信息流、资金流各个方向同时发展，形成了一套相对独立而完整的体系，因而具有创新性。

(6) 风险性。供应链的需求匹配是一个持续性的难题，供应链上的消费需求和生产供应，始终存在着时间差和空间分割。通常，在实现产品销售的数周和数月之前，制造商必须先期确定生产的款式和数量，这一决策直接影响到供应链系统的生产、仓储、配送等功能的容量设定，以及相关成本的构成。因此，供应链上供需匹配隐含着巨大的财务风险和供应风险。

此外，供应链的特征还表现在其是增值的（value added）和有利可图的（profitable），否则就没有存在的必要。所有的生产运营系统都是将一些资源进行转换和组合，增加适当的价值，然后把产品"分送"到那些在产品的各递送阶段可能考虑到也可能被忽视的顾客手中。

同步思考 8-1

供应链流转除了产品/实物外还有什么？

理解要点：供应链流转的不仅仅是产品/实物，还有如供求信息等各类信息的流动以及资金的流动，所以供应链既是产品链，也是信息链和资金链。

8.1.4 供应链的分类

1. 根据研究对象划分

史蒂芬·纽（Stephen New）根据供应链管理的研究对象，将供应链分为企业供应链、产品供应链和基于供应链合作伙伴关系的供应链三种类型。

1) 企业供应链

企业供应链管理是就单个公司所提出的含有多个产品的供应链管理，该公司在整个供应链中处于主导者地位，不仅考虑与供应链上其他成员合作，也较多地关注企业多种产品在原料购买、生产、分销、运输等方面技术资源的优化配置问题，并且拥有主导权。如人们经常提到的生产企业主导的供应链（如海尔公司的供应链）、大型零售企业主导的供应链（如沃尔玛公司的供应链）等。在这样的供应链中，必须明晰主导者的主导权，如果主导权模糊不清，不仅无助于供应链计划、供应链设计和供应链管理的实施，而且，也无法使整个供应链建立起强有力的组织和有效的运作。这里主导权是能否成为统一整个供应链理念的关键要素。这里供应链的概念更加注重围绕核心企业的网链关系，如核心企业与供应商、供应商的供应商乃至一切前向的关系，与用户、用户的用户乃至一切向后的关系。这里的单个公司通常指供应链中的核心企业（focal company），它是指对整个供应链起关键影响作用的企业。从核心企业来看，供应链包括其上游的供应商及其下游的分销渠道。供应链包括对信息系统、采购、生产调度、订单处理、库存管理、仓储管理、客户服务、包装物及废料的回收处理等一系列的管理活动。供应商网络包括所有为核心企业直接或间接提供投入的企业。

2）产品供应链

产品供应链是与某一特定产品或项目相关的供应链，如某种品牌饮料的供应链，又如，一个生产汽车的公司的供应商网络包括上千家企业，他们为其供应从钢材、塑料等原材料到变速器、刹车等复杂装配件等多样的产品。基于产品供应链的供应链管理是对由特定产品的顾客需求所拉动的整个产品供应链运作的全过程的系统管理。采用信息技术是提高产品供应链的运作绩效、促进新产品开发以及完善产品质量的有效手段之一。在产品供应链上，系统的广告效应和行业的发展会引起对该产品的需求。而仅仅在物流运输、分销领域进行供应链管理的改进是收效甚微的。比如，衬衣制造商是供应链的一部分，它的上游是化纤厂和织布厂，下游是分销商和零售商，最后到最终消费者。按定义，这条供应链的所有企业都是相互依存的，但实际上它们彼此却并没有太多的协作，要关注的是围绕衬衣所连接的供应链节点及其管理。

3）基于供应链合作伙伴关系（供应链契约）的供应链

基于供应链合作伙伴关系的供应链主要是针对这些职能成员间的合作进行管理。供应链管理是对供应商、制造商、分销商、顾客等组成的网络中的物流、信息流、资金流（成本流）进行管理的过程。供应链的成员可以定义为广义的买方和卖方，只有当买卖双方组成的节点间产生正常的交易时，才发生物流、信息流、资金流（成本流）的流动和交换。表达这种流动和交换的方式之一就是契约关系，供应链上的成员通过建立契约关系来协调买方和卖方的利益。另一种形式是供应链合作伙伴关系建立在与竞争对手结成的战略合作基础上的供应链。

以上三种供应链管理的对象是彼此相关的，在一些方面是相互重叠的，然而这对于考察供应链和研究不同的供应链管理方法是有帮助的。

2. 根据网状结构划分

供应链以网状结构划分，可分为发散型的供应链网（"V"形供应链）、会聚型的供应链网（"A"形供应链）和介于上述两种模式之间的供应链网（"T"形供应链）。

1）"V"形供应链

"V"形供应链是供应链网状结构中最基础的结构。物料是以大批量的方式存在，经过企业加工转换为中间产品，如石油、化工、造纸和纺织企业，提供给其他企业作为它们的原材料。生产中间产品的企业往往客户要多于供应商，呈发散状。这类供应链在产品生产过程中每个阶段都存在控制问题。在这些发散型网络上,企业生产大量的多品种产品使其业务非常复杂。为了保证满足客户服务需求,需要库存作为缓冲,这种缓冲是用来确保工厂满足不确定需求和确保工厂有能力生产而设定的,这样会占用大量的资金。由订单和物料驱动的控制系统不能应用在这样的工厂,这种供应链常常出现在本地业务而不是为了全球战略。对这些"V"形结构的成功计划和调度主要依赖于对关键性的内部能力瓶颈的合理安排,它需要供应链成员制订统一详细的高层计划。

2)"A"形供应链

当核心企业为供应链网络上最终用户服务时,它的业务本质上是由订单和客户驱动的。在制造、组装和总装时,会遇到一个与"V"形结构供应链相反的问题,即为了满足相对少数的客户需求和客户订单,需要从大量的供应商手中采购大量的物料。这是一种典型的会聚型的供应链网,即形成"A"字形状。如航空工业(飞机制造)、汽车工业、重工业等企业,这些企业是受服务驱动的,精力集中放在重要装配点上的物料同步。企业资源计划(ERP)成了这些企业进一步发展的阶梯。来自市场缩短交货期的压力迫使这些组织寻求更先进的计划系统来解决物料同步问题。这类企业拥有策略性的、由需求量预测决定的公用件、标准件仓库。这种结构的供应链在接受订单时考虑供应提前期并且能保证按期完成的能力,因此关键之处在于精确地计划和分配满足该订单生产所需的物料和能力,考虑工厂真实可用的能力、所有未分配的零件和半成品、原材料和库中短缺的关键性物料,以及供应的时间等。另外,需要辨别关键性的路径。所有的供应链节点都必须在供应链系统中有同样的详细考虑,这就需要关键路径的供应链成员紧密地联系与合作。

3)"T"形供应链

介于上述两种模式之间的许多企业通常结成的是"T"形供应链。这种情形在接近最终用户的行业中普遍存在。如医药保健品、汽车备件、电子产品、食品和饮料等行业;在那些为总装配提供零部件的公司也同样存在,如为汽车、电子器械和飞机主机厂商提供零部件的企业。这样的公司从与它们的情形相似的供应商处采购大量的物料并给大量的最终用户和合作伙伴提供构件和套件。这种"T"形的企业根据现存的订单确定通用件,并通过对通用件的制造标准化来减少复杂程度。这种网络将在现在和将来的供应链中面临最复杂的挑战,因为"T"形供应链是供应链管理中最复杂的,这类企业往往投入大量的金钱用于供应链的解决方案,需要尽可能限制提前期(lead time)来稳定生产而无须保有大量库存,预测和需求管理总是此种供应链成员考虑的一个重点。显然,与前两类结构不同的是,这种供应链多点控制因素变得很重要,例如,在哪里生产最好,在哪里开展促销活动,采取什么决定会影响分销成本等。从控制的角度来说,按相似产品系列进行汇集的办法常常是最成功的。处理这种组织的最好方法是减少产品品种和运用先进方法,或是利用先进的计划工具来维护和加强供应链控制水平。

3. 根据产品种类划分

根据产品的生命周期、需求稳定程度及可预测程度等可将产品分为两大类,即功能型产品(functional products)和创新型产品(innovative products)。

1)功能型供应链

功能型产品一般用于满足用户的基本需求,变化很少,具有稳定的、可预测的需求和较长的寿命周期,但它们的边际利润较低,如日用百货。创新型产品对市场来说很新,因此需求的不确定性很高,需求一般不可预测,寿命周期也较短,如时装,一旦畅销其单位利润就会很高,随之会引来许多仿造者,基于创新的竞争优势会迅速消失,因此,这类产品无论是否畅销其生命周期均较短。为了避免低边际利润,许多企业在式样或技术上革新以寻求消费者的购买,从而获得高的边际利润。正因为这两种产品的不同,才需要有不同类型的供应链去满足不同的管理需要。

对于一种产品来说,特别是功能型产品,从其生产投放市场直到过时淘汰,一般都要经历几个典型的生命阶段,即引入、成长、成熟、衰退四个阶段。在产品生命周期的各个阶段,产品有其明显区别于其他阶段的特征,对供应链的要求相应有所不同。因而对同一产品在生命周期的不同阶段,要注意控制内容和侧重点,采取相应的供应链策略,如表 8-1 所示。

表 8-1 功能型供应链不同产品生命周期时的供应链策略

产品生命周期	特征	供应链策略
引入期	无法准确预测需求量;大量的促销活动;零售商可能在提供销售补贴的情况下才同意储备新货;订货频率不稳定且批量小;缺货将大大抵消促销;产品未被市场认同而夭折的比例较高	供应商参与产品的设计开发;在产品投放市场前制订完善的供应链支持计划;原材料、零部件的小批量采购;高频率小批量的发货;保证高度的产品可得性和物流灵活性;避免缺货发生;避免生产环节和供应链末端的大量库存;建立安全追踪系统;及时消除安全隐患;追回问题产品;供应链各个环节信息共享
成长期	市场需求稳定增长;营销渠道简单明确;竞争性产品开始进入市场	批量生产;大批量发货;较多存货;为降低供应链成本做出战略性的顾客服务承诺以进一步吸引顾客;确定主要顾客并提高服务水平;通过供应链各方的协作增强竞争力;服务于成本的合理化
成熟期	竞争加剧;销售增长放缓;一旦缺货将被竞争性产品所代替;市场需求相对稳定;市场预测较为准确	建立配送中心;建立网络式销售渠道;利用第三方物流公司;降低供应链成本并为顾客增加价值;通过延期制造、消费点制造来改善服务;减少成品库存
衰退期	市场需求急剧下降;价格下降	对是否提供配送支持及支持力度进行评价;对供应链进行调整以适应市场的变化,如供应商、分销商、零售商等数量的调整及关系的调整等

对于功能型产品,由于市场需求比较稳定,比较容易实现供求平衡。对各成员来说最重要的是如何利用供应链上的信息协调它们之间的活动以使整个供应链的费用降到最低,从而提高效率。重点在于降低其生产、运输、库存等方面的费用,即以最低的成本将原材料转化成产品。

2)创新型供应链

对创新型的产品而言,市场的不确定性是问题的关键。因而,为了避免供大于求造成的损失,或供低于求而失去的机会收益,管理者应该将其注意力集中在市场调节及其费用上。这时管理者们既需要利用供应链中的信息,还要特别关注来自市场的信息。

这类产品的供应链应该考虑的是供应链的响应速度和柔性,只有响应速度快、柔性程度高的供应链才能适应多变的市场需求,而实现速度和柔性的费用则退为其次。

4. 根据分布范围划分

1) 公司内部供应链

在每个公司里,不同的部门在物流中参与了增值活动。如采购部门是资源的来源部门,直接增加产品价值的是制造部门,管理客户订单和送货的是配送部门。一般产品的设计和个性化产品的设计是由工程设计部门完成的,它们也参与了增值活动。这些部门被视作供应链中业务流程中的内部顾客和供应商。

公司内部供应链管理主要是控制和协调物流中部门之间的业务流程和活动。

2) 集团供应链

一个集团可以在不同的地点进行制造并且对过程实现集中控制,而通过自有的区域和本地仓库网络配送产品。这种情况由于业务活动涉及许多企业(或部门),成为一种形式上的集团供应链。在供应链中每个公司都有自己的位置。一个公司有一个物流流向下游的客户的供应链和从上游流向供应商的供应链。大量的信息需要快速地传递,供应链上业务流程也必须集成。今天企业要更有效地运作和保持竞争力,就必须有效地管理集团内公司及其供应商和客户,增强通过信息技术与它的客户和供应商沟通的能力。

3) 扩展的供应链

扩展的供应链表现为参与从原材料到最终用户的物流活动的公司日益增多,这种趋势在生产最终商品公司的供应和配送活动中尤为明显;复杂的网络包含几层供应商节点,这些供应商在供应链中从事增值活动,同样地,分销商网络能够把产品带到更远的消费者手中;随供应链的延伸,供应商和最终用户之间的距离在拉大,产品和制造的个性化使供应商与客户关系更加紧密。另一方面,供应商和客户之间交易成本的增加是供应链管理的主要压力,交易成本增加的主要原因是供应链过于分散和冗长;过去在一个公司里,业务流程通常在销售、设计、制造和采购等部门进行,而它们之间却缺乏及时沟通,这样一来产生的沟通障碍在业务流程中造成不必要的延迟和成本的上升,这种沟通障碍也使公司很难对客户的需求和市场变化做出快速反应。

而扩展的供应链正是在个性化生产、提前期的缩短和业务量的增加等因素影响下,迫使公司实现物流同步,成为一个连接供应商和分销商的复杂供应链。

4) 全球网络供应链

因特网应用及电子商务的出现,彻底改变了商业模式,也改变了现有供应链结构。它转换、削减、调换在传统销售、交易方面投资的实体资产;通过省略销售过程的中间商来压缩供应链的长度;创建了在电子化市场上运作的扩张性企业、联合制造业和跨部门集团;在贸易伙伴间进行实时数据存取、传递。图8-2表示的是基于因特网的全球网络供应链。

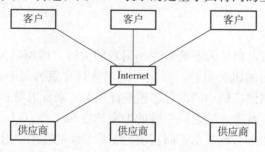

图8-2 基于因特网的全球网络供应链

在全球网络供应链中,企业的形态和边界将产生根本性的改变,整个供应链的协同运作将取代传统的电子订单,供应商与客户间信息交流层次的沟通与协调将是一种交互式的协同工作。此时,便出现了新的组织模式,即"虚拟企业",也就是说,若干成员企业为共同获得某个市场机会的优势而组成的暂时的经营实体,是企业之间的"动态联盟",机会一旦消失,虚拟企业即告解散。它不是一个具有独立法人资格的企业,而是各成员企业的全部或部分资源动态组合而成的一种组织,是企业之间的动态联盟,是全球网络供应链资源整合的一种形式。成员企业可以集中精力发展其关键资源、核心能力,成员间优势互补、风险共担、成果共享,并且可以根据市场机会,借助全球网络供应链迅速实现企业资源的重组,创造出具有高弹性的竞争优势。这不仅有利于企业的发展,而且增强了市场竞争的理性,减少了由于盲目性导致稀缺资源的浪费,促进了整个社会资源的优化配置。在虚拟企业中,传统的企业隔离墙被打破,计算机网络是各成员企业获得市场机会信息,做出快速反应,并进行企业间相互联系、紧密合作的主要技术手段。虚拟企业是网络经济时代的一大创新。一些新型的、有益于供应链的代理服务商将替代传统的经销商,并成为新兴业务,如交易代理、信息检索服务等,将会有更多的商业机会等待人们去发现。

5. 根据动力因素来源划分

根据供应链的动力来源,供应链可以划分为"推式"供应链和"拉式"供应链(见图 8-3 和图 8-4)。"推式"供应链管理,管理的出发点是从原材料推到产成品、市场,一直推到客户端;"拉式"供应链管理,管理的出发点是以客户及客户满意度为中心的管理,以客户需求为原动力的管理。

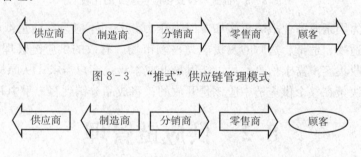

图 8-3 "推式"供应链管理模式

图 8-4 "拉式"供应链管理模式

传统的供应链模式叫作"推式"模式,即根据商品的库存情况,有计划地将商品推销给客户。"推式"供应链管理以企业资源计划(ERP)为核心,要求企业按计划来配置资源。制造商领导的"推式"供应链,要求高度多样化、庞大的备用存货。而现今流行的供应链模式是"拉式"模式,该供应链模式源于客户需求,客户是该供应链中一切业务的原动力。"拉式"的概念既简单,又复杂。在超市的收款台前,扫描器采集到客户所购商品的确切信息。这种行为将最终引发产品从分销仓库中发出,数据在分销仓库进一步集中后又传送给制造商,这样,制造商就可以为下一次交货以补充分销仓库提前做准备,为此,制造商将调整交货计划和采购计划,同时更新生产计划,以便原材料供应商改变他们相应的交货计划。

"拉式"模式的要求有:增加产品的可替换形式;缩短订货间隔期;改进质量,降低单元成本;提高运作优势;设立执行评估系统。如图 8-5 显示了"推式"供应链管理模式和"拉式"供应链管理模式的比较。

图 8-5 推式与拉式供应链模式的比较

供应链的动力因素对商业战略正施加着巨大压力。公司不应只在质量或价格上获得竞争优势，而应依靠适物、适量、适时的发货能力占领市场。有效的供应链管理需要做到：使企业快速、准确地收集客户需求信息；尽可能以最低成本满足客户需求；从原材料采购到制造、组装产品的所有决策在整个供应链中应该是开放的；将成品分销到客户手中并收集必要款项。

8.2 供应链管理

8.2.1 供应链管理的概念

供应链管理的概念最早提出于 1982 年。开思·奥立夫（Keith Oliver）和麦考尔·威波尔（Michael D. Webber）在《观察》杂志上发表"供应链管理：物流的更新战略"，首次提出了"供应链管理"。在 1990 年前后，学术界开始探讨供应链管理与传统物流管理的区别。由于供应链管理理论源于物流管理研究，其产生背景不可分割地与物流管理联系在一起。事实上供应链管理思想的提出经历了一个由传统物流管理到供应链管理的演化过程。学术界和企业对它有不同的理解。对于供应链管理的含义，至今仍有不同的理解，有的认为供应链管理与物流管理的内涵是相同的，有的认为供应链管理是物流管理的延伸，有的认为供应链是一种企业业务的综合，等等。事实上，供应链管理的概念与物流管理的概念密切相关，在现代物流管理的理解上，也有广义（即跨越组织间的界限，寻求综合的物流控制和管理）及狭义（即企业内部的库存、运输管理）的区分，显然广义的物流管理与供应链管理是一致的。

但是，目前通行的看法是供应链管理并不仅仅是物流管理，较之后者有更多功能，例如，Copper、Iambert、Pagh 等认为供应链是物流管理范畴的扩展，它除了包含与物品实体运动相关的种种活动外，还包括组织间的协调活动和业务流程的整合过程，正是在这个意义上才称之为供应链管理。比如，在新产品开发过程中，营销、研发、生产、物流及财务等不同的供应流程都需要统一起来。此外，为了提高市场的应对能力，还需要与外部的企业寻求合作，亦即由供应链构成的多数企业间业务流程的整合被看作是供应链管理。与它们的观点相类似，Handfield 和 Nichools 将供应链定义为确保原材料到最终消费者整个过程中所发生的与物流和信息流相关的所有活动，而供应链管理则是为获得持续的竞争优势，在供应链关系（supply chain relations）基础上种种活动的整合。显然，从这一定义可以看出，供应链的构成是以生产者为中心，由位于上游的供给阶段和下游的流通渠道中所有企业所组成的，供应链的活动，包括信息系统管理、采购管理、生产管理、订货管理、在库管理、顾客服务及废弃物处理等。

在中华人民共和国国家标准《物流术语》（GB/T 18354—2006）中，对供应链管理是这样定义的："对供应链涉及的全部活动进行计划、组织、协调与控制。"

综合以上定义，对于供应链管理的概念，可以从以下几个方面来把握。

（1）供应链管理把对成本有影响和在产品满足顾客需求的过程中起作用的每一方都考虑在内，从供应商和制造工厂经过仓库和配送中心到批发商和零售商及商店。

（2）供应链管理的目的在于追求效率和整个系统的费用有效性；使系统总成本达到最小，这个成本包括从运输和配送成本到库存成本。因此，供应链管理的重点不在于简单地使运输成本达到最小或减少库存，而在于用系统方法来进行供应链管理。

（3）因为供应链管理是围绕着把供应商、制造商、分销商（包括批发商和零售商）有效率地结合成一体这一问题来展开的，因此它包括公司许多层次上的活动，从战略层次到战术层次一直到作业层次。

8.2.2 供应链管理的特点

供应链管理与传统的管理模式相比有着明显的区别，主要体现在以下几个方面。

1. 供应链管理是一种集成化管理模式

传统的管理以职能部门为基础，往往由于职能矛盾、利益目标冲突、信息分散等原因，各职能部门无法完全发挥其潜在效能，因而很难实现整体目标最优。而供应链管理把供应链中所有节点企业看成一个整体，以供应链的流程为基础，物流、信息流、价值流、资金流、工作流贯穿于供应链的全过程。通过业务流程重组，消除各职能部门及供应链成员企业的自我保护主义，实现供应链组织的集成与优化。

2. 供应链管理是全过程的战略管理

供应链是由供应商、制造商、分销商、零售商、客户组成的网络结构，链中各环节不是彼此分割的，而是环环相扣的一个有机整体。因此，从整体上考虑，如果只依赖于部分环节信息，则由于信息局限或失真，可能导致决策失误、计划失控、管理失效。进一步讲，由于供应链上供应、制造、分销等职能目标之间的冲突是经济生活中不争的事实，这样只有高层管理层才能充分认识到供应链管理的重要性；只有运用战略管理的思想才能有效实现供应链的管理目标。

3. 供应链管理提出了全新的库存观

传统的库存管理思想认为，库存是维系生产与销售的必要措施，因而企业与其上、下游企业之间在不同的市场环境下只是实现了库存的转移，整个社会库存量并未减少。供应链的形成使供应链上各个成员间建立了战略合作关系，通过快速反应致力于总体库存的大幅度降低，库存是供应链管理的平衡机制。

4. 供应链管理以最终用户为中心

不管供应链连接的企业有多少类型，也不论供应链是长还是短（供应链的层次多少），供应链都是由客户需求驱动的，正是最终用户的需求，才使得供应链得以存在；而且，只有客户取得成功，供应链才能延续发展。因此供应链管理必须以最终用户为中心，将用户服务、用户满意与用户成功作为管理的出发点，并贯穿于供应链管理的全过程；将改善用户服务质量，实现用户满意，促进用户成功作为创造竞争优势的根本手段。

8.2.3 供应链管理的作用

供应链管理使企业与其相关企业形成了一个融会贯通的网络整体。加速产品从生产到消费的过程，缩短了产销周期，使企业可以对市场需求变化做出快速反应，大大增强了供应链企业的市场竞争能力。供应链管理有以下作用。

1. 降低库存量

供应链管理可以有效地减少成员之间的重复工作，剔除流程的多余步骤，使供应链流程低成本、高效化。此外，通过建立公共的电子数据交换系统，既可以减少因信息交换不充分带来的信息扭曲，又可使成员间实现全流程无缝作业，大大提高工作效率，减少失误。

许多企业长期存在库存的不确定性，并用一定的人力、物力准备来应付不确定性，这种不确定性既存在于物流过程中，也存在于信息流过程中，供应链管理通过对组织内部业务流程的重组，链上各成员建立战略合作伙伴关系，实现物资通畅，信息共享，从而有效地消除不确定性，减少各环节的库存数量和多余人员。

2. 为决策人员提供服务

为决策人员提供的服务主要表现在几个方面：分析供应链中不确定性因素，确定库存量，制定订货政策，优化投资；评估各方案以选择其中最有利的方案；评价不同因素对供应链运行中库存和服务政策的影响，通过协调提高整体效益。

3. 改善企业与企业之间的关系

供应链管理使企业与企业之间的竞争转变为供应链与供应链之间的竞争，它强调核心企业通过和其上、下游企业之间建立的战略伙伴关系，每一个企业都发挥自己的优势，达到"共赢"的目的。这一竞争方式将会改变企业的组织结构、管理机制、企业文化及企业与企业之间的关系。

4. 提高服务质量，刺激消费需求

供应链通过企业内外部之间的协调与合作，大大缩短了产品的生命周期，把适销对路的产品及时送到消费者手中。供应链管理还使物流服务系列化，在储存、运输、流通加工等服务的基础上，新增了市场调查与预测、配送、物流咨询、教育培训。快速、优质的服务可塑造企业良好的形象，提高消费者的满意度，提高产品的市场占有份额。

5. 实现供求的良好结合

供应链把供应商、生产商、销售商紧密结合在一起，并对它们进行协调、优化。使企业与企业之间形成和谐的关系，使产品、信息的流通渠道最短，进而可以使消费者的需求信息沿供应链逆向迅速地、准确地反馈到销售商、生产商、供应商。它们据此做出正确的决策，保证供求的良好结合。

供应链管理的主要职能包括营销管理、物流一体化管理、生产过程管理及财务管理等。

（1）营销管理。管理整个供应链的市场营销过程和销售过程，以及持续不断地提供客户价值。

（2）物流一体化管理。管理自供应商开始的物流。它包括生产计划、采购和库存管理。

（3）生产过程管理。管理生产过程，降低生产成本。

（4）财务管理。利用财务媒体，与供应商及用户一起管理资金流。

案例分析

美国 S 公司供应链管理改善案例

背景与情境：美国 S 公司是一个飞机制造领域的厂家，产品科技含量很高，但公司的供应链管理，尤其是仓库管理非常落后。可能因为 S 公司的核心竞争力是产品的科技含量，所以在供应链管理上即便是沿用落后老旧的系统也不愁没生意。但随着市场的发展变化，现在 S 公司意识到供应链管理的重要性，也开始了供应链改善。

问题：该企业仓库供应链管理改善的步骤是什么？

分析提示：

（1）明确仓库管理策略，连同项目计划；

（2）选择合适的技术，确定劣质过时技术造成的低效率的操作步骤；

（3）评估业务流程，关键是采取措施来识别当前系统中的浪费，识别当前操作状态中的弱点；

（4）确定期望的未来状态；

（5）项目的最后阶段包括配置、测试和实践。

8.2.4 供应链管理的原理

1. 资源横向集成原理

资源横向集成原理揭示的是新经济形势下的一种新思维。该原理认为，在经济全球化迅速发展的今天，企业仅靠原有的管理模式和自己有限的资源，已经不能满足快速变化的市场对企业所提出的要求。企业必须放弃传统的基于纵向思维的管理模式，朝着新型的基于横向思维的管理模式转变。企业必须横向集成外部相关企业的资源，形成"强强联合，优势互补"的战略联盟，结成利益共同体去参与市场竞争，以实现提高服务质量的同时降低成本、快速响应顾客需求的同时给予顾客更多选择的目的。

不同的思维方式对应着不同的管理模式及企业发展战略。纵向思维对应的是"纵向一体化"的管理模式，企业的发展战略是纵向扩展；横向思维对应的是"横向一体化"的管理模式，企业的发展战略是横向联盟。该原理强调的是优势资源的横向集成，即供应链各节点企业均以其能够产生竞争优势的资源来参与供应链资源的集成，在供应链中以其优势业务的完成来参与供应链的整体运作。

该原理是供应链系统管理最基本的原理之一，表明人们在思维方式上所发生的重大转变。

2. 系统原理

系统原理认为，供应链是一个系统，是由相互作用、相互依赖的若干组成部分结合而成的具有特定功能的有机整体。供应链是围绕核心企业，通过对信息流、物流、资金流的控制，把供应商、制造商、分销商、零售商直到最终用户连成一个整体的功能网链结构模式。

供应链的系统特征第一体现在其整体功能上，这一整体功能是组成供应链的任一成员企业都不具有的特定功能，是供应链合作伙伴间的功能集成，而不是简单的叠加。供应链系统的整体功能集中表现在供应链的综合竞争能力上，这种综合竞争能力是任何一个单独的供应链成员企业都不具有的。第二，体现在供应链系统的目的性上。供应链系统有着明确的目的，这就是在复杂多变的竞争环境下，以最低的成本、最快的速度、最好的质量为用户提供最满意的产品和服务，通过不断提高用户的满意度来赢得市场。这一目的也是供应链各成员企业的共同目的。第三，体现在供应链合作伙伴间的密切关系上，这种关系是基于共同利益的合作伙伴关系，供应链系统目的的实现，受益的不只是一家企业，而是一个企业群体。因此，各成员企业均具有局部利益服从整体利益的系统观念。第四，体现在供应链系统的环境适应性上。在经济全球化迅速发展的今天，企业面对的是一个迅速变化的买方市场，要求企业能对不断变化的市场做出快速反应，不断地开发出符合用户需求的、定制的"个体化产品"去占领市场以赢得竞争。新型供应链（有别于传统的局部供应链）以及供应链管理就是为了适应这一新的竞争环境而产生的。第五，体现在供应链系统的层次性上，供应链各成员企业分别都是一个系统，同时也是供应链系统的组成部分；供应链是一个系统，同时也是它所从属的更大系统的组成部分。从系统层次性的角度来理解，相对于传统的基于单个企业的管理模式而言，供应链管理是一种针对更大系统（企业群）的管理模式。

3. 多赢互惠原理

多赢互惠原理认为，供应链是相关企业为了适应新的竞争环境而组成的一个利益共同体，其密切合作是建立在共同利益的基础之上的，供应链各成员企业之间是通过一种协商机制，来谋求一种多赢互惠的目标。供应链管理改变了企业的竞争方式，将企业之间的竞争转变为供应链之间的竞争，强调核心企业通过与供应链中的上、下游企业之间建立战略伙伴关系，以强强联合的方式，使每个企业都发挥各自的优势，在价值增值链上达到多赢互惠的效果。

供应链管理在许多方面都体现了多赢互惠的思想。例如，供应链中的"需求放大效应"使得上游企业所获得的需求信息与实际消费市场中的顾客需求信息存在很大的偏差，上游企业不得不维持比下游企业更高的库存水平。需求放大效应是需求信息扭曲的结果，供应链企业之间的高库存现象会给供应链的系统运作带来许多问题，不符合供应链系统整体最优的原则。为了解决这一问题，近年来在国外出现了一种新的供应链库存管理方法——供应商管理用户库存（VMI），这种库存管理策略打破了传统的各自为政的库存管理模式，体现了供应链的集成化管理思想，其结果是降低了供应链整体的库存成本，提高了供应链的整体效益，实现了供应链合作企业间的多赢互惠。再如，在供应链相邻节点企业之间，传统的供需关系是以价格驱动的竞争关系，而在供应链管理环境下，则是一种合作性的双赢关系。

4. 合作共享原理

合作共享原理具有两层含义，一是合作，二是共享。合作原理认为，由于任何企业所拥有的资源都是有限的，它不可能在所有的业务领域都获得竞争优势，因而企业要想在竞争中获胜，就必须将有限的资源集中在核心业务上。与此同时，企业必须与全球范围内的在某一方面具有竞争优势的相关企业建立紧密的战略合作关系，将本企业中的非核心业务交由合作企业来完成，充分发挥各自独特的竞争优势，从而提高供应链系统整体的竞争能力。共享原理认为，实施供应链合作关系意味着管理思想与方法的共享、资源的共享、市场机会的共享、信息的共享、先进技术的共享及风险的共担。信息共享是实现供应链管理的基础，准确可靠的信息可以帮助企业做出正确的决策。供应链的协调运行建立在各个节点企业高质量的信息传递与共享的基础之上，信息技术的应用有效地推动了供应链管理的发展，它可以节省时间和提高企业信息交换的准确性，减少了在复杂、重复工作中的人为错误，因而减少了由于失误而导致的时间浪费和经济损失，提高了供应链管理的运行效率。共享信息的增加对供应链管理是非常重要的。由于可以做到共享信息，供应链上任何节点的企业都能及时地掌握市场情况、需求信息和整个供应链的运行情况，每个环节的物流信息都能透明地与其他环节进行交流与共享，从而避免了需求信息的失真现象，消除了需求信息的扭曲放大效应。

5. 需求驱动原理

需求驱动原理认为，供应链的形成、存在、重构，都是基于一定的市场需求而发生，并且在供应链的运作过程中，用户的需求是供应链中信息流、产品/服务流、资金流运作的驱动源。在供应链管理模式下，供应链的运作是以订单驱动方式进行的，商品采购订单是在用户需求订单的驱动下产生的，然后商品采购订单驱动产品制造订单，产品制造订单又驱动原材料（零部件）采购订单，原材料（零部件）采购订单再驱动供应商。这种逐级驱动的订单驱动模式，使供应链系统得以准时响应用户的需求，从而降低了库存成本，提高了物流的速度和库存周转率。

基于需求驱动原理的供应链运作模式是一种逆向拉动运作模式，与传统的推动式运作模式有着本质的区别。推动式运作模式以制造商为中心，驱动力来源于制造商，而拉动式运作模式是以用户为中心，驱动力来源于最终用户。两种不同的运作模式分别适用于不同的市场环境，有着不同的运作效果。不同的运作模式反映了不同的经营理念，由推式运作模式向拉式运作模式的转变，反映的是企业所处环境的巨变和管理者思想认识上的重大转变，反映的是经营理念从"以生产为中心"向"以顾客为中心"的转变。

6. 快速响应原理

快速响应原理认为，在全球经济一体化的大背景下，随着市场竞争的不断加剧，经济活动的节奏也越来越快，用户在时间方面的要求也越来越高。用户不但要求企业要按时交货，而且要求的交货期越来越短。因此，企业必须能对不断变化的市场做出快速反应，必须要有很强的产品开发能力和快速组织产品生产的能力，源源不断地开发出满足用户多样化需求的、定制的"个性化产品"去占领市场，以赢得竞争。

在当前的市场环境里，一切都要求能够快速响应用户需求，而要达到这一目的，仅靠一个企业的努力是不够的。供应链具有灵活快速响应市场的能力，通过各节点企业业务流程的快速组合，加快了对用户需求变化的反应速度。供应链管理强调准时，即准时采购、准时生产、准时配送，强调供应商的选择应少而精，强调信息技术应用等，均体现了快速响应用户需求的思想。

7. 同步运作原理

同步运作原理认为，供应链是由不同企业组成的功能网络，其成员企业之间的合作关系存在着多种类型，供应链系统运行业绩的好坏取决于供应链合作伙伴关系是否和谐，只有和谐而协调的关系才能发挥最佳的效能。供应链管理的关键就在于供应链上各节点企业之间的联合与合作及相互之间在各方面良好的协调。

供应链的同步化运作，要求供应链各成员企业之间通过同步化的生产计划来解决生产的同步化问题，只有供应链各成员企业之间及企业内部各部门之间保持步调一致时，供应链的同步化运作才能实现。供应链形成的准时生产系统，要求上游企业准时为下游企业提供必需的原材料（零部件），如果供应链中任何一个企业不能准时交货，都会导致供应链系统的不稳定或者运作的中断，导致供应链系统对用户的响应能力下降，因此保持供应链各成员企业之间生产节奏的一致性是非常重要的。

协调是供应链管理的核心内容之一。信息的准确无误、畅通无阻，是实现供应链系统同步化运作的关键。要实现供应链系统的同步化运作，需要建立一种供应链的协调机制，使信息能够畅通地在供应链中传递，从而减少因信息失真而导致的过量生产和过量库存，使整个供应链系统的运作能够与顾客的需求步调一致，同步化响应市场需求的变化。

8. 动态重构原理

动态重构原理认为，供应链是动态的、可重构的。供应链是在一定的时期内、针对某一市场机会、为了适应某一市场需求而形成的，具有一定的生命周期。当市场环境和用户需求发生较大的变化时，围绕着核心企业的供应链必须能够快速响应，能够进行动态快速重构。

市场机遇、合作伙伴选择、核心资源集成、业务流程重组及敏捷性等是供应链动态重构的主要因素。从发展趋势来看，组建基于供应链的虚拟企业将是供应链动态快速重构的核心内容。

同步思考 8-2

请查找资料分析供应链物流管理的方法有哪些？

理解要点：(1) 联合库存管理（JMI）；(2) 供应商掌握库存（VMI）；(3) 供应链运输管理；(4) 连续补充货物（CRP）；(5) 分销资源计划（DRP）；(6) 准时化技术（JIT）；(7) 快速、有效的响应系统（QR、ECR）；(8) 协同式供应链库存管理（CPFR）。

8.3 供应链管理中的牛鞭效应

早在20世纪60年代，J. Forrester在他的《工业动力学》(*industrial dynamics*) 一书中，对存在于工业供给环节中的由下游企业向上游企业需求波动逐渐放大的现象进行了阐述和研究。20世纪90年代初，美国宝洁公司（P&G）的销售人员发现宝洁公司的产品的最终消费需求很稳定，但从零售商到批发商的订货波动却很大，而供应商订购原材料的波动更大，研究人员把这种从供应链下游向上游信息传递，产品订货的需求量波动远远大于实际市场需求波动的现象称为"牛鞭效应"。随着经济全球一体化进程的不断加快，消费需求多样化增强，市场竞争日益激烈，企业与企业的竞争，逐步转化为企业所在的供应链与供应链之间的竞争。因此研究影响供应链稳定、敏捷和效率的"牛鞭效应"对提高企业竞争力具有重要的现实意义。

8.3.1 "牛鞭效应"产生原因分析

人们对供应链中"牛鞭效应"产生的原因分析很多，下面从定性和定量两个方面来阐述。

1. "牛鞭效应"产生原因的定性描述

（1）信息扭曲。供应链中之所以出现需求波动，且自下而上逐渐放大，从表面上看是需求数字的变化，其实质是信息在供应链中不断被扭曲。信息扭曲主要表现在两个方面。一是信息的不确定性，就是供应链企业已经拥有的信息与供应链要达到的目标所需信息的差异，包括企业由于对目前发生事件缺乏知识而导致不确定性，和对正在发生的事件不知如何应对而导致的不确定性。二是信息不对称，就是供应链中各个企业所掌握的信息数量、准确性、速度和真实性存在差异。这两方面都直接影响各企业做出及时、准确和优化的决策。

（2）参与人理性和最优化决策行为。在供应链管理活动中，各企业参与人的行为直接影响供应链的整体表现。在传统的企业管理中，企业以追求利润最大化为目标，企业决策参与人的理性行为也以此为目标，这样就导致追求局部利益行为必然会引起整个供应链的波动，产生"牛鞭效应"。虽然，进入20世纪90年代后，各种供应链联盟纷纷建立，供应链企业开始注重彼此之间的合作，但由于供应链联盟往往都是相对松散的经济利益协作体，加之供应链契约中关于超额利润分配不尽合理，因而供应链各企业只顾追求自身利润最大化的行为很难从根本上遏制。

（3）供应链内部结构和机制问题。供应链作为一个系统，有其自身的结构、运行机制和行为习惯来保证系统的正常运行，而恰恰也是这些因素导致系统的波动，产生"牛鞭效应"。其中供应链企业的生产工艺过程、价格机制、库存机制、行业规定、订货分配制度、激励机制、运输制度等都可能是"牛鞭效应"产生的根源。比如，在供应链结构中委托代理关系是结构内生的，而委托和代理双方的目标利益不一致（甚至是冲突），再加之缺乏有效的激励和监督机制，必然导致委托代理双方目标和博弈决策结果之间的次优选择。随着供应链内部类似委托代理环节增多，这种次优决策被多次重复，这也就是供应链需求波动不断放大的原因之一；订单处理和生产提前期太长、批量订货折扣、安全库存行为、批量运输优惠制度等都会推动"牛鞭效应"不断放大，而不是减小。

2. "牛鞭效应"产生原因的定量分析

（1）传统需求预测方法产生了"牛鞭效应"。在供应链的整个环节中，自下游到上游包括最终用户、零售商、分销商、代理商、生产厂家和原材料供应商。每一个节点在确定自己的订货量时依赖其下游的最近一段时期需求量，一般利用传统的移动平均法和指数平滑法来预测。下面以最终用户、零售商和分销商为例说明。

移动平均法简单说就是零售商估计最终用户需求为最终用户前 p 次需求的观察值的平均值，也以同样的方式估计需求的标准差。

$$\mu_t = \frac{\sum_{i=t-p}^{t-1} D_i}{p} \tag{8-1}$$

和

$$S_t^2 = \frac{\sum_{i=t-p}^{t-1}(D_i - \mu_t)^2}{p-1} \tag{8-2}$$

式中：μ_t——t 时期最终用户平均需求的估计值；

D_i——i 时期的最终用户需求；

S_t——t 时期最终用户平均需求的标准差。

式（8-1）和式（8-2）表明在每期内零售商根据最终用户需求的最近 p 个观察值计算得到一个新的平均值和标准差。因为这两个数值每期都变化，所以目标库存水平也会每期变化。为了对"牛鞭效应"进行定量计算，可以比较上下游对需求估计值变动。如果零售商观察到的最终用户需求的方差为 $V(D)$，这个零售商向分销商发出订单需求的方差 $V(Q)$ 相对于最终用户需求的方差满足：

$$\frac{V(Q)}{V(D)} \geq 1 + \frac{2L}{p} + \frac{2L^2}{p^2} > 1 \quad (L\ \text{代表提前期}) \tag{8-3}$$

可见，因此产生了"牛鞭效应"。

如果用指数平滑法来预测需求，可得到

$$\frac{V(Q)}{V(D)} = 1 + \frac{4L}{p} + \frac{4L^2}{p(p+1)} > 1 \tag{8-4}$$

可见同样存在"牛鞭效应"。

（2）信息处理产生"牛鞭效应"。在供应链管理中对需求信息的处理总的说来大体有两种主要形式，一个是集中处理需求信息，一个是分散处理需求信息。

首先考虑集中处理需求信息的情况。集中处理需求信息就是供应链的每个节点都可使用最终用户的实际需求数据来进行预测，而不是依赖前一节点发出的订单来预测。采用移动平均法利用 p 个需求观察值，不难表示供应链第 k 节点发出订单的方差 $V(Q^k)$ 相对于最终用户需求的方差 $V(D)$ 满足：

$$\frac{V(Q^k)}{V(D)} \geq 1 + \frac{2\sum_{i=1}^{k-1} L_i}{p} + \frac{2(\sum_{i=1}^{k-1} L_i)^2}{p^2} > 1 \tag{8-5}$$

这里 L_i 是第 i 节点与第 $i+1$ 节点之间的提前期。可见也会产生"牛鞭效应"。

接下来考虑分散处理信息的供应链的情况。在这种信息处理方式下零售商不让供应链其余节点得到其预测的平均需求信息，每个节点必须根据前一个节点发出的订单估计平均需求。假设同样采用移动平均法利用 p 个需求观察值，不难表示供应链第 k 节点发出订单的方差 $V(Q^k)$ 相对于最终用户需求的方差 $V(D)$ 满足：

$$\frac{V(Q^k)}{V(D)} \geq \prod_{i=1}^{k-1}\left[1+\frac{2L_i}{p}+\frac{2L_i^2}{p^2}\right] > 1 \tag{8-6}$$

这里 L_i 是第 i 节点与第 $i+1$ 节点之间的提前期。可见也会产生"牛鞭效应"，并且以积的方式增加。

(3) 线性分配机制下的"牛鞭效应"。当供应链中上游节点的供给能力 k 有限，供给短缺，即下游节点的订货总和超过供给能力时，上游节点只得利用一定的分配机制来分配有限的资源，同时下游节点为了最大限度地获得订货采取短缺博弈行为。在线性分配机制中（以一个上游节点对下游两个节点为例），当 $\min(2q_l^*, q_h^*)<k<\max(2q_l^*, q_h^*)$，$\max(2q_l^*, q_h^*)<k<2q_h^*$ 时分别满足：

$$\frac{VX_l^*}{Vq_l^*} > \frac{(1+\rho)^2}{2\rho} > 1 \quad (0<\rho<1) \tag{8-7}$$

$$\frac{VX_h^*}{Vq_h^*} > \left[\frac{(1+3\rho)}{2\rho^2}\right]^2 > 1 \quad (0<\rho<1) \tag{8-8}$$

$$\frac{VX_h'}{Vq_h^*} = \frac{(1+\rho)^2}{4\rho^2} > 1 \quad (0<\rho<1) \tag{8-9}$$

式中：q_l^*——预测需求为少的下游节点期望的最优分配量；
q_h^*——预测需求为多的下游节点期望的最优分配量；
X——下游节点1的订货量；
$X^*=(X_l^*, X_h^*)$——在 $\min(2q_l^*, q_h^*)<k<\max(2q_l^*, q_h^*)$ 情况下博弈的贝叶斯纳什均衡；
$X'=(X_l', X_h')$——在 $\max(2q_l^*, q_h^*)<k<2q_h^*$ 情况下博弈的贝叶斯纳什均衡。
ρ——下游节点2的订货为 Y_1 的概率。

由式 (8-9) 可知在以上情况下，这种线性分配机制也导致"牛鞭效应"。

(4) 保守的库存策略导致"牛鞭效应"。企业管理方便和满足顾客不确定需求，规范库存管理和提高顾客服务水平，通常采用保守的 (s, S) 型的库存策略，即当库存水平降至订货点 s 时，立即补充库存至 S。经过计算，该节点发出订单的变动和其面临需求的变动满足：

$$V(Q) \approx V(D) + \frac{2(S-s)^2\mu^2}{2(S-s)\mu+V(D)+\mu^2} \tag{8-10}$$

式中：μ——该节点面临的每期需求的均值。

显然：

$$\frac{V(Q)}{V(D)} > 1 \tag{8-11}$$

因此，这种 (s, S) 的库存策略导致"牛鞭效应"的产生。

另外，企业常采用的 (R, S) 库存策略、批量折扣订货策略、厂家促销策略等都会产生"牛鞭效应"。

8.3.2 "牛鞭效应"的危害

"牛鞭效应"的危害总体分两大部分，一部分是对整个供应链的危害，一部分是对供应链各企业的危害。

1. 对整个供应链的危害

使整个供应链的运作的总成本增加，并且增加的幅度随供应链环节的增多、企业数量增加而增大；使供应链的敏捷程度降低，适应市场竞争的能力下降，服务水平下滑；使供应链运作风险增大，供应链联盟协调性降低，最严重可能导致供应链联盟解体，或被代替。

2. 对各企业的危害

由于"牛鞭效应"的存在和影响，使得供应链下游至上游的企业，从批发商、物流运输商、分销商、制造企业和原材料供应商拥有超额库存。超额库存会占用大量的资金，同时又耗费大量的库存费用，更为严重的是，由于当今市场需求变化迅速，产品转型快，库存增大，风险增大；"牛鞭效应"还会导致各企业合作的不协调，直接影响企业对顾客的服务水平；由于"牛鞭效应"，企业决策者为应对高峰需求，加大投资，扩大生产能力，直接影响企业的资本运营质量；由于"牛鞭效应"，需求变化波动大，影响物流运输计划，导致企业运输成本增加；由于"牛鞭效应"，企业的生产计划时常改变，有时十分繁忙，有时又很清闲，对生产设备养护和管理不利，对产品质量保证也不利，如果过分盲目扩大生产，还有可能导致企业破产。

职业道德与企业论理 8-1

背景与情境：对市场的响应速度而言，越是处于供应链后端，企业响应速度越慢。当市场需求增加的时候，供应商往往无法支持制造商；而当市场需求放缓时，供应商则往往继续过量生产，造成库存积压。一旦经济不景气，整个供应链被迫大幅削减人员，关、停、并、转设备。以半导体设备制造行业为例，供应链前端的芯片制造业先于后端的设备制造业衰退；而后者则滞后于前者复苏，2000年前后经济泡沫后的大量库存，直到2002年才处理完，各大公司动辄注销几千万美元的过期库存。对众多的次级、次次级供应商而言，则意味着没有新订单，没有新的营业收入，无法维持运营。结果是大批供应商处于崩溃边缘，大幅裁员，甚至难逃破产厄运。

问题：试分析本案例中所存在问题产生的原因及影响。

分析提示："牛鞭效应"其实是在下游企业向上游企业传导信息的过程中发生信息失真，而这种失真被逐级放大的结果将波及企业的营销、物流、生产等领域。牛鞭效应成因于系统原因和管理原因，它们的共同作用提高了企业经营成本，对产品供应链造成消极影响，导致对市场变化的过激反应。当市场需求增加时，整个供应链的产能增加幅度超过市场需求增加幅度，超出部分则以库存形式积压在供应链不同节点。一旦需求放缓或负增长，大量资金和产品将以库存形式积压，整个供应链可能资金周转不良，严重影响供应链的良好运作，甚至导致企业倒闭，尤其是处于供应链末端的小企业。

8.3.3 减小"牛鞭效应"的对策

根据以上分析可以清晰地了解产生"牛鞭效应"的主要原因，同时也知道其危害性，但是必须客观地认清,在一定技术条件下要在整个供应链中彻底消除"牛鞭效应"是不可能的,因此如何减少"牛鞭效应"的影响是企业努力的方向。通过以下方法可以有效地减少供应链的"牛鞭效应"。

1. 改进需求预测手段,提高预测水平

在需求预测中,如果依然使用简单较易掌握的移动平均法和指数平滑法就必须注意历史需求数据的记录和使用,记录数据越准确,预测值就越准确,变动也就越小,"牛鞭效应"越小;同时从式(8-3)和式(8-4)可知,p 的值增大,$V(Q)$ 和 $V(D)$ 的比值就减小,也就是"牛鞭效应"减小。

为提高需求预测的精确度,可以尝试复杂的预测方法,比如利用时间序列进行预测,注意去除季节性、偶然性需求(预测中的噪声)的影响,及时考虑新信息对需求的冲击,保证需求预测的准确性。

2. 改进供应链信息传递方式,建立信息共享机制

(1) 改变信息传递方式。供应链从外在的实体来看是由最终用户、零售商、分销商、代理商、生产厂家和原材料供应商等构成,内在内容是由物流、信息流、资金流、价值流和业务流整合而成。在"五流"中以物流和信息流最为关键,物流是保障和基础,对整个供应链运行具有推动作用,信息流是反馈和原动力,对整个供应链前进具有拉动作用,没有顾客需求的信息存在,也就没有整个供应链存在。所以从根本上说信息流是供应链运行至关重要的因素。传统供应链物流和信息流的传递方式如图8-6所示,是单向的链式结构,容易失真、延滞和阻断。为了减少信息延滞和信号失真,防止信息阻断。

从式(8-5)和式(8-6)也可以看出,集中处理信息比分散处理信息造成的需求变动小得多,因此改进后供应链物流和信息流的传递方式如图8-7所示,这样不仅能提高信息传递的效率,使信息处理专业化,而且是实现信息共享的有效方式。

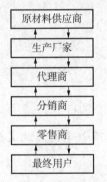

图8-6 传统供应链物流和信息流传递方式示意图

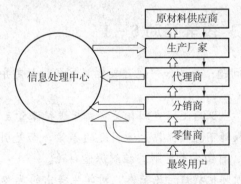

图8-7 改进后供应链物流和信息流的传递方式示意图

(2) 使用先进信息技术。要实现供应链管理中信息传递方式的改革,实现全程信息共享,供应链中的企业必须应用先进的 IT 技术,如 EDI、Extranet、MIS、SCM 软件和 ERP 系统等,使得企业内部和供应链内的信息做到有效集成,并对外界的需求信息做出快速反应。随着电子商务业务量的不断增加,供应链企业也要适应这一商务模式的发展,充分利用互联网技术,把用户、零售商、分销商、代理商、生产厂家和原材料供应商整合为一个信息系统,实现信息共享，防止因信息扭曲、失真而导致"牛鞭效应"增大。

3. 提高供应链柔性水平

供应链要克服因产品短缺，下游企业理性博弈所导致的"牛鞭效应"，就必须增强供应链的柔性，即提高对下游节点订货和顾客需求的反应能力。供应链柔性主要是指生产柔性和分销柔性，生产柔性用生产能力和生产能力之差衡量，分销柔性用现实的分销能力和顾客需求之差衡量。供应链的柔性提高后，供应链中各节点可在原来的库存策略基础上，改进(s,S)和(R,S)库存策略中的有关指标，有效减少"牛鞭效应"；当供应链柔性达到一定水平后，各节点可采用零库存策略，把实际的需求波动降至最低。

4. 合理分配供应链产生的超额利润

供应链要减小波动，减少"牛鞭效应"的危害，降低风险，就必须建立稳固的企业联盟机制。持久、稳定的企业联盟既可以克服因供应链结构变化带来的不确定性导致的"牛鞭效应"，也可减少价格波动造成的"牛鞭效应"。企业联盟稳固、持久与否取决于能否建立一个公正合理的分配超额利润的机制和办法。通常分配利润采用 Shapley 值，即联盟中合作企业的应得效用值等于它在联盟随机的所形成次序中贡献的效用增量与此次序的概率的加权平均值：

$$u_i = \sum_{S \subset N, i \notin S} \frac{(n-|S|-1)! \times |S|!}{n!} (v(S \cup \{i\}) - v(S)) \qquad (8-12)$$

式中： N——全体供应链联盟集合；

$|N|=n$，S——N 的不包含 i 的真子集；

$v(S)$——S 中联盟的利润。

供应链联盟也可根据其他办法来分配超额利润，目的同样是保证供应链联盟的有效性、稳定性、分布性和对称性，减少因各类波动形成的"牛鞭效应"。

教学互动 8-1

互动问题：企业如何规避或化解需求放大变异的影响？

要求：

（1）学生课后上网查阅相关资料后进行课堂互动讨论。

（2）教师不直接提供上述问题的答案，而是引导学生结合本节教学内容就这些问题进行独立思考、自由发表见解，组织课堂讨论。

（3）教师把握好讨论节奏，对学生提出的典型见解进行点评。

8.4 供应链绩效评价

8.4.1 供应链绩效评价的作用

为了能够评价供应链的运营给企业群体带来的效益，就得对供应链的运营状况进行必要的度量，并根据度量的结果对供应链的运行绩效进行评价。供应链绩效评价在供应链管理中的作用如下。

（1）供应链绩效评价具有统一客观的参照体系，有利于消除和减少由于主观因素带来的不公正、不全面、不客观现象。

（2）通过供应链绩效评价，有利于及时发现供应链运作过程中存在的问题，为供应链管理的合理性和可行性提供依据。

（3）通过供应链绩效评价，有利于帮助供应链节点企业树立正确的价值观和行为取向，尽可能减少供应链总成本。

（4）通过供应链绩效评价，有利于监督和控制供应链运营的效率，充分发挥供应链管理的作用。

总之，供应链绩效评价是对供应链整体运营状况和供应链节点企业之间的运营关系进行评价。供应链绩效评价的最终目的不仅是要获得企业或供应链的运营状况，更重要的是优化企业或供应链的业务流程，它为供应链管理体系的优化提供了科学的依据。

8.4.2 供应链绩效评价的内容

进行供应链绩效评价时，以企业为分界点，通常将具体评价内容分为以下三个方面：内部绩效评价，外部绩效评价，供应链整体绩效评价。

1. 内部绩效评价

内部绩效评价主要是对供应链上的企业内部绩效进行评价，主要评价内容包括以下内容。

（1）成本。绩效评价考虑的成本是指完成特定运营目标所发生的成本。

（2）顾客服务。考察供应链内部企业满足用户或下游企业需要的相对能力。由于难以定量的衡量，一般通过订单处理、服务反馈周期等指标作为补充指标。

（3）生产率。评价供应链内部企业的组织绩效，一般用于评价生产某种产品的投入与产出之间的相对关系。

（4）资产。评价为实现供应链目标对企业设施和设备的资产及流动资本的使用情况。设施、设备、存货是一个企业资产的重要组成部分，主要注重对注入存货等流动资本的流转、固定资产的投资回报率，对于人力资源的评价目前受限于成本、收益的货币化，因此仍很少被纳入考虑范围。

（5）质量。质量是内部绩效衡量的最主要内容，主要用以确定供应链企业所发生物流活动的效率。由于质量的范围非常大，因此对质量的衡量很难，目前作为折中的处理方法，通常根据"完美订货"来衡量物流运作的质量。完美订货关注的是整体的物流绩效，而非单一功能，它代表着理想的绩效。

2. 外部绩效评价

外部绩效评价主要是对供应链上的企业之间运营状况的评价，主要包括以下内容。

（1）用户满意程度。主要通过企业和行业组织调查或者系统的订货跟踪实现，由于难以精确地定量性衡量，一般以供应链企业与竞争者的绩效，如可靠性、订发货周期、信息的可用性、问题的解决和产品的支撑等指标作为补充。

（2）最佳实施基准。主要用于衡量综合绩效评价。最佳的实施基准集中在对比组织指标上的实施和程序。越来越多的供应链企业应用最佳实施基准，将它作为企业运行与相关行业或者非相关行业的竞争对手或最佳企业比较的一种技术，特别是一些核心企业通常在重要的战略领域将基准作为检验供应链运营的工具。

3. 供应链整体绩效评价

供应链之间的竞争日益激烈引起人们对供应链整体绩效的重视，要求能够提供总体的评价方法，并且这种方法必须是可以比较的，既能适用于机构的功能部门，又适用于分销渠道，如果缺乏整体的绩效评价，就可能出现制造商对用户服务的看法和决策与零售商的想法背道而驰的现象。供应链整体绩效评价主要包括以下几个方面。

（1）成本。与内部绩效评价中以完成特定运营目标所发生的成本所不同，供应链整体绩效评价中的成本是总成本，显然供应链整体所发生的成本均应纳入考虑范围，一般包括订货完成成本、原材料取得成本、总的库存运输成本，以及与物流有关的财务和管理、信息系统成本、制造劳动力和库存的间接成本等。

（2）顾客服务。评价供应链企业所能提供的总的客户满意程度，主要包括完美订货、用户满意程度和产品质量，而此处的完美订货、用户满意程度、产品质量等指标都是供应链整体而言，因此对各企业此类指标的衡量是实意程度、产品质量等指标都是供应链整体而言，因此对各企业此类指标的衡量是实现整体评价的基础。

（3）时间。评价企业对用户要求的反应能力，即从顾客订货开始到顾客用到产品为止所需的时间，一般包括装运时间、送达顾客的运输时间和顾客接受时间。一般认为，时间和成本、顾客服务的关系密切，时间与这两类评价内容的目标通常矛盾，因此为保证供应链系统的绩效，需要实现的是各类指标的综合最优。

（4）资产。评价为实现供应链目标对企业设施和设备的资产及流动资本的使用情况进行评价，主要包括库存、设施及设备等相当大的资产负债，资产评价基本集中于在特定资产水平支持下的水平，一般测量资金周转时间、库存周转天数、销售额与总资产比率等资产绩效。

案例分析

北京同仁堂连锁药店是著名老字号中国北京同仁堂（集团）有限责任公司旗下的二级独立法人药品零售经营企业，成立于2001年3月12日。连锁药店的成立顺应了国家有关培育5～10个面向国内外市场、多元化经营、年销售额达50亿元以上的特大型医药流通企业集团的政策，也是同仁堂集团公司"以现代中药为核心，发展生命健康产业，成为国际驰名的现代中医药集团"发展战略的重要组成部分。

1. 扩张带来管理困惑

北京同仁堂连锁药店拥有门店46家，建有快捷、高效的现代化配送中心。现有库房面积4 000 m²，其中，阴凉库650 m²，冷库20 m²。经营近万种商品，经营范围包括：中成药、中药饮片、化学原料药、抗生素、生化药品等。2002年全年销售额达1.87亿元人民币。

随着同仁堂连锁药店规模的扩大，门店的增多，连锁结构越来越复杂，同时也产生了许许多多亟待解决的管理问题。如：如何全面实施GSP管理？如何强化采购管理？如何提高配送中心的运营效率？……解决这些管理难题，依靠传统的管理手段已是困难重重，而管理信息化就是同仁堂连锁药店解决管理难题，实现管理创新的一条捷径。

2001年3月，连锁药店与北京佳软信息技术有限公司合作，开发出了北京同仁堂连锁管理信息系统,目前,该系统已在总部、配送中心和40多个门店成功投入使用,其中GSP管理功能的设置已得到了相关药品监督管理部门的认可。

2. 建立科学的供应链管理

"同仁堂连锁管理系统"以E6平台信息技术为支撑,将药品传统的商流、物流、信息流和采购、运输、仓储代理、配送、结算等环节按照科学的方法及手段紧密联系起来,形成完整的供应链管理。

本系统基于Internet,全面融入GSP管理思想,实现多品种、多渠道的物流配送,可与其他信息系统实现集成,对配送、渠道、线路、站(中心)等进行统一规划、合理布局,能实现对药品流通的实时、动态跟踪和站(中心)、线的动态查询统计。系统适应超大型连锁及物流管理。

系统开发包括四个子系统:企业总部管理系统、二级配送中心(管理中心系统)、门店管理系统和批发销售管理系统。几个系统互相独立,又紧密关联,形成统一的药品物流管理系统。具体包括采购管理、配送管理、系统管理、结算管理、价格管理、销售管理、零售管理、GSP管理、万能查询等功能模块。

该系统通过辅助完成GSP的达标、强化首营审批的执行、细化合同管理、统一价格管理而使管理流程得到了规范;通过实现货位管理、优化存量控制、推进效期管理、规范饮片管理使运营成本迅速降低;通过实现统一销售控制、对客户和供应商设立信用评定制度帮助企业规避经营风险;通过增进信息沟通、强化门店控制、提供决策支持而提高了管理效率。

3. 灵活平台满足需求

佳软的差异化软件技术主要表现为E6平台技术的先进性。E6平台是佳软利用Visual Studio.NET构建的管理软件构造平台。E6平台的构造假设基于两点:①信息系统应该是被逐级、分段建立或重构的;②建立信息系统是一种资源性投入,是一种基于管理和实践的知识积累,构建信息系统应该形成相应的资源,而不再是企业昂贵的"消耗品"。

基于E6平台架构管理系统,最大的特点是实现了标准化、模块化、灵活化和知识化。该系统通过编码服务器自定义编码功能,可实现业务中心原子化细分的独立运作,并且可通过灵活定义的通信方式,实现各个业务环节的数据连接和交互。基于本平台的管理软件开发,采用的是文本式的业务流程描述语言,开发人员、咨询人员等均可快速实现包括修订业务流程和重新定义、数据组织方式、定义单据及数据格式,实现穿透式查询、灵活定义同一系统分部数据之间的数据交换、数据加密和压缩等的软件设计工作。系统可以满足客户不断变化的需求,将复杂的系统逐步分解,通过快速的实现能力解决软件项目很难顺利收尾和客户信息系统分步建设难题,从而实现了"管理软件研发"向"管理软件生产"的重大突破。

4. 五个方面见成效

通过系统的实施,同仁堂连锁药店效益有了迅速提高,主要产生了五个方面的作用。

(1) 规范管理流程。表现在辅助完成GSP的达标、强化首营审批的执行、细化合同管理、统一价格管理等方面。

(2) 迅速降低了运营成本。首先,引进货位管理;其次,优化了存量控制;第三,推进效期管理。

(3) 帮助规避经营风险。体现在统一销售控制和降低财务风险两方面。

(4) 提高管理效率。增进总部内部、总部与门店之间的信息沟通,强化了门店控制,提供了决策支持。

（5）经济效益突出。2002年使整体采购成本下降了2%，约合人民币300万人民币；强化效期管理，优化库存结构，2002年新增2000余个品种，淘汰900余个品种，办理退货611万元人民币，降低了不良资产的形成；商品进销存计算机管理，按每人每年2万元人民币计算，门店减少50个人员设置，每年可节省100万元人民币；总部和配送中心引入APN技术，采用ADSL的通信方式，每年可节省通信费用约20万元人民币。

业务链接8-1

"2018年亚洲数字化供应链国际峰会"在上海举行

"2018年亚洲数字化供应链国际峰会"于2018年3月26日至27日于上海举行。数字供应链定义其"为一个以客户为中心的平台模型"。它可以获取并最大限度地利用不同来源的实时数据。它能够进行需求刺激、匹配、感知和管理，以提升业绩并最大限度地降低风险。数据和大数据，以及数据和大数据分析是数字化供应链的基石。要建立数字化供应链，企业必须有正确的数据战略，不仅要有内部数据连续增长的沉淀，还要有访问外部数据和实时数据的能力，并且有能力分析大数据，从中提取数据的供应链商业价值。

供应链必须有面对数据时代的数据战略。应用数据来获取竞争优势，应用数据来做好客户需求预测及制定更好的供应链计划，应用数据来帮助做出更好的供应链决策，应用数据来优化供应链流程和物流，应用数据来帮助供应链创新和改进供应链协同等。供应链企业要成为数据企业是一个大趋势。

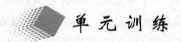

单元训练

□ 理论题

▲ 简答题

1）什么是供应链？供应链有哪几种类型？
2）什么是供应链管理？供应链管理有哪些特点？
3）什么是供应链中的"牛鞭效应"？牛鞭效应的成因是什么？

▲ 讨论题

1）画图说明供应链的结构，并进行小组研讨。
2）推式供应链和拉式供应链系统主要有哪些区别？

□ 实务题

▲ 规则复习

1）供应链管理原理；
2）牛鞭效应原因分析；
3）供应链管理绩效评价与分析。

▲ 业务解析

1) 新零售模式（即个人、企业以互联网为依托，通过运用大数据、人工智能等先进技术手段并运用心理学知识，对商品的生产、流通与销售过程进行升级改造，进而重塑业态结构与生态圈，并对线上服务、线下体验以及现代物流进行深度融合的零售新模式）在近年来被消费者所追捧，但其实零售行业是一个传统且投入较重的领域，尤其对于实体零售企业来说，更是如此。我们容易忽略传统行业具有的资源和优势，相反地，人们的目光更容易被新鲜的事物夺去眼球。请以水果超市为例，从供应链管理角度分析传统零售行业如何拥有持续的竞争力？

2) 茅台集团通过拓展更宽阔的金融领域，获得更多的牌照，提升了整体的金融实力。茅台集团公司旗下金融业务已拥有财务公司、基金公司、租赁公司和华贵人寿保险四家金融公司，涉足保险、财务、融资租赁、基金等金融领域，并获得保险和证券两块金融牌照。茅台集团与互联网、物联网深度融合的智慧供应链，实现高效整合各类资源和要素，提升产业集成和协同水平；推动供应链上下游实现协同采购、协同生产、协同物流和协同合作，快速响应茅台需求；严控生产周期和物流配送，降低生产经营和交易成本。将进一步建好物资采购平台，及时传导需求信息，希望根据茅台实现需求，优化配置资源，提高供给质量和服务质量。同时，茅台大力推动可视化和智能化技术在供应链关键节点的应用，促进全链条信息共享，实现供应链可视化、智能化。加快人机智能交互、工业机器人、智能工厂、智慧物流等技术和装备的应用，提高敏捷制造能力，优化资源配置，提高运行效率，提高企业管理精细化和现代化水平。请问供应链管理策略在茅台集团内部是如何体现的？

□ 案例题

▲ 案例分析

国际上众多知名制造业企业通过开展绿色供应链管理工作，获得了良好的经济和社会效益。为提升我国绿色供应链管理水平，发挥典型企业的示范引领作用，打造绿色供应链，构建绿色制造体系，我国大力支持和鼓励在汽车、电子电器、通信、机械等重点行业开展绿色供应链管理试点工作，供相关企业相互学习借鉴，以期提升企业绿色供应链管理水平。请为华为公司制定相应的计划和方案。

问题：
(1) 试述华为公司绿色供应链管理思路与方法。
(2) 试述华为公司绿色供应链管理具体的实施内容。
分析要求：同第1章本题型的"分析要求"。

▲ 善恶研判

供应链管理对电商企业的重要性。

背景与情境：在网络营销模式层出不穷的今天，互联网营销已经成为大众热衷的一种模式，为广大消费者所接受，预售、早买早便宜、极速供应链……这些关键字无一不让消费者眼前一亮，从而有一掷千金的冲动，A互联网企业，为了博得消费者的眼球，每天都在互联网上搜集、抓取来自于全世界时尚秀场的新款鞋子照片，设计师通过Photoshop来360度还原鞋子原貌，以图片进行预售，消费者下单后再进行生产，40天内消费者就可以收到一个多月前在T台上出现的美鞋，比专柜上线还要早上一个周期。产品不会大量进行生产，每一款鞋子都是限量的,售完不会再追加订单。A公司在享受这种模式带来的收益的同时,也备受折磨:由于合作工厂的问题,只有20%的鞋款能勉强做到40天内交货。而且,工厂生产出来的鞋子质量参差不齐,客户投诉屡屡发生。等企业意识到这些问题,退居后端,对质量和交货期都有了十足的把握之后,市场环境却发生了巨大的变化,预售不再吸引人,早买早便宜也是司空见惯,如何在众多的竞争者中脱颖而出成了最大的难题。

问题:
1) 请分析本案例中该电商企业失败的原因?
2) 试对上述问题做出你的善恶研判。
3) 通过网上或图书馆调研等途径搜集你作善恶研判所依据的行业规范。

研判要求:同第1章本题型的"研判要求"。

第 9 章

出口单证的种类及制作

 开篇案例

单证标准化壁垒

联合国《贸易程序简化建议书》中有一段话:"烦琐过时的程序,复杂非标准的单证,导致交易成本的增加,造成货物运输的延误;国际贸易信息传递的时滞和错误,给国际贸易各国带来很大的损失。"实践中不乏这样的案例,一批出口业务由于企业将发货单证上的国家代码写成了三位数而不是联合国标准的两位数,货物被贸易国海关计算机系统排出,造成压货,结果造成巨大损失。

历年来造成我国数千亿元损失的原因是出口企业对国际贸易标准缺乏了解,单证、标签等不符合国际标准,其中并不包括产品质量。我国海关、检验检疫、商务等部门实施了国际贸易单证标准,即由政府部门签发的单证都能够严格按照国际标准执行,使得我国产品能够走出国门,这是我国成为世界第一贸易大国的一个重要的前提。但是,国际贸易单证标准是一个完整的标准体系。滞关、压仓、退货、货物损毁,主要是因为企业填制的包括与金融保险等服务相关的单证以及更多的由企业填写和申报的单证,与国际标准的要求相距甚远。

从引例可见,单证工作在整个国际贸易环节中占有举足轻重的地位,我们应该予以高度重视。

9.1 出口单证的种类

单证是完成国际贸易程序所不可缺少的手段,是国际贸易工作的一个重要组成部分。众所周知,国际贸易的单证种类繁多,用途各异,且内容格式也不尽相同,要求缮制正确、合理、合法、齐全和及时,稍有疏漏就会给贸易各方造成损失。因此,熟悉各种贸易单证的种

类是十分重要的。

本节主要介绍国际贸易中涉及的出口单证,出口单证就其性质和用途不同,可分为官方单证、商业单证和货运单证三类。

单证不符 开证行拒付

背景与情境: 日本某银行应当地客户的要求开立了一份不可撤销的自由议付 L/C,出口地为上海,证中规定单证相符后,议付行可向日本银行的纽约分行索偿。上海一家银行议付了该笔单据,并在 L/C 有效期内将单据交开证行,同时向其纽约分行索汇,顺利收回款项。第二天开证行提出单据有不符点,要求退款。议付行经落实,确定不符点成立,但此时从受益人处得知,开证申请人已通过其他途径(未用提单)将货提走。

问题: 议付行可否以此为理由拒绝退款?

分析提示:(1)L/C 业务是纯单据业务,单证不符不能付款,银行仅处理单据,不问货物真实情况。

(2)尽管开证申请人将货物提走,但开证行并未将单据交给开证人。所以,议付行应向受益人追索所垫付的货款,退款给开证行。

9.1.1 官方单证

官方单证是指我国有关主管部门为了管理上的需要,规定某些单证需先由进出口单位报请主管机关审核批准后予以签发。它们主要有以下几种。

(1)出口许可证(export licence)。

(2)出口商品检验证书(inspection certificate)。

(3)原产地证(certificate of origin)。

(4)出口货物报关单(见附录 F)。

(5)特定减免税证明。

9.1.2 商业单证

商业单证是由出口人根据贸易合同或信用证上的要求制作的单证。它们主要有以下几种。

(1)信用证(letter of credit)。

(2)汇票(bill of exchange or draft)。

(3)商业发票(commercial invoice)。

(4)海关发票(customs invoice)。

(5)领事发票(consular invoice)。

(6)装箱单/重量单(packing list/weight list)。

(7)保险单(insurance policy)。

(8)寄单声明(beneficiary's statement)。

(9)装船通知(shipping advice)。

(10) 受益人证明（beneficiary's certificate）。

同步思考 9-1

下面是一份已填写好的托收汇票，请回答下列问题。
(1) 汇票出票人、付款人分别是谁？
(2) 汇票是即期还是远期？
(3) 该笔托收业务的托收行是谁？

BILL OF EXCHANGE

号码　　　　　汇票金额　　　　　　　　　　　　上海
No. HL56　　　Exchange for　　　USD 46 000　　　Shanghai,
见票　　　　　日后（本汇票之副本未付）交付
At D/P AT 30 DAYS　sight of this FIRST of Exchange (Second of Exchange being unpaid)
pay to the order of　　　　BANK OF CHINA
金额
The sum of　SAY US DOLLARS FOURTY SIX THOUSAND ONLY
Drawn under:
此致
To MN TRUST & BANKING CO., LTD.
INTERNATIONAL DEPARTMENT, 4—5　　CHINA NATIONAL SAD BY PRODUCTS
MARUNOUCHI 1—CHOME　　IMP. & EXP. CORP. DALIAN BRANCH
CHIYODA—KU, TOKYO 100, JAPAN　　　　66 WUSI STREET
　　　　　　　　　　　　　　　　　　　　　　　　　　　DALIAN CHINA

理解要点：（1）汇票出票人、付款人分别是：CHINA NATIONAL SAD BY PRODUCTS IMP. & EXP. CORP. DALIAN BRANCH，MN TRUST & BANKING CO., LTD。
(2) 汇票是远期。
(3) 该笔托收业务其托收行是：BANK OF CHINA。

9.1.3 货运单证

货运单证是由托运人、承运人或其代理签发的单证。它们主要有以下几种。
(1) 出口货物托运单（booking note of export cargo）。
(2) 出口货物一般订舱单（booking note of export cargo）。
(3) 装货单（shipping order，S/O）。
(4) 收货单（mate's receipt）。
(5) 集装箱托运单一式八联。
(6) 集装箱装货单（dock receipt，D/R）。
(7) 集装箱装箱单（container load plan，CLP），一式十联。
(8) 一般海运提单（bill of lading，B/L）。
(9) 提货单（delivery order，D/O），一式五联。
(10) 设备交接单（equipment interchange receipt），一式六联。
(11) 铁路运单（rail way bill），一式五联。

(12) 承运货物收据（cargo receipt，C/R）。
(13) 中国民航国际货物托运书。
(14) 航空主运单（master air way bill）。
(15) 航空分运单（house air way bill）。

 案例分析

假信用证诈骗未遂案例分析

背景与情境：某中行曾收到一份由印尼雅加达亚欧美银行（Asianuero - American Bank, Jakarta, Indonesia）发出的要求纽约瑞士联合银行保兑的电开信用证，金额为 600 万美元，受益人为广东某外贸公司，出口货物是 200 万条干蛇皮。但查银行年鉴，没有该开证行的资料，稍后，又收到苏黎世瑞士联合银行的保兑函，但其两个签字中，仅有一个相似，另一个无法核对。此时，受益人称货已备妥，急待装运。为慎重起见，该中行一方面劝阻受益人暂不出运；另一方面抓紧与纽约瑞士联合银行和苏黎世瑞士联合银行联系查询，先后得到答复："从没听说过此开证行情况，也从未保兑过这一信用证，请提供更详细资料以查此事"。至此，可以确定，该证为伪造保兑信用证，诈骗分子企图凭以骗我方出口货物。

问题：出口业务操作时需要注意什么问题？

分析提示：应该核实国外买方以及开证银行的真实性。

9.2　出口单证的制作

跟单信用证是国际贸易中最为广泛应用的一种支付方式。信用证结算方式下各种单据也是依照此信用证项下的各种条款来缮制的，要严格遵守"单证相符"，"单单相符"的原则。

9.2.1　汇票

汇票是无条件的书面支付命令，要求付款人即期或定期支付票面上的金额。汇票一般开具一式两份，其中一份付讫，另一份即自动失效，也就是通常所说的"付一不付二"，"付二不付一"，现将汇票中各项内容的填制方法介绍如下。

(1) No.。此栏为汇票的编号，该编号应与商业发票的编号相同。

(2) Exchange for。此栏应填汇票的金额，用阿拉伯数字书写，金额与货币名称应与发票上的相同并不得超过信用证上的金额。

(3) 汇票的右上方是议付地点和日期。地点一般印在汇票上，议付日期由议付行在寄单之前打上。

(4) at sight。此栏是汇票的期限。如为即期汇票，在 at 与 sight 之间打下 "…" 符号。如为远期票，则应按信用证上规定的时间填制并将其打在 at 与 sight 之间。例如，30 days 或 60 days，也可在日期之后加 "after" 字样，也可不加，因计算汇票的时间，不包括见票日，即常说的算尾不算头。

(5) pay to the order of 。此栏应填信用证上的受益人，如为托收应填出人。但通常都是填由受益人或出口人所委托的某家银行作为收款人，如通过中国银行议付或托收的就填 Bank of China。

(6) The sum of。此栏应填汇票的金额，但应用英文大写，货币名称与金额应与（2）中的内容一致。习惯上在大写数字前加"say"和大写数字后加"only"字样。

(7) Drawn under。此栏为出票依据。如为 L/C，应填开证行的名称、信用证号码、开证日期，或按信用证上的要求填写。如为托收，应填合同号和签约日期。如为光票，应填出票的缘由，如 being additional premium under L/C no 96/54321。

(8) To。此栏应填收票人亦即付款人。在信用证的情况下，通常填开证行或开证行指定的付款行。在托收的情况下应填进口商及详细地址。

(9) 汇票右下方空白处应由出票人签字盖章。在信用证情况下，出票人应是信用证上指定的受益人，并应与发票上的签署人一致。

(10) 在制作汇票时要认真仔细，不能有涂改，不能加盖修改图章。也就是说，不能有丝毫差错，否则将会遭到付款人的拒付。

9.2.2 商业发票

商业发票是出口人开给进口人的出口货物清单，是买卖双方交接货物和结算货款的主要依据，也是全套出口单据的核心，其他单据均应参照它制作。现将其各项内容和制作方法介绍如下。

(1) 发票的抬头。在"Sold to Messrs"或"To"之后，必须填开证申请人。若开证申请人为 ABC CO.，但来证要求发票抬头改为他人也可照办，例如，来证要求 Invoice to be made in the name of L. L. E. CO. 或要求在 ABC CO. 之后加注"On behalf of L. L. E. CO."或要求加注"for account of L. L. E. CO."均可照办。如为托收，发票抬头应填进口人。

(2) 发票上的品名、规格、数量、包装及唛头等项目。所填写的内容必须与信用证上规定的完全一致，不能有任何省略或改动，即使证上有错字、漏字，也只能将错就错。例如，来证规定为"sound gunng bags"，不能改为"New gunng bags"；如果来证商品名称为"Mink"，不能改为"Weasel"；如果来证品名为"cider"，不能改为"Apple wine"；如果来证为"70 percent"，不能改为70％，等等。

(3) 价格。价格应按信用证上的规定在发票上表现出来。如果来证价格为"CIF Hamburgs Liner Terms"，则在发票上对价格的描述不能省去"Liner Terms"。

(4) 发票上的总金额。除非信用证另有规定，一般不得超过信用证上的总金额并须与汇票上的金额相一致。

(5) 信用证上如规定超额运费或超额保险费或选港费由买方负担，且信用证金额已包括上述费用者，或信用证金额虽然不包括上述费用，但规定可在信用证项下支取者（May be drawn under this credit 或 Additional insurance peremium may drawn in excess of L/C amount），则可连同货款一并列在发票的总值内。

(6) 如果来证的总金额是按 CIFC 计算的，则在发票汇票上的总额也应按 CIFC 总额计算，不要减去佣金。待收汇后再把佣金回付给买方。

如果来证单价为 CIFC，但总额已预扣佣金，则要在发票 CIFC 总金额之下减去佣金

（less X%），以 CIF 值作为发票、汇票的最高金额。

如果合同中规定的 CIF 价含有佣金 5% 并且双方事先言明是暗佣，事后国外来证上的 CIF 总金额是含暗佣金额 5% 的，则在发票上不应减去佣金。

（7）如果来证规定单价中含有佣金（including commission），则应在发票上照写，而不能用折扣（discount）字样代替。如果来证中有现金折扣（cash discount）字样，则应在发票上照写，而不能写成"商业折扣（trade discount）"，反之亦然。"cash discount"是卖方鼓励买方早日付款用的，即买方在规定付款之日前提前付款，则在价格上给以一定的折扣。例如，60 days net，2% discount for cash，即 60 天按净价付款，减收 2%。

（8）如果来证要求出"收讫发票（receipted invoice）"，则应在发票上加注"receipted invoice"或"received invoice"字样，并在发票的正中空白处加注"payment receipted against ××Bank L/C No. ×××dated××"字样，或加注"payment received"字样。

（9）如果来证要求出"证实发票（certified invoice）"，则应在发票上加注"certified invoice"字样，并在发票正中空白处加注"We hereby certify that the contents described here in are true and correct"字样，同时要求将发票上印的"有错当查（E. & O. E）"字样画掉。

（10）南美一些国家的商人往往在来证上要求出"宣誓发票（sworn Inv.）"，则应在发票上加"sworn Invoice"字样，并在发票正中空白处加注"We swear that the contents of the value of this Invoice are true and correct in every respect"字样，同时将发票上印的"E. & O. E"字样画掉。

（11）如果来证要求出"详细发票（detailed invoice）"，则应在发票上加注"detailed invoice"字样，并在发票内详细列明货名、规格、数量等内容。

（12）如果来证要求提供"中性发票（neutral invoice）"，则在发票上不能显示出口人的名称、地址，所以不能用公司本身的发票，而应用白纸打制，并应以"to whom it may concern"作为发票抬头。

（13）如果开来信用证的金额为 20 000 美元，而发票金额为 20 005.50 美元，可采取抹零的办法，即在发票金额栏内加少于"5.50 美元不计"字样，总金额即为 20 000 美元，即"written off USD 5.50，net proceeds USD 20 000.00"。这样便可使单证一致，而不致因微小金额要求对方改正。

如果信用证金额为 20 000 美元而发票金额为 20 055.50 美元，可采用先行减去 55.50 再解决的办法（即另行要求外商汇付），并在发票的总金额项下加注"less USD 55.50 to be settled latter, net proceeds USD 20 000"，以做到单证一致。

如果金额相对较大，若为 20 155.50 美元，则可采取电提办法，即由议付行电询开证行，其措辞可以是"L/C No. 1234 invoice amount exceeded USD 155.50 may we negotiate plus confirm"。如果回电为"confirm"或为"L/C No. 1234 you may negotiate if otherwise in order"，则可放心寄单。

（14）如果国外客户要求或信用证上规定在发票内加列船名、原产地名称、生产企业名称、进口许可证号、外汇批准号、银行登记号、合同号和加注阿拉伯文等，在不违背政策规定的情况下亦可照办。

（15）根据跟单信用证统一惯例 600 号规定，商业发票无须签字，但若来证要求出

"signed commercial Inv."，则应照办。不过习惯做法都是在发票上签字盖章。

（16）发票日期不能迟于提单的日期。

商业发票签发失误致损案

背景与情境：公司对外出口，对方开来信用证中，对发票只规定："Commercial Invoice in Duplicate"公司交单后被拒付，理由是商业发票受益人漏签字盖章，经检查发现的确没有签字盖章，立即补寄签字完整的发票，但此时信用证书已过期，故又被拒绝，公司与买方交涉，以降价处理才收回货款。

问题：本案中拒付有理由吗？

分析提示：有。

9.2.3 装箱单

装箱单用以补充发票的内容，以便进口国家的海关查验货物和进口商核对货物，在制作时应注意以下问题。

（1）装箱单（packing list）上的总件数和总重量应与发票上的总件数或总重量相一致。

（2）单据名称须与信用证规定相符，如果信用证规定为"weight memo"，则单据名称不能用"weight list"。

（3）如果信用证要求提供"packing list"或"list of specification"或"detailed packing list"，则须注明每件货物的规格、花色、数量，后者还须加注包装情况，如果信用证要求注明尺码（measurement），则应加注每件货物的体积。如果信用证要求用空白纸张（plain paper）作装箱单，则在装箱单上不能有受益人及买主的名称，也不加盖任何图章。

（4）这种单据的日期应与发票日期相同或略迟，而不能早于发票上的日期。

9.2.4 保险单或保险凭证

保险单（insurance polity）或保险凭证（certificate of insurance）是被保险人索赔和保险人理赔的主要依据，也是在CIF条件下卖方必须提供的出口单据之一。保险单或保险凭证由保险人出具，但投保人在投保前后应注意以下问题。

（1）除信用证另有规定外，保险单上的被保险人必须是信用证上的受益人，被保险人取得保险单后必须进行空白背书，才能转让。

（2）由保险经纪人开出的暂保单，银行不会接受议付，但对预约保险（open cover）项下的投保声明（insurance declaration）银行可接受。

（3）如果来证要求出具投保回执（acknowledgement of insurance declaration）受益人不能接受。因保险人通常不一定同意提供回执，即使同意提供，时间未必及时，最终会影响及时收汇，造成利息损失，甚至会因等待的时间太长，以致信用证过期，其后果就更为严重，故应及时要求对方改正。

（4）投保的险别和投保金额要与来证规定相符。如果来证要求的投保险别超过合同中的规定，应要求对方改正。或者按来证办理，但应要求对方在信用证上加注"超保费由买方负担，并允许受益人在信用证金额项下超支（additional premium between 110% and 130% of the invoice value are for buyer's account and beneficiary may draw in excess of L/C amount）"。

（5）如果开来的信用证上有投保一切险（covering all marine risks）或可能发生的风险（covering eventual risks）或惯常险别（covering customary risks）之类的不确切词语，按UCP 500规定不应使用这类词语。如已使用，银行按所提示的保险单据予以接受，但对未投保的任何险别不予负责。还有的来证要求投保A. A. R险，这是all and any risks 或against all risks 的意思，只要投保一切险加战争险、罢工险即可。

（6）保险单上的签发日期应早于提单日期，最早应与提单日期同一天。否则开证行或进口商有权拒付。

（7）除信用证另有规定者外，保险金额的货币应是信用证所使用的货币。保险金额不得少于发票的最高金额，一般按发票总值加一成投保。根据国际保险业务惯例，凡是保险金额小数点以后的尾数进位至整数。

（8）除信用证另有规定者外，保险单的理赔地点应在货物的目的地。如果目的地无保险公司的理赔代理人或检验人，则应由离该目的地最近的保险公司理赔代理人办理检验或理赔事宜。

（9）保险单上的唛头、货名、件数、运输工具名称、装运港、目的港等项目均应与发票和提单上的同项内容相一致。

同步思考 9-2

我国A公司是出口方，与客户以CIF贸易术语成交出口一批货物，D/P付款，现在所有单据除了保险单都已经寄到买方银行等待付款，可是客户说缺少保险单，请问保险单应由卖方还是买方保管？

理解要点：由卖方保管，投保时受益人为卖方，经过背书转让给买方。

9.2.5 海运提单

海运提单（bill of lading）是货物的承运人或其代理人在收到货物后签发给托运人的一种证件。

1. 海运提单的性质与作用

海运提单的性质与作用主要表现在以下四个方面。

（1）提单是承运人或作为承运人的具名代理或代表，船长或作为船长的具名代理或代表所签发的货物收据，证明已收到提单上所列明的货物。

（2）提单是代表货物所有权的凭证，收货人或提单的合法持有人有权凭提单向承运人提取货物。由于提单是一种物权凭证，因而在国际市场上，提单可以在载货船舶到达目的港交货之前办理转让或凭以向银行抵押货款。

（3）提单是承运人与托运人之间运输协议合同的证明，是承运人与托运人处理双方在运输中的权利和义务问题的主要依据。

(4) 提单是收取运费的证明，在运输过程中起到办理货物的装卸、发运和交付等方面的作用。

2. 海运提单的种类

它的种类很多，但使用较广的是已装船提单、清洁提单和指示提单。

(1) 已装船提单是指提单上载明货物已由某轮装运的字样和装运日期的提单。

(2) 清洁提单是指货物交运时表面状况良好，承运人在签发提单时未加任何"货损或包装不良"一类批注的提单。

(3) 指示提单是按照记名人（named person）的指示或非记名人（to order）的指示交货的提单。

3. 提单制作需要注意的问题

理论上提单应由船公司填制，但实际上都是由托运人制作，在缮制提单时应注意以下几个问题。

(1) 如来证无特殊规定，提单上的发货人（shippers）应为信用证的受益人。如果来证规定以第三者为发货人，则可以国内运输机构或其他公司的名义为发货人；如果来证规定以开证人为发货人，则不能接受。

(2) 提单的收货人（consignee）习惯上称为抬头人。绝大多数信用证都要求做成指示抬头（to order），又称"空白抬头"。这种提单必须经发货人背书，方可流通转让。也有极少数信用证要求做成"凭开证银行指示（to order of issuing bank）"，或"凭收货人指示（to order of consignee）"，这种提单无须发货人背书。另外，提单抬头还分记名和不记名的，对这两种提单发货人均不背书，对于不可转让提单无须背书。

(3) 提单上的背书又分"空白背书"和"记名背书"。凡是"空白抬头"必须是"空白背书"。"空白背书"由发货人在提单背面加盖印章，无须加任何文句；而"记名背书"除加盖印章外，还应注明"交付给××（deliver to ××）"字样。

(4) 提单的抬头与背书直接关系到物权归谁所有和能否转让等问题。因此，一定要严格按照信用证要求办理。值得一提的是，若货去法国或阿根廷，发货人必须在提单正面签署。

(5) 信用证上如要求加注被通知人（notify party）名称者，应照办。如来证规定仅通知某人（notify ×× only），则通知栏内不能省去"only"字样。来证如规定在提单上须表示买方名称，应在提单上加注"买方××（name of consignee ××）"。如果来证未要求加注被通知人，则在正本提单上的被通知人一栏留空不填，但应在副本提单的被通知人一栏内加注开证申请人的名称，以便货到目的港时船方通知其办理提货手续。

(6) 若为联运提单（C. T. B/C），其上有以下内容。

① 前段运输（pre-carriage by），本栏应填第一段运输方式的运输工具名称。如货物从西安经陆路运往天津，再装船运往美国，则此处填："by wagon No. ××"或"by Train"。

② 收货地点（place of receipt），本栏填前段运输承运人接受货物的地点，如西安。

③ 船名及航次号（ocean vessel voy No.），如果第一程运输不是海运，在签发联运提单时此栏可填："intended vessel"（预期船只）。根据 UCP 500 第 26 条规定，银行可以接受这样填制的提单。

④ 装运港（port of loading），本栏填海运段实际的装运港名称，但应与信用证上的规定相一致。

⑤ 卸货港（port of discharge），本栏填实际的卸货港名称，但应与信用证上的规定相一致。

⑥ 交货地点（place of delivery），是指最终目的地，如果从上海海运至美国旧金山，然后再由旧金山运至芝加哥，则交货地点填芝加哥。

（7）提单上的唛头必须与其他单据上的相一致。如果信用证规定有唛头，则应按信用证上的规定制作。如果为散装货，应注明"N/M"或"in bulk"字样。如果是裸装货钢材，若钢材端部涂刷的是红色，则在提单的唛头栏内注明"red stripe"，若刷的是白色，则填"white stripe"。

（8）提单上的货物名称，可作一般概括性的描述，不必列出详细规格。有时同一货物，但使用不同货名可以节约运费。因此，应尽可能事先通知对方在来证中采用收取运费较低的货名，或使对方在来证中加注："提单使用某某货名可以接受"的字句。

（9）提单上除有阿拉伯文字的件数外，尚需有英文大写的件数，两者的数量要相一致。

（10）提单上的重量，除信用证有特别规定者外，仅列毛重，并应与发票、重量单上的重量相一致。

（11）如果为 CFR 或 CIF 价格，提单上加注"运费预付（freight prepaid）"或"运费已付（freight paid）"字样，除非信用证另有规定，运费预付或已付的提单不必加注运费金额。如果为 FOB 价格，提单上须加注"运费到付"（freight collect 或 freight to be collected）。

（12）提单上的签发日期必须与信用证上规定的装船日期相对应，也就是最晚不得迟于信用证或合约上最迟的日期，在提单日期之后，必须填写签发地点。

（13）提单正本须按信用证规定的份数签发，如果无规定，应签发正本两份。如果信用证上规定受益人提供"全套提单（full set B/L or complete set B/L）"，这就是指承运人在提单上所注明的全部正本份数。如果要求出具 2/3 origin B/L，则应制作三份正本，其中两份正本送银行议付，另一份正本应按信用证中规定办理，如果该项规定不合理，应及时通知开证申请人改正。每份正本提单的效力是相同的，只要其中一份提货，其他各份即告失效。

（14）提单必须编号，以便联系工作和核查，发装船通知时，也要说明提单号和船名，提单正本必须要有船长和船代或承运人或其代表签字，始生效。

（15）如果签发提单人为外代，而承运人为"maersk line"，则应在外代之后加注"As agent for the carrier maesk line"字样。

案例分析

包装不符争议案

背景与情境：上海出口公司 A 与香港公司 B 按 CIF 条件成交自行车 1 000 台，由 A 方缮制合同一式两份，其中包装条款规定为"PACKING IN WOODEN CASE"（木箱装）。将此合同寄至 B 方，然后由 B 方签回。B 公司签回的合同上于原包装条款"PACKING IN WOODEN CASE"后面加了"C. K. D"字样，但未引起 A 公司注意。此后，B 公司按合同规定开证，A公司凭信用证规定制单结汇完毕。在此过程中，得知B公司已将提单转让给另一商人C，货到目的港，发现系整台自行车用木箱装，与单据所载不符。由于自行车整台进口需交纳20%进口税，因此C拒收货物并因此要求退还货款。B公司转而向A公司提出同样要求。但是，A公司认为B公司已将提单转让给第三方公司，该行为表明买方对卖方的所有权已做出了相抵触的行为，即已构成对货物的接受。由此，双方产生了争议。

问题：试分析本案中应该由哪方承担责任？

分析提示：A方忽略C.K.D，造成实际装载与合同和单据不符，负有不可推卸的责任。C.K.D是Complete Knock Down的缩写，意思是将一件成品完全拆散。本例B方回签的包装条款意思是将整台自行车完全拆散成零件装入木箱，而A方却整车装箱。B方对提单的转让不构成与A方所有权相抵触的行为。本案中A公司首先负有单据不符的责任，B公司在不知情的情况下付了款，并获得单据，而且处置了单据，但并不意味着失去要求退货、退款的权利。

互动问题：(1) 海运提单如何转让？在转让过程中应该注意哪些事项？
(2) 海运提单在运输过程中如何体现它的物权凭证作用？

要求：(1) 学生课后上网查阅相关资料后进行课堂互动讨论。
(2) 教师不直接提供上述问题的答案，而是引导学生结合本节教学内容就这些问题进行独立思考、自由发表见解，组织课堂讨论。
(3) 教师把握好讨论节奏，对学生提出的典型见解进行点评。

9.2.6 原产地证书

原产地证书（certificate of origin）是出口商应进口商要求而提供的，由公证机构或政府或出口商出具的证明货物原产地或制造地的一种证明文件。原产地证书可分为：一般原产地证明书（CO）、区域性经济集团互惠原产地证书和普惠制原产地证明书（FORM A）。

一般原产地证书是证明货物原产于某一特定国家或地区，享受进口国正常关税（最惠国）待遇的证明文件。它的适用范围是：征收关税、贸易统计、保障措施、歧视性数量限制、反倾销和反补贴、原产地标记、政府采购等方面。区域性经济集团互惠原产地证书目前主要有《＜中国—东盟自由贸易区＞优惠原产地证明书》、《＜亚太贸易协定＞原产地证明书》、《＜中国与巴基斯坦优惠贸易安排＞优惠原产地证明书》、《＜中国—智利自贸区＞原产地证书》等。区域优惠原产地证书是具有法律效力的在协定成员国之间就特定产品享受互惠减免关税待遇的官方凭证。

普惠制产地证（Generalized System of Preferences Certificate of Origin）又称"G.S.P证"、"Form A证"，是指发达国家给予发展中国家或地区在经济、贸易方面的一种非互利的特别优惠待遇。即发展中国家向发达国家出口制成品或半制成品时，发达国家对发展中国家予以免征或减征关税。普惠制产地证是给惠国能否给受普惠国享受普惠制优惠待遇的有效法律文件。现全球有27个给惠国，160多个受惠国。目前给我国享受普惠待遇的有20多个国家。根据我国政府规定，可以申办普惠制产地证的单位包括：①有进出口经营权的企业；②三资企业；③经营"三来一补"的企业；④经营旅游商品的销售部门；⑤出口展品和小卖品的举办单位。这些单位均要在各口岸进口商品检验局先办理注册登记，提交申请人印章及手签样本，然后才能申请普惠制产地证 Form A，其标准格式为 297mm×210mm，正面是绿色水纹图案，背面可用本国文字说明。申请时应提供申请书一份，并附商业发票（副本）一份，经商检局核对签字盖章后即成为有效证书。另外，在 22 个给惠国中，有两个国家不用 Form A。一个是新西兰，它用的是 Form 59A，中文名称为"输往新西兰货物原产地证"；另一个是澳大利亚，它不要任何证件，只要在商业发票上加注下列声明即可：Declare：A，That the final process of manufacture of the goods for which special parts are claimed has been performed in China and B. That not less than one half of the factory cost of the goods is represented by the value of labour and material of China。

普惠制产地证除证书上的 Reference No. 由商检局编制外，其余各栏的填写方法如下。

第一栏，出口商名称、地址和所在国家。此栏必须详细填写，不能有所省略。

第二栏，收货人名称、地址和国家。一般应填写给惠国的收货人名称，也可以填写发票抬头人。如信用证要求不填收货人，即可留空不填。

第三栏，运输方式和航线。此栏应填写起运港（地）、目的港（地）、起运日期、运输方式。如未选港，可填 by sea freight；如为转运，应加上转运港名称，例如，from ×× to ×× via Hong Kong。

第四栏，供发证机关使用。此栏一般不填。如先发货后给证，由商检局在证上加注"追补"字样；如因证书丢失重新补发，由商检局在证上加注"本证为×月×日签发第××号证书的复本，原证书作废"。欧盟、日本一般不接受后发证书，除非有不可避免的理由。

第五栏，商品的顺序号。如果一批货物有不同品种，应分别列明序号，依次编排，单项编排，单项商品只填写"1"即可。

第六栏，唛头及包装号。此栏须与发票及其他单证所填写的一致。如无唛头，应填写 N/M（即 No Mark）。

第七栏，包装件数、种类及商品名称。在包装件数的阿拉伯数字之后要用括号加上大写的英文，如 150 箱（ONE HUNDRED AND FIFTY CARTONS），包装种类和商品名称均要与信用证规定及其他单据上的相一致，如来证要求加信用证号或合同号，也应加列在此栏内，并要在此栏末行打上休止符号×××，以防外商事后添加内容。

第八栏，原产地标准。此栏是给惠国海关审核的重点。应参照证书背面的第六条"对第八栏应如何填写"的规定，切勿填错，否则将被视为废纸。如完全自产，则打"P"；如含有进口成分的填"W"。输往加拿大的打"Y"，如含有进口成分，应注明百分比，最高不得超过 40%，如超过则不给惠。目前对澳大利亚、新西兰出口货物，可以不填此栏。

第九栏，毛重或其他数量。此栏应填商品的正常计量单位，以重量计算的则填毛重，并应先写英文，后写阿拉伯数字。如只有净重，应注明为"Net Weight"。如为件数，应注明"箱"、"打"、"双"。

第十栏，发票号及日期。此栏应同商业发票上的一致。

第十一栏，签证当局证明。签发日期不得早于第十栏的"发票日期"和第十二栏的"申报日期"，而且应早于货物出运日期。手签及印章在证面上不得重叠。

第十二栏，出口商声明。此栏内所填进口国应与收货人和目的港（地）的相一致，进口国必须是给惠国。对欧盟国家，如国别不明，可填写"E.E.C（European Economic Community）"。所有正副本均由出口人盖章及被授权人手签，手签人的姓名须事先向商检局备案。出口商制单日期不得早于第十栏的日期,也不得迟于第十一栏的商检局签发日期,但可以是同一日期。

一般原产地证书和普惠制产地证书在功能、签发单位、办理方法和提交单据上有很大不同,表9-1对一般原产地证书和普惠制产地证书进行对比。

表9-1 一般原产地证书和普惠制产地证书区别

内容	一般原产地证书	普惠制产地证书
概念	中国原产地证是证明我国出口货物生产和制造在中国的证明文件,是出口产品进入国际贸易领域的"经济国籍"和"护照"	普惠制产地证是依据给惠国要求而出具的能证明出口货物原产自受惠国的证明文件,并能使货物在给惠国享受普遍优惠关税待遇
功能	享受最惠国待遇的有效证件	享受普惠制减、免税待遇的有效证件
办理机构	办理原产地证的机构为中国贸易促进委员会(CCPIT),凡在中国贸易促进委员会办理注册的企业,都可以申请办理中国原产地证。也可以通过 www.co.ccpit.org 网站申请办理中国原产地证	由申请签发普惠制产地证书的企业(公司)事先向当地商检机构办理注册登记手续
提供单据	企业最迟于货物报关出运前三天向签证机构申请办理原产地证,并严格按签证机构要求,真实、完整、正确地填写以下材料:《中华人民共和国出口货物原产地证明书/加工装配证明书申请书》一份;《中华人民共和国出口货物原产地证明书》一式四份;出口货物商业发票;签证机构认为必要的其他证明文件;如果通过网上申请原产地证,则不用提供以上文件	申报时必须提供以下单据:填制正确、清楚的《普惠制原产地证明书申请书》一份;缮制正确、清楚,并经申请单位手签人员手签并加盖公章的《普惠制原产地证明书》一套;正式的出口商业发票副本一份;含有进口成分的商品,必须提交《含进口成分受惠商品成本明细单》;复出口的来料加工产品及其以进养出的商品,还应提交缮制清楚的、经申请单位手签人员手签并加盖公章的"从日本进口原料的证书"一式两份及来料(或进料)发票副本;必要时,申请单位还应提交信用证、合同、提单及报关单等

业务链接 9-1

国际贸易中各种结汇单据的日期

国际贸易中涉及各种单据,例如销售合同,形式发票,商业发票,装箱单,提单,保险单,产地证,信用证,产品的检测报告 COA 和证明等。这些单据的先后顺序一般如下:签订销售合同,开具形式发票,这两个日期可以是同一天;商业发票和装箱单,日期和销售合同可以一样,也可以晚,但不能迟于提单日期;信用证开具的日期,这个日期正常来说比提单日期要早,信用证中会规定最迟装运期,也就是提单日期不能晚于的日期;最迟交单日期,即所有单据到达开证行的日期;信用证有效期,要保证这个日期晚于货物到港后,依然有效;产地证日期早于提单日期,晚于合同日期;提单,保险单,日期一样。提单日期不晚于信用证规定的最迟装运期。

单元训练

☐ 理论题

▲ 简答题
1) 在不同的运输方式下，货运单证都有哪些？
2) 国际贸易业务中，汇票的出票人是谁？
3) 一般原产地证书和普惠制产地证书有什么区别？

▲ 讨论题
1) 出口单证中涉及几类单证，这些单证在实际业务中分别起什么作用？
2) 在所有的出口单证上记载的日期之间有什么关系？

☐ 实务题

▲ 规则复习
1) 官方单证的填制规范。
2) 商业单证的填制规范。
3) 货运单证的填制规范

▲ 业务解析
1) 我国某外贸公司向日、英两国商人分别以 CIF 和 CFR 价格出售蘑菇罐头，有关被保险人均办理了保险手续。这两批货物自启运地仓库运往装运港的途中均遭受损失，问这两笔交易中各由谁办理货运保险手续？该货物损失的风险与责任各由谁承担？保险公司是否给予赔偿？并简述理由。

2) 某通知行收到香港某银行开出的以海南某信息公司为受益人的信用证，金额为 USD 890 000，出口货物是 20 万台照相机。信用证要求发货前由申请人指定代表出具货物检验证书，其签字必须由开证行证实，且规定 1/2 的正本提单在装运后交予申请人代表。在装运时，申请人代表来到出货地，提供了检验证书，并以数张大额支票为抵押，从受益人手中拿走了其中一份正本提单。后来，受益人将有关支票委托当地银行议付，但结果被告知："托收支票为空头支票，与申请人代表出具的检验证书签名不符，纯属伪造"。更不幸的是，货物已被全部提走，下落不明。受益人蒙受重大损失，有苦难言。问受益人有哪些失误？

☐ 案例题

▲ 案例分析

无船承运人签发提单法律责任案例分析

背景与情境：2017 年 9 月 15 日，经营国际集装箱拼箱业务的 A 国际货运代理企业，在神户港自己的集装箱货运站（CFS）将分别属于 6 个不同发货人的拼箱货装入一个 20 尺的集装箱，然后向某班轮公司托运。该集装箱于 2017 年 9 月 18 日装船，班轮公司签发给 A 国际货运代理企业 CY/CY 交接的 FCL 条款下的 MASTER B/L 一套；然后 A 国际货运代理企业向不同的发货人分别签发了 CFS/CFS 交接的 LCL 条款下的 HOUSE B/L 共 6 套,所有的提单都是清洁提单。2017 年 9 月 23 日载货船舶抵达提单上记载的卸货港。第二天,A 国际货运代理企业从班轮公司的 CY 提取了外表状况良好和铅封完整的集装箱(货物),并在卸货港自己的 CFS 拆箱,拆箱时发现两件货物损坏。2017 年 9 月 25 日收货人凭 A 国际货运代理企业签发的提单前来提货,发现货物损坏。

问题:
(1) 收货人向 A 国际货运代理企业提出货物损坏赔偿的请求时,A 国际货运代理企业是否要承担责任?为什么?
(2) 如果 A 国际货运代理企业向班轮公司提出集装箱货物损坏的赔偿请求,班轮公司是否要承担责任?为什么?
(3) A 国际货运代理企业如何防范这种风险?
(4) 结合上述案例总结海运提单的业务流转程序。

分析要求: 同第 1 章本题型的"分析要求"。

▲ 善恶研判

货运代理误装货物损失案

背景与情境: 香港某货运代理受委托人的委托,将货号为 1-15 的中国丝绸装入集装箱运往日本的横滨;将货号为 16-30 的货物装入集装箱运往意大利的热那亚。由于货运代理的装箱人员的疏忽,错误地将发往日本横滨的货物装入发往意大利热那亚的货中,而发往意大利热那亚的货物被发到了日本横滨,造成双方客户急需的货物不能及时收到。随后客户委托代理通过航空运输的方式,把装运错误的货物分别运到正确的客户手中。由于错误的操作,导致发生了额外的运费 2 万港元。

问题:
1) 本案例中额外运费应该由谁承担?
2) 试对上述问题做出你的善恶研判。
3) 通过网上或图书馆调研等途径搜集你作善恶研判所依据的行业规范。

附件A　代理报关委托书

我单位现A（A. 逐票、B. 长期）委托贵公司代理A、B、C等通关事宜。（A. 填单申报、B. 辅助查验、C. 垫缴税款、D. 办理海关证明联、E. 审批手册、F. 核销手册、G. 申办减免税手续、H. 其他）详见《委托报关协议》。

我单位保证遵守《海关法》和国家有关法规，保证所提供的情况真实、完整、单货相符。否则，愿承担相关法律责任。

本委托书有效期自签字之日起至2018年12月30日。

委托方（盖章）：
法定代表人或其授权签署《代理报关委托书》的人（签字）：张三
2018年2月20日

委托方	沈阳食品进出口公司
主要货物名称	鲽鱼罐头
HS编码	1604201990
货物总价	11 428美元
出口日期	2018年3月1日
提单号	
贸易方式	一般贸易
原产地/货源地	中国沈阳
其他要求：	

背面所列通用条款是本协议不可分割的一部分，对本协议的签署构成了对背面通用条款的同意

受托方业务签章：沈阳食品进出口公司
经办人签章：张三
联系电话：02434561111

2018年2月20日

被委托方	沈阳易通物流公司	
*报关单编码	No.×××××××××××××××	
收到单证日期	年　月　日	
收到单证情况	合同□	发票□
	装箱清单□	提（运）单□
	加工贸易手册□	许可证件□
	其他	
报关收费	人民币：元	

承诺说明：

背面所列通用条款是本协议不可分割的一部分，对本协议的签署构成了对背面通用条款的同意

受托方业务签章：沈阳易通物流公司
经办报关员签章：丙
联系电话：024-84264512

2018年2月20日

附件 B 代理报检委托书

代理报检委托书

编号：

__沈阳__ 出入境检验检疫局：

本委托人（备案号/组织机构代码）保证遵守国家有关检验检疫法律、法规的规定，保证所提供的委托报检事项真实、单货相符。否则，愿承担相关法律责任。具体委托情况如下。

本委托人将于 __2018__ 年 __3__ 月间出口如下货物：

品名	鲽鱼罐头	HS 编码	1604201990
数（重）量	720 千克	包装情况	纸箱
信用证/合同号	CN1234	许可文件号	
出口货物发货单位及地址	沈阳食品进出口公司	出口货物提/运单号	KE832-15
其他特殊要求			

特委托 __沈阳易通物流公司__ （代理报检注册登记号_____），代表本委托人办理上述货物的下列出入境检验检疫事宜：

☑ 1. 办理报检手续；
☑ 2. 代缴纳检验检疫费；
☑ 3. 联系和配合检验检疫机构实施检验检疫；
☑ 4. 领取检验检疫证单。

联系人：__张三__
联系电话：__024-34561111__
本委托书有效期至 __2018__ 年 __4__ 月 __1__ 日 委托人（加盖公章）

2018 年 2 月 20 日

受托人确认声明

本企业完全接受本委托书。保证履行以下职责：
1. 对委托人提供的货物情况和单证的真实性、完整性进行核实；
2. 根据检验检疫有关法律法规规定办理上述货物的检验检疫事宜；
3. 及时将办结检验检疫手续的有关委托内容的单证、文件移交委托人或其指定的人员；
4. 如实告知委托人检验检疫部门对货物的后续检验检疫及监管要求。
如在委托事项中发生违法或违规行为，愿承担相关法律和行政责任。

联系人：__丙__
联系电话：__02484264512__ 受托人（加盖公章）

2018 年 2 月 20 日

附件 C 国际货物托运书

中 国 民 用 航 空 局
THE CIVIL AVIATION ADMINISTRATION OF CHINA
国 际 货 物 托 运 书
SHIPPER'S LETTER OF INSTRUCTION

托运人姓名及地址 SHIPPER NAME AND ADDRESS	托运人账号 SHIPPER'S ACCOUNT NUMBER	供承运人用 FOR CARRIER USE ONLY	
		班期/日期 FLIGHT DATE	航班/日期 FLIGHT DATE
SHENYANG FOOD I&E COMPANY, SHENYANG P. R. CHINA TEL: 86 (24) 34561111 FAX: 86 (24) 34562222		KE832/1MAR	
收货人姓名及地址 CONSIGNEE'S NAME AND ADDRESS HOOP COMPANY, SEOUL, KOREA TEL: 82-2-2650-6111-39	收货人账号 CONSIGNEE'S ACCOUNT NUMBER	已预留吨位 BOOKED	
		运费 CHARGES CHARGES PREPAID	
代理人的名称和城市 ISSUING CARRIERS AGENT NAME AND CITY SHENYANG I&E COMPANY		ALSO NOTIFY	
始发站 AIRPORT OF DEPARTUE SHENYANG TAOXIAN INTERNATIONAL AIRPORT			
到达站 AIRPORT OF DESTINATION INCHON			
托运人声明价值 SHIPPERS DECLARED VALUE	保险金额 AMOUNT OF INSURANCE XXX	所附文件 DOCUMENT TO ACCOMPANY AIRWAY BILL COMMERCIAL INVOICE	
运输费用 FOR CARRIAGE NVD	供海关用 FOR CUSTOMS NCV			
处理情况（包括包装方式、货物标志及号码） HANDLING INFORMATION (INCL. METHOD OF PACKING IDENTIFING MARKS AND NUMBERS, ETC.) KEEP UPSIDE			

件数 No. OF PACKAGES	实际毛重 ACTUAL GROSS WEIGHT (KG.)	运价种类 RATE CLASS	收费重量 CHARGEABLE WEIGHT	费率 RATE/ CHARGE	货物品名及数量（包括体积或尺寸） NATURE AND QUANTITY OF GOODS (INCL. DIMENSION OF VOLUME)
200	720				CANNED FLATFISH DIMS: EACH 60 cm×40 m×15 cm ×200

托运人证实以上所填全部属实并愿遵守承运人的一切载运章程
THE SHIPPER CERTIFIES THAT THE PARTICULARS ON THE PAGE HERE OF ARE CORRECT AND AGREES TO THE CONDITIONS OF CARRIAGE OF THE CARRIER

| 托运人签字 | 日期 | 经手人 | 日期 |
| SIGNATURE OF SHIPPER | DATE | AGENT | DATE |

附件 D 商 业 发 票

COMMERCIAL INVOICE

TEL: 024-34561111   INV No.: <u>SP13-25</u>

FAX: 024-34562222 DATE: 20. FEB, 2018

TO: HOOP COMPANY   S/C No.: <u>CN1234</u>

FROM <u>SHENYANG</u> TO <u>INCHON</u>

Marks&Nos.	Description of Goods	Quantity	Unit Price (USD)	Amount (USD)
N/M	Canned Flatfish	200 Cartons	57.14	11 428

TOTAL PRICE: SAY ELEVEN THOUSAND AND FOUR HUNDRED TWENTY-EIGHT ONLY

WE HEREBY CERTIFY THAT THE CONTENTS OF THE INVOICE HERE IN ARE TRUE AND CORRECT.

SHENYANG FOOD IMPORT & EXPORT TRADE CORPORATION

ZHANGSAN

附件 E 装 箱 单

PACKING LIST

TEL：024 - 34561111
FAX：024 - 34562222 DATE：28. FEB, 2018
S/C No.：CN1234
TO：HOOP COMPANY MARKS&NOS：N/M

INV No.：SP13 - 25

DESCRIPTION OF GOODS&PACKING	QUANTITY (CTNS)	G.W (KGS)	N.M (KGS)	MEAS (CBM)
CANNED FLATFISH PACKED IN 200 CARTONS	200	720	680	7.2
TOTAL	200	720	680	7.2

附件 F 出口货物报关单

中华人民共和国海关出口货物报关单

预录入编号：　　　　　　海关编号：　　　　　　页码/页数

境内发货人 沈阳食品进出口公司 (××××××××××××××)	出境关别 沈阳海关 (0801)		出口日期		申报日	备案号
境外收货人 HOOP COMPANY	运输方式 5		运输工具名称及航次号 KE832			提运单号 KE832-15
生产销售单位 沈阳食品进出口公司 (××××××××)	监管方式 一般贸易		征免性质 一般征税			许可证号
合同协议号 CN1234	贸易国（地区） 韩国		运抵国（地区） 韩国			指运港 首尔
包装种类 纸箱	件数 200	毛重（千克） 720	净重（千克） 680	成交方式 CIF	运费 502/1000/3	保费 502/600/3	杂费

随附单证及备注

标记唛码及备注
N/M

项号	商品编号	商品名称及规格型号	数量及单位		单价/总价/币值	原产国（地区）	最终目的国（地区）	境内货源地
01	1604201990107	鲽鱼罐头	680 千克		57.14/11428/502	中国	韩国	中国
	照章征税	征免	境内自主品牌 200 箱					
		出口货物在最终目的国不享受优惠关税	价格影响确认：否	支付特许权使用费确认：否		自报自缴：否		

特殊关系确认：否　　　价格影响确认：否　　　支付特许权使用费确认：否

报关人员　　　　　电话　　　　　兹申明对以上内容承担如实申报、依法纳税之法律责任
申报单位　沈阳易通物流公司 (××××××××××××××)
申报单位签章　　　　　　　　　　　　　　　　　　　海关批注及签章

192

参考文献

[1] 中国国际货运代理协会. 国际航空货运代理理论与实务 [M]. 北京：中国对外经济贸易出版社，2005.

[2] 赵加平，张颖. 国际货运及代理操作实务 [M]. 北京：中国海关出版社，2011.

[3] 逯宇铎，陈阵. 国际物流管理实务 [M]. 上海：上海人民出版社，2013.

[4] 陆洲艳，钱华，李人晴. 国际物流通关实务 [M]. 北京：中国财富出版社，2013.

[5] 戴正翔. 国际物流单证实务 [M]. 北京：北京交通大学出版社，2014.

[6] 张良卫. "一带一路"战略下的国际贸易与国际物流协同分析：以广东省为例 [J]. 财经科学，2015（7）：81-88.

[7] 杨长春，顾永才. 国际物流 [M]. 北京：首都经济贸易大学出版社，2004.

[8] 报关职业能力训练及水平测试系列教材编委会. 报关业务技能 [M]. 北京：中国海关出版社，2016.

[9] 报关职业能力训练及水平测试系列教材编委会. 报关基础知识 [M]. 北京：中国海关出版社，2016.

[10] 吴燮坤. 国际货代集装箱海运操作实务 [M]. 北京：中国人民大学出版社，2016.

[11] 郑克俊，朱海鹏，成博，等. 国际货运代理业务处理 [M]. 北京：清华大学出版社，2016.

[12] 刘丽艳，袁雪妃，李宁，等. 国际物流 [M]. 北京：清华大学出版社，2017.

[13] 李思学. 浅谈新形势下国际经济与贸易的发展趋势 [J]. 商场现代化. 2017（15）：54-55.

[14] 王一帆. 国际经济与贸易对我国环境的影响和对策分析 [J]. 纳税. 2017（27）：143.

[15] 陈言国. 国际货运代理实务. [M]. 2版. 北京：电子工业出版社，2017.

[16] 罗兴武. 报关实务. [M]. 3版. 北京：机械工业出版社，2017.

[17] 胡利利，王阳军，唐艳红. 国际货运代理操作 [M]. 北京：化学工业出版社，2017.